O MUNDO AO LADO

INSTITUTO PHORTE EDUCAÇÃO
PHORTE EDITORA

Diretor-Presidente
Fabio Mazzonetto

Diretora Financeira
Vânia M. V. Mazzonetto

Editor-Executivo
Fabio Mazzonetto

Diretora Administrativa
Elizabeth Toscanelli

CONSELHO EDITORIAL

Educação Física
Francisco Navarro
José Irineu Gorla
Paulo Roberto de Oliveira
Reury Frank Bacurau
Roberto Simão
Sandra Matsudo

Educação
Marcos Neira
Neli Garcia

Fisioterapia
Paulo Valle

Nutrição
Vanessa Coutinho

O MUNDO AO LADO

Uma volta ao mundo de bicicleta

[2ª edição]

Arthur Simões

São Paulo, 2014

O mundo ao lado: uma volta ao mundo de bicicleta
Copyright © 2011 by Arthur Simões
Copyright © 2014 by Phorte Editora

Rua Treze de Maio, 596
Bela Vista – São Paulo – SP
CEP: 01327-000
Tel./fax: (11) 3141-1033
Site: www.phorte.com.br
E-mail: phorte@phorte.com.br

Nenhuma parte deste livro pode ser reproduzida ou transmitida de qualquer forma, sem autorização prévia por escrito da Phorte Editora Ltda.

CIP-BRASIL. CATALOGAÇÃO NA PUBLICAÇÃO
SINDICATO NACIONAL DOS EDITORES DE LIVROS, RJ

S612m
2. ed.

Simões, Arthur
O mundo ao lado: uma volta ao mundo de bicicleta / Arthur Simões. - 2. ed. - São Paulo : Phorte, 2014.
328 p. : il. ; 23 cm.

ISBN 978-85-7655-492-9

1. Viagens. 2. Turismo. I. Título.

14-09279   CDD: 338.4791
              CDU: 338.48

ph2282.2

Este livro foi avaliado e aprovado pelo Conselho Editorial da Phorte Editora.
(www.phorte.com.br/conselho_editorial.php)

Impresso no Brasil
Printed in Brazil

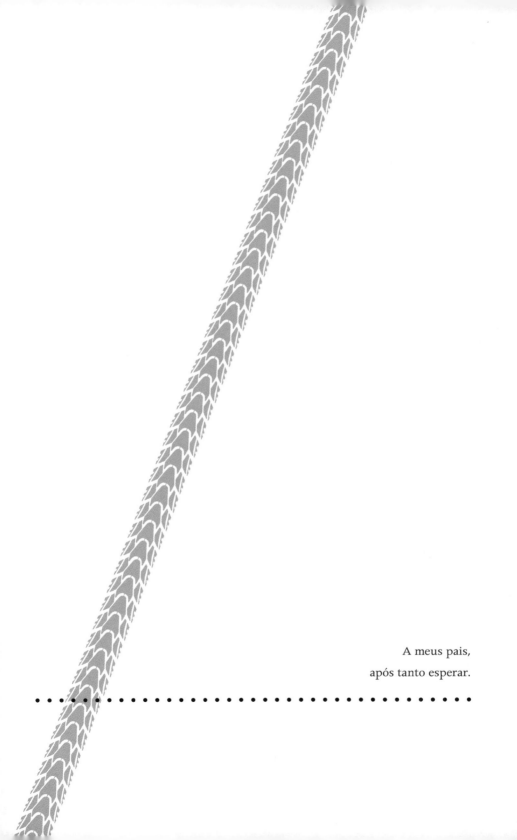

A meus pais,
após tanto esperar.

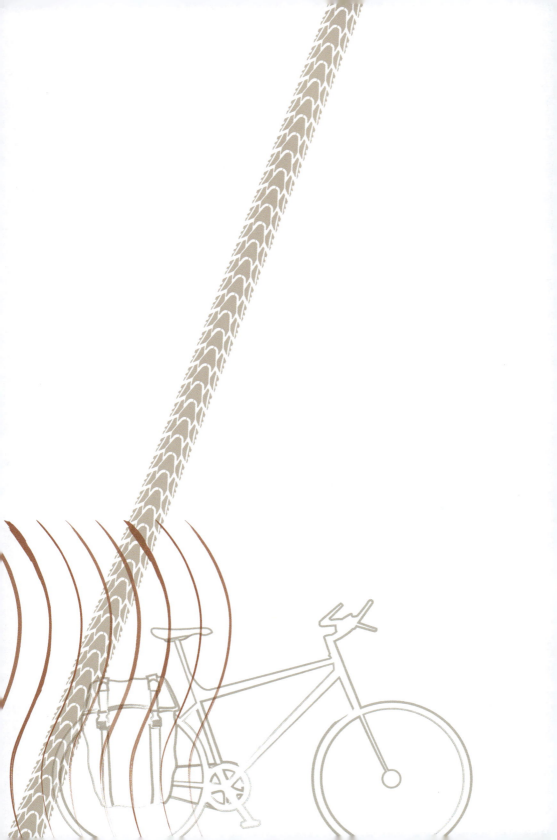

AGRADECIMENTOS

Quero agradecer a todos aqueles que fizeram parte desta viagem e acreditaram nela desde sua fase embrionária, quando era apenas uma ideia, até a publicação deste livro.

Sem dúvida, esta viagem é, também, de cada uma das pessoas que conheci em meu caminho. Cada sorriso, conversa, mão estendida e porta aberta foram fundamentais para que eu chegasse até aqui.

Por isso, esta viagem não é só minha. Deixo meus sinceros e profundos agradecimentos a todos aqueles que ajudaram a torná-la real.

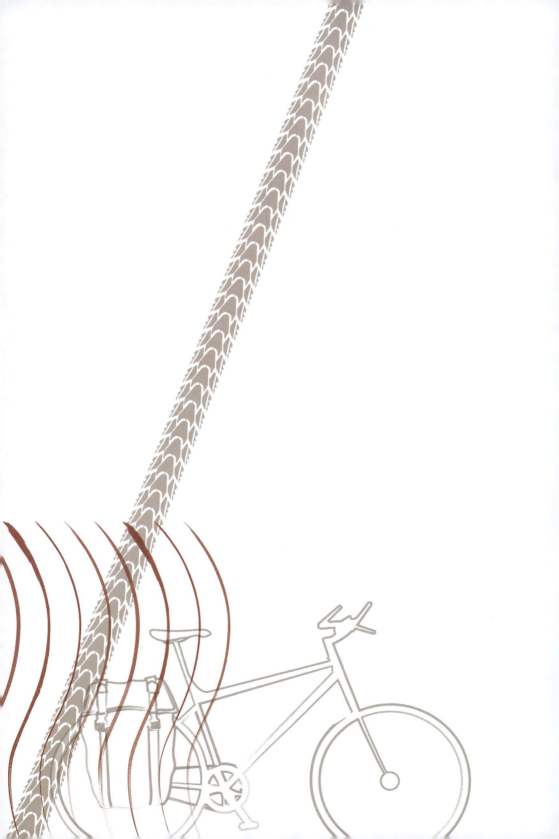

Não cessaremos de explorar
e o fim de toda nossa exploração
será retornar para onde começamos
e conhecer o lugar pela primeira vez.

T.S. Eliot, Quatro Quartetos

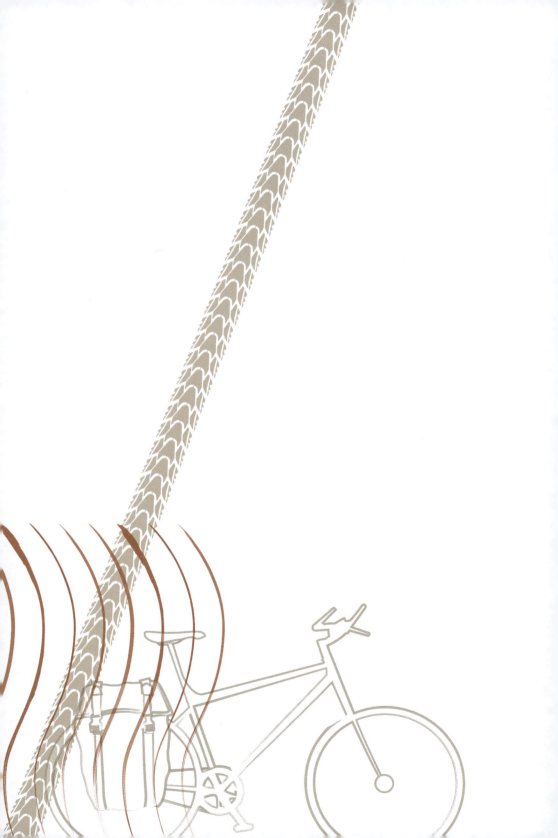

APRESENTAÇÃO

Aos 24 anos, pouco após terminar a faculdade de Direito, em São Paulo, decidi que ainda não era hora de ficar apenas num lugar só. Era hora de mergulhar no mundo e em mim mesmo. Assim, surgiu o Pedal na Estrada, a volta ao mundo sobre duas rodas.

Escolhi a bicicleta como forma de conhecer o mundo e seus locais menos visitados. Saí da rota turística e dei início a uma viagem rumo ao desconhecido. Deixei minha cidade no dia 3 de abril de 2006 e tomei a direção oeste como rumo, sabendo que essa estrada que me levaria para o outro lado do mundo também me traria de volta. E só voltei 3 anos e 2 meses mais tarde, sobre a mesma bicicleta, mas após ter percorrido 46 países em 5 continentes.

Este livro relata os episódios mais marcantes de minha vida em movimento. Entre memórias e trechos de diários de viagem, estas páginas levam o leitor para uma longa viagem, para a solidão e o silêncio da estrada, para acampamentos no deserto, para as dúvidas e as incertezas sobre o amanhã, para perto de novos aromas e idiomas; porém, mais que isso, para um novo mundo, para *O Mundo ao Lado*.

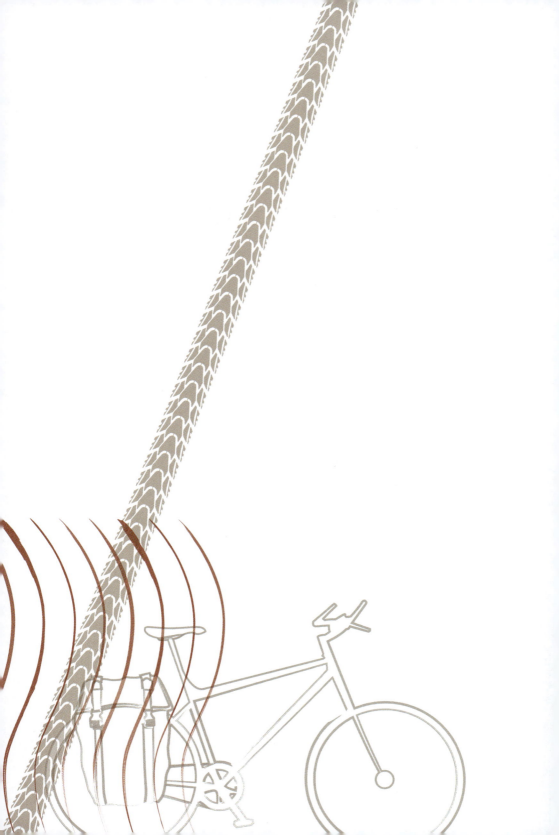

PREFÁCIO

Para realizar seu sonho, Arthur Simões deixou para trás trabalho, família e amigos; optou pela liberdade e pelo desapego para viajar, pedalando sua bicicleta durante 3 anos e 2 meses, percorrendo 46 países em 5 continentes.

Com reduzida bagagem em sua bicicleta, ele percorreu estradas e trilhas por 40 mil quilômetros, muitas vezes, atravessando um túnel do tempo: de cidades modernas ao mais deserto dos desertos; do extremo frio de -30 °C ao extremo calor de 48 °C; de civilizações longínquas e exóticas às mais movimentadas das metrópoles.

Armado de persistência e de coragem, esse jovem viveu aventuras e desventuras enquanto pedalava, descobrindo o mundo, superando os desgastes físico, emocional e mental. As mudanças e as dificuldades da viagem se alternavam à medida que enfrentava o desconhecido, os medos, a solidão, a saudade e os imprevistos com sua saúde.

Em *O Mundo ao Lado*, você irá viajar para todos esses lugares incríveis percorridos por Simões em uma envolvente narrativa, na qual se torce para que tudo dê certo para o aventureiro.

O autor conta, em seus relatos, como conheceu as mais diferentes pessoas ao redor do mundo e, principalmente, como se revelou a mais importante descoberta nessa mágica viagem ao fundo de si mesmo: um novo Arthur Simões.

David Schurmann
Família Schurmann

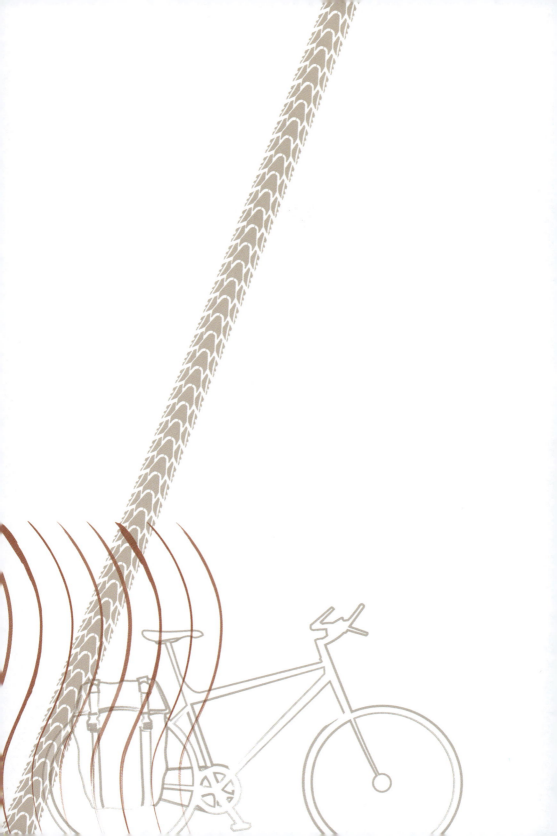

SUMÁRIO

Mapa 16

Introdução 19

1. Pensando a viagem 25

2. Primeiros quilômetros 37

3. Marinheiro de primeira viagem 47

4. Um dia no inferno 53

5. As montanhas e o curandeiro Ramón 59

6. Ar rarefeito 63

7. Pan-americana 71

8. Incalândia 83

9. Tempo de sofá 89

10. Em casa, longe de casa 97

11. *Hello, mister!* 111

12. Terra firme 123

13. Dormindo sobre palafitas 129

14. Ditadura budista 139

15. O diabo fala namastê 145

16. Pedalando na água 153

17. Montanhas e algo fora do lugar 161

18. Tempo de mudança 167

19. Metralhadoras e haxixe 177

20. Mudança de planos 189

21. Sozinho nas arábias 203

22. Pedras voadoras..229

23. *Faranji* à vista 245

24. No limite, no Saara 257

25. Terra Santa 275

26. O começo do fim...285

27. O mundo que vi 317

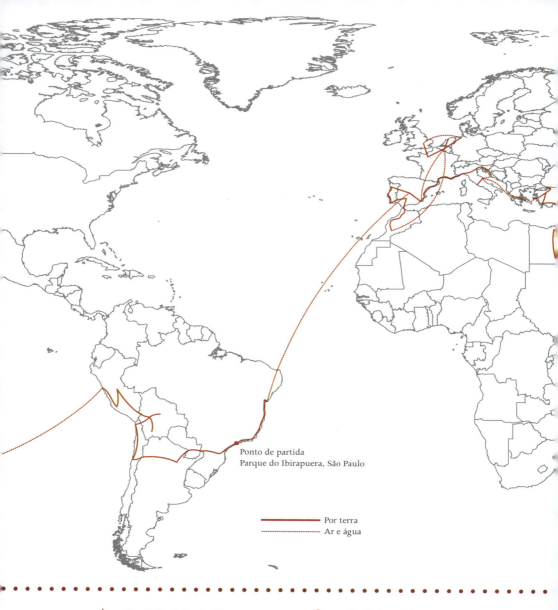

Ponto de partida
Parque do Ibirapuera, São Paulo

— Por terra
······ Ar e água

1 - Brasil (Capítulos 1 e 2)	12 - Tailândia (Capítulos 12 e 13)
2 - Paraguai (Capítulo 3)	13 - Camboja (Capítulo 13)
3 - Argentina (Capítulos 4, 5 e 6)	14 - Laos (Capítulo 14)
4 - Chile (Capítulo 7)	15 - Mianmar (Capítulo 14)
5 - Bolívia (Capítulo 7)	16 - Índia (Capítulo 15)
6 - Peru (Capítulo 8)	17 - Bangladesh (Capítulo 16)
7 - Nova Zelândia (Capítulo 9)	18 - Nepal (Capítulos 17 e 18)
8 - Austrália (Capítulo 10)	19 - Paquistão (Capítulo 19)
9 - Indonésia (Capítulo 11)	20 - Irã (Capítulo 20)
10 - Cingapura (Capítulo 12)	21 - Emirados Árabes Unidos (Capítulo 21)
11 - Malásia (Capítulo 12)	22 - Omã (Capítulo 21)

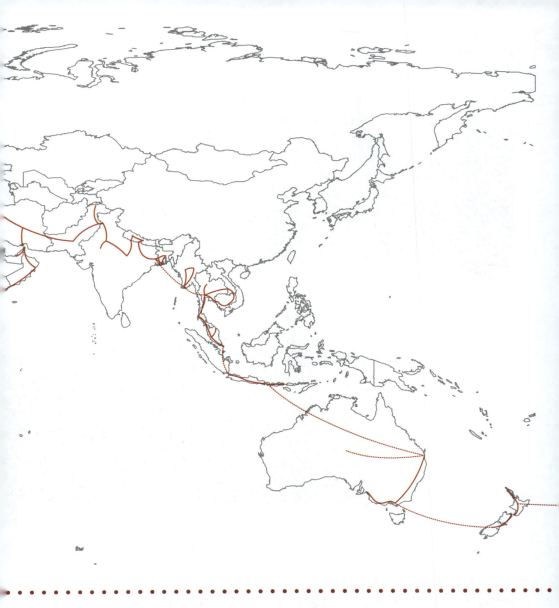

23 - Iêmen (Capítulo 21)
24 - Djibuti (Capítulo 22)
25 - Etiópia (Capítulo 23)
26 - Sudão (Capítulo 24)
27 - Egito (Capítulo 24)
28 - Jordânia (Capítulo 25)
29 - Israel (Capítulo 25)
30 - Síria (Capítulo 25)
31 - Líbano (Capítulo 25)
32 - Turquia (Capítulo 26)
33 - Grécia (Capítulo 26)
34 - Itália (Capítulo 26)
35 - Vaticano (Capítulo 26)
36 - Croácia (Capítulo 26)
37 - Eslovênia (Capítulo 26)
38 - França (Capítulo 26)
39 - Mônaco (Capítulo 26)
40 - Espanha (Capítulo 26)
41 - Bélgica (Capítulo 26)
42 - Holanda (Capítulo 26)
43 - Inglaterra (Capítulo 26)
44 - Alemanha (Capítulo 26)
45 - Marrocos (Capítulo 26)
46 - Portugal (Capítulo 26)

Iêmen - Paisagem da região de Manakha.

Mianmar - Alguns das centenas de templos espalhados pela planicie de Bagan.

Mianmar - Pescaria tradicional do país.

INTRODUÇÃO

As páginas deste livro são o resultado de alguns anos de viagem – 3 anos e 2 meses para ser mais exato –, de (quase) 40 mil quilômetros pedalados, 5 continentes, 46 países, centenas de cidades, milhares de pessoas, encontros, desencontros, despedidas, 15 pneus trocados, 30 quilos de bagagem, diversas correntes e pastilhas de freio, apenas uma bicicleta, três amebas, algumas visitas a hospitais, pedradas, dúvidas, noites maldormidas, descobertas, medos, vitórias, sorrisos, choros, paisagens indescritíveis, dois acidentes, muitos aprendizados, uma pessoa e um retorno.

Com tantas informações e sensações ainda vivas dentro de mim, escrever este livro foi um trabalho complexo. Os diários da minha viagem, apesar de fornecerem um extenso relato sobre o dia a dia de uma vida nômade sobre duas rodas, não estavam formatados da forma que eu gostaria para um livro. Os diários eram realmente escritos cotidianamente e funcionaram bem para levar a viagem e seus percalços rotineiros para quem me acompanhava a distância.

Uma das características dos diários era a ausência de grandes reflexões, mesmo porque, quando os escrevia, estava mais preocupado em descrever e registrar os acontecimentos daquele dia em sua forma mais autêntica que em pensar, conectar e costurar toda a história dentro de um contexto maior. Eu não tinha muito tempo para refletir nem digerir tudo o que acontecia em meu caminho. Mais que isso, não tinha o distanciamento necessário para conseguir ver tudo sob um ângulo mais abrangente para uma possível reflexão. Isso era um trabalho para o futuro. Trabalho que realizei ao escrever este livro.

Após anos de estrada, a viagem acabou, mas continuou me perseguindo durante algum tempo. Quando retornei para casa, durante os primeiros meses, eu ainda mantinha as bolsas com as quais havia viajado fechadas, com tudo o que eu carreguei durante meus anos de viagem. Era como se eu estivesse pronto para continuar viajando a qualquer momento. Mas esse momento não apareceu. Não deveria mesmo aparecer. O fato é que eu simplesmente não conseguia desfazê-las, mesmo sabendo que não iria para longe por um ano ou mais, nem pretendia pedalar tão cedo. Sabia que deveria ficar parado por algum tempo, caso contrário, corria o risco de nunca mais parar. No entanto, ainda me restava saber onde ficar.

Minha cidade e minha casa já não eram mais "minhas". Esses lugares se tornaram mais um local de passagem, como todos os lugares por onde passei. Sentia que eu não tinha um destino único. Às vezes, sentia que não tinha destino nenhum. Havia me acostumado ao movimento, vivendo cada momento como se fosse único e o último. Isso parecia não combinar com a vida na cidade. Assim, o espírito da viagem não me abandonou por meses. Da mesma forma pela qual não me tornara nômade da noite para o dia, no início da viagem, retomar a vida sedentária também me tomou certo tempo. Para a minha surpresa, o retorno se mostrou uma das partes mais difíceis de toda a jornada.

A vida na cidade havia perdido completamente o sentido para mim. Ainda mais numa cidade como São Paulo, onde, até para os mais urbanos, muitas coisas não fazem sentido algum. Viver o momento e não se apegar a muitas coisas parecia ser o oposto do que a sociedade pregava. Eu não tinha planos de comprar um apartamento, nem um carro, nem de me endividar, nem de parecer mais inteligente, bonito e endinheirado do que eu realmente era nos círculos sociais da cidade. Eu apenas era eu, vivendo cada momento, e isso incomodava muita gente.

Diversas pessoas me perguntavam sobre a viagem que eu havia feito. Escutava perguntas de todos os tipos; algumas delas, eu já havia ouvido milhares de vezes. Alguns gostavam e se encantavam com a ideia de eu ter feito uma viagem desse tipo; outros me olhavam com certa desconfiança, achando que eu devia ter algum problema e que não seria bom dar muita atenção a um louco. Como poderiam confiar em alguém que cortava o próprio cabelo, não tinha um carro bacana, usava roupas velhas e parecia não se conformar com as incongruências de uma cidade como São Paulo? Eu havia me tornado um animal selvagem e exótico para a maioria das pessoas.

Geralmente, as pessoas mais sinceramente interessadas eram aquelas que costumavam viajar e já haviam tido alguma experiência longe de casa. Quem nunca tinha viajado para longe de seu universo particular costumava não entender muito bem minhas respostas. E, nessa época, elas geralmente estavam longe daquilo que a maioria das pessoas gostaria de ouvir.

A bicicleta estava associada a uma forma muito romântica de viajar – isso de um olhar otimista, pois, não tão raramente, também era associada à vagabundagem –, e isso já era o suficiente para que projetassem certa expectativa sobre minhas respostas. No entanto, o mundo que eu havia visto não era assim tão romântico quanto as pessoas esperavam ouvir. Ele era maior e mais complexo que geralmente estamos acostumados a pensar. Havia visto um mundo diferente daquele que eu esperava encontrar no início de minhas pedaladas. Um mundo real, com diversas belezas, mas, também, com muitos problemas. Percebia que, em geral, as pessoas tinham uma ideia muito estereotipada e deturpada do mundo e, quando eu dava respostas que as contradiziam, sempre despertava certa polêmica.

Era difícil responder sobre o mundo que eu havia visto, assim como não era fácil falar sobre as razões que me levaram a escolher aquele caminho. Percebia que eu mesmo não sabia ao certo o porquê de eu ter ido viajar daquela forma. Ou, pelo menos, não tinha uma resposta simples e única, que fizesse tanto sentido quanto as pessoas gostariam. Aos poucos, notava que, para cada pergunta que me faziam, havia dezenas de respostas possíveis. O mundo não era um local possível de se definir em uma frase, assim como era muito difícil resumir em poucas palavras os motivos que me levaram à estrada. Tentava cristalizar uma resposta mais simples e fácil, mas não conseguia. As memórias de tudo o que eu havia vivido ainda estavam frescas demais e sempre vinham à tona, impedindo a formulação de respostas simples, curtas e agradáveis, como todos esperavam.

Eu ainda não tinha conseguido digerir nem traduzir uma experiência tão longa e complexa de forma tão sucinta quanto me pediam, muito menos em palavras otimistas, dado o meu cansaço, físico, emocional e mental, ao final da viagem. Responder a perguntas como *"Qual foi o lugar de que você mais gostou?"* ou *"Qual o lugar mais bonito do mundo?"* representavam um desafio para mim. Além de nunca ter pensado na viagem sobre esse ângulo, tais perguntas me atiçavam a vontade de realmente saber qual era o lugar que eu mais havia gostado – se é que havia um lugar desse tipo. Essas buscas internas sempre me traziam à mente dezenas de lugares tão diferentes entre si, com belezas e características tão próprias, que faziam das respostas a essas questões algo ainda muito extenso para ser respondido em poucos segundos. E, muito menos, de uma maneira inspiradora como desejavam aqueles que traçavam um paralelo entre minha viagem e um livro de autoajuda.

Cheguei à conclusão de que eu simplesmente não tinha um lugar favorito, tampouco havia um lugar "mais bonito do mundo" por aí. Assim, resolvi apenas dar o que as pessoas me pediam: uma resposta curta e simples. De certa forma, era uma mentira, mas era o que elas queriam ouvir. Pensei bem e percebi que havia gostado muito de dois países. No caso, Mianmar e Iêmen — por motivos que serão detalhados ao longo deste livro. E, então, passei a dar essa resposta. Era algo curto o suficiente para não transformar uma conversa em uma palestra, porém, logo percebi, era uma resposta que estava longe de ser simples. A maioria das pessoas nem sabia da existência de Mianmar e Iêmen; algumas nunca tinham sequer escutado tais nomes. Isso continuava não me ajudando na saga para cristalizar uma versão única de minha aventura.

Como não havia apenas uma resposta para perguntas desse tipo, notei que cada resposta diferente que eu dava gerava uma reação específica e diversa. Por exemplo: responder que a Austrália tinha sido o meu país predileto, geralmente, não gerava polêmicas e alimentava uma conversa mais saudável. Afinal, era bastante aceitável que alguém tivesse gostado da Austrália. E cada vez ficava mais claro que as pessoas apenas queriam reafirmar suas verdades com minhas respostas e não ouvir algo que fosse de encontro ao que elas acreditavam.

Conforme sentia a dificuldade de contar os episódios de minha viagem para as pessoas, tamanha quantidade de lembranças e informações que eu tinha em minha cabeça, percebi que as respostas que eu dava falavam mais de mim que de qualquer outra coisa. A viagem poderia ter diversas versões, dependendo do ponto de vista que eu usasse ou de como eu me sentisse no momento da resposta. Da mesma forma como um período da vida de alguém poderia ser analisado por diversos ângulos diferentes. Às vezes, a viagem tinha sido boa; algumas vezes, havia sido dura, cansativa, generosa, curta; e outras vezes, simplesmente longa demais. Mas eu nunca tinha duvidado que ela havia sido enriquecedora.

Tinha me tornado um nômade e esse deveria ser o ponto de partida para qualquer resposta. Pois, cada vez mais, eu percebia que não havia feito uma simples viagem com um destino definido. Eu havia vivido de forma nômade, em movimento e sem um destino certo. Todos os lugares que visitei tinham se tornado um local de passagem e nunca um destino. E, quanto mais eu pensava sobre o que havia realizado, mais eu não sabia se havia feito a viagem ou se a viagem é que havia me feito – ou, até mesmo, me desfeito.

Da mesma forma que eu não encontrava minha casa, mesmo estando em minha terra natal, também não encontrava mais aquele Arthur que havia deixado tudo para trás alguns anos antes. O retorno não parecia uma volta ao ponto de partida, mas, sim, um recomeço. Coincidentemente, no mesmo local de onde eu havia partido. Perceber que eu voltara à estaca zero novamente foi fundamental para iniciar o processo de retorno e entender o que a viagem havia significado para mim.

Como nômade, entendi o que significava ser sedentário. Havia me desligado de todas as referências que eu tinha de meu mundo e de mim mesmo. Com isso, eu tinha me redescoberto e me reinventado em cada local por onde passava. Havia ficado longe das pessoas de que eu mais gostava e acabei descobrindo que não era possível viver sozinho por tanto tempo. Tinha passado muito perto da morte e, depois disso, passei a dar o devido valor à vida.

Havia visto tanta coisa e apenas pensava em como poderia compartilhar tudo isso com as pessoas ao meu redor. Um momento difícil ficava ainda mais difícil quando não compartilhado e um momento de felicidade não atingia seu ápice quando guardado somente para si. Seria egoísmo demais querer guardar tudo em mim, assim como seria pretensão demais achar que minhas histórias fariam alguma diferença no mundo.

Dessa compreensão, surgiu a ideia de escrever este livro, com os relatos de minha viagem. Uma tentativa de criar uma versão única e cristalizada sobre minha jornada, relatando os episódios mais marcantes desses solitários anos pelo mundo.

Hoje, não lido mais com os fatos frescos, influenciados por dores nas pernas ou na barriga, mas, sim, com lembranças que ainda me surpreendem por suas cores e fortes sensações. Memórias que me permitem voltar ao mundo que vi, viajar novamente e, ainda, ter o privilégio de contar com uma visão panorâmica de tudo o que aconteceu em diversos momentos dessa jornada. Por isso, deixei este livro surgir de forma natural, sem pressões ou grandes pretensões, para apenas concluí-lo no momento em que estivesse preparado para viajar novamente em minhas lembranças.

Espero ter conseguido compartilhar não apenas alguns fatos de minha viagem, mas, também, o prazer de tê-la realizado, assim como o prazer de ter escrito este livro. Por isso, desde já, desejo-lhe uma boa viagem pelas próximas páginas.

Brasil - Portão motivador no início da jornada.

PENSANDO A VIAGEM

"De onde você tirou a ideia de fazer uma viagem dessa?" foi uma pergunta que sempre me assombrou desde o início do Pedal na Estrada. Algumas vezes, ela carregava um tom de *"De onde você tirou essa ideia incrível?"* e, em outros momentos, um tom de *"Mas de onde você tirou uma ideia tão besta como essa?"*. Nem sempre era fácil responder tal pergunta e perdi as contas de quantas respostas dei, já que elas variavam de acordo com o meu estado de espírito no dia. O motivo era a dificuldade de definir em poucas palavras de onde eu havia tirado a ideia de fazer essa viagem. Era uma longa história.

Assim como em um quebra-cabeça, posso agrupar fragmentos de minhas lembranças e tentar formar uma imagem que culmine num retrato da viagem. A peça-chave dessa questão está no fato de eu sempre ter pedalado. Desde criança, eu tinha uma atração pela bicicleta e por tentar chegar cada vez mais longe em minhas aventuras pelo bairro em que morava. Não sei bem o porquê disso, mas foi assim. Havia uma sede de independência em mim desde jovem e acredito que tenha encontrado na bicicleta uma parceira perfeita para sua concretização. Com a ajuda dela, eu conseguia me locomover sozinho, sem muitos gastos e sem depender de ninguém. Em outras palavras, sobre uma bicicleta eu era livre.

Quando me mudei para São Paulo, aos 18 anos, levei minha bicicleta comigo e continuei pedalando, tanto por esporte quanto como meio de transporte. Aos 20 anos, comecei a treinar mais seriamente e, nessa época, entrei em contato com o cicloturismo por meio de alguns amigos de minha faculdade, os poucos que pedalavam naquela época. Descobri que era possível viajar de bicicleta, inclusive viajar para longe – o que, até aquele momento, não passava pela minha cabeça. Mas, mais que isso, comecei a ouvir e a ser atraído por histórias de pessoas que haviam cruzado o Brasil, as Américas e até o mundo sobre duas rodas. Gente que havia pedalado durante anos e usava a bicicleta como uma forma de conhecer novos lugares, novas pessoas e novas culturas.

Aquela ideia e seus mistérios, já que ainda era algo que beirava o impossível em minha mente, conseguiu me seduzir. Senti que queria fazer algo desse tipo um dia, mas, como boa parte das coisas que queremos fazer, aquele pensamento ficou engavetado durante um bom tempo.

Nessa época, eu ainda estudava Direito na Universidade Presbiteriana Mackenzie, em São Paulo, e me contentava em fazer pequenas viagens de bicicleta por estradas brasileiras e aproveitar uma vida de poucas preocupações. A ideia de uma viagem mais longa e sem fronteiras só ganhou força anos depois, quando eu já havia me formado e sentia que não poderia haver momento melhor para fazer uma viagem como essa. Poucas coisas me prendiam a São Paulo, e eu sabia que, quanto mais eu postergasse esse plano, mais difícil seria realizá-lo, tendo de me desligar das pessoas e das responsabilidades da vida.

Antes mesmo de terminar a faculdade, eu concluí que não queria aquilo para mim. Gostava do mundo acadêmico, mas o direito nos livros era bem diferente do direito que era praticado pela maioria dos advogados. Tentei gostar daquele mundo por diversas vezes, mas não consegui criar uma empatia por advogados em geral. Claro que havia exceções, mas a maioria dos advogados que eu conheci fizeram que eu desenvolvesse certo desgosto pela profissão. Simplesmente não me via como advogado dali dez, vinte ou trinta anos. Não era o que eu queria para minha vida. O problema é que eu ainda não sabia o que eu queria.

Levei bastante tempo para encontrar a resposta para essa pergunta, que parecia infinitamente complexa naquele momento. Buscava respostas de todas as formas, inclusive percorrendo trilhas e entrando em caminhos desconhecidos com minha bicicleta todos os finais de semana. Talvez achasse que, ao final de cada sendeiro, fosse encontrar alguma resposta. No entanto, a resposta não veio das pedaladas, mas, sim, de um livro. Foi mediante um livro de Hermann Hesse que eu concluí subitamente que não precisava encontrar a resposta que eu buscava, mesmo porque essa resposta simplesmente não existia.

De uma hora para outra, uma cortina se abriu diante de mim. Tudo se encaixou e fez sentido a partir daquele momento. Tudo parecia tão simples e natural, que tudo aquilo que eu achava ser um problema passou a parecer piada por aquela nova ótica. A pergunta que me fazia até então pareceu completamente sem sentido. *"O que eu queria para a minha vida?"* era algo que não tinha resposta, pois eu nunca conseguiria saber o que eu iria querer no futuro, mas apenas agora, no momento em que eu vivo.

É impressionante como algo assim tão simples pode mudar tudo à nossa volta. Igualmente impressionante é como não percebemos essa simplicidade da vida e sempre tentamos complicar tudo. Acredito que esse tenha sido o verdadeiro princípio de minha viagem: o dia em que percebi que estava vivo e não poderia fazer algo de que eu não gostava durante toda a minha vida. Deveria, sim, buscar aquilo que me atraía, pois, pelo simples fato de trabalhar com o que eu gostava naquele momento, já mudaria tudo. Ainda não havia pensando em subir numa bicicleta e rodar o mundo, mas, a partir daquele momento, essa porta estava aberta e seria apenas uma questão de tempo até que eu a cruzasse.

Em pouco tempo, deixei o escritório de advocacia no qual eu estagiava e concluí que, provavelmente, nunca mais voltaria para aquele mundo. Era um bom escritório, que me pagava relativamente bem — pelo menos para um estágio —, e isso fez que todos à minha volta se espantassem com minha decisão. Muitos queriam estar naquele trabalho que eu acabara de jogar pela janela. Perguntavam-me o porquê de ter feito aquilo e o que eu iria fazer da vida, mas eu não tinha respostas para aquelas perguntas, nem queria ter. Sabia que elas chegariam na hora certa.

Fiquei muito mais feliz após minha mudança de vida. Foi como tirar um grande peso das costas e eu pude respirar fundo a partir daquele momento. O problema é que, sem um trabalho, fui ficando também muito mais pobre. Em poucos meses, eu já vivia com muito menos que antes, mas, de uma forma natural, amigos da faculdade começaram a me pedir para dar aulas de ioga para eles. No começo, duvidei de minha capacidade de conduzir um grupo, mas resolvi arriscar. Em pouco tempo, as aulas que começaram com duas pessoas, já tinham quase vinte, divididas em diversas turmas, e eu comecei a tirar meu sustento daquelas aulas.

Não demorou até que eu conseguisse algumas turmas na escola na qual eu mesmo era aluno e, depois, dar aulas em academias. Em pouco tempo, eu havia me tornado um professor de ioga e já ganhava melhor que um advogado no início da carreira. Mais rápido que eu poderia imaginar, havia conseguido o que queria: ganhava a vida fazendo o que eu gostava. Dividindo o meu tempo entre aulas de ioga, aulas e provas da faculdade e escrever minha monografia, eu me formei em dezembro de 2004. O diploma não tinha importância acadêmica para mim, mas era, de certa forma, uma carta de alforria, pois, concluída a faculdade, estava, finalmente, livre de obrigações e de cobranças familiares.

Em junho de 2005, numa época em que me dedicava bastante à prática da ioga, disse a mim mesmo que iria fazer essa viagem, independentemente dos obstáculos que cruzassem meu caminho. A viagem começou já naquele momento, diante daquela decisão, uma das mais importantes de toda a jornada. Desde então, eu sabia que iria para a estrada. Apenas não sabia como, mas estava certo que iria e não voltaria atrás em meu propósito. Sem aquele pequeno e modesto princípio, nunca teria saído do lugar.

Não sabia por onde começar nem como iria fazer aquilo acontecer, mas sabia que todos aqueles que realizaram grandes conquistas começaram da mesma forma. Assim, não adiantava eu esperar algo cair do céu. Sabia que não iria ficar parado e, em pouco tempo, viajaria. Resolvi primeiro colocar numa folha de papel um esboço do que queria. Este foi o meu primeiro passo. Percebi que não tinha quase nada do que precisava e que necessitaria de muito para colocar em prática aquele plano: equipamentos, dinheiro, bicicleta nova, roteiro de viagem, projeto. Enfim, não tinha nada pronto e sabia que iria começar do zero.

Ao analisar minha situação nada favorável, notei que, primeiro, precisaria saber quanto eu iria gastar nessa empreitada. Mas, para isso, eu precisaria estimar uma média diária de gastos e saber quanto tempo duraria a viagem. Dessa maneira, comecei a acumular alguns atlas, mapas, réguas e compassos, para traçar meu roteiro e estimar quanto tempo iria gastar. Levei um bom tempo fazendo um roteiro muito detalhado, creio que cerca de 3 meses, mostrando não apenas os países e rotas que iria adotar, mas, também, todas as cidades por onde eu passaria e as respectivas distâncias entre elas.

O resultado disso foi um roteiro que atravessava 28 países, em cerca de 30 meses, com 35.402 quilômetros a serem pedalados. Havia um plano A, considerado otimista, e um plano B, mais pessimista, para cada país. Ou seja, um tempo mínimo e máximo dentro de cada território. Por essa lógica, o projeto teria, ao todo, de 545 (plano A) a 797 (plano B) dias pedalados, o que, somando alguns dias de descanso, resultaria em cerca de 900 dias de viagem, isto é, dois anos e meio na estrada.

Com base nessa estimativa de duração e em um estudo superficial de gastos que teria em cada país, tracei uma inocente tabela dos custos do projeto. Era ingênua, porque calculei um valor médio baixo para cada país, já contando com a sorte desde o planejamento. Excluí, também, qualquer lucro pessoal dos custos do projeto e não estimei nenhuma verba extra para lidar com os imprevistos que a viagem iria inevitavelmente me trazer. Conclusão: um projeto com um valor relativamente baixo, dividido em seis cotas de igual valor, para serem vendidas entre possíveis patrocinadores.

Com isso pronto, foi hora de estruturar todo o plano, porque sabia que ninguém iria me patrocinar ou me dar qualquer tipo de apoio apenas para que eu pedalasse mundo afora e sacasse fotos. O projeto deveria ter um nome, um objetivo, uma razão de existir e um diferencial que despertasse interesse nas pessoas, nas empresas e, de certa forma, em mim mesmo.

Sabia que, se só houvesse a viagem, eu mesmo correria o risco de cultivar um grande vazio dentro de mim durante a execução do projeto. Em outras palavras, a viagem poderia perder seu sentido no meio do caminho caso não tivesse um motivo suficientemente bom para realizá-la.

Assim como havia feito ao inserir a bicicleta em minha viagem, continuei lidando com coisas que sempre estiveram à minha frente para estruturar esse projeto. Não adiantava querer inventar e lidar com ideias estranhas. Não devia procurar fora, mas, sim, dentro de mim as respostas para minhas perguntas e vontades. Como eu imaginava, as respostas estavam aqui o tempo todo.

Com esse foco, encontrei nos projetos sociais de assistência judiciária, que havia desenvolvido durante os anos de faculdade, a base que eu precisava para compor a iniciativa de minha viagem. A diferença era que, em vez de lidar com leis e conflitos entre pessoas, iria trabalhar com a cultura, os costumes e as tradições dos locais que eu visitasse ao longo do caminho. Criaria, assim, um material complementar de ensino, que ficaria disponível de forma gratuita para escolas e organizações não governamentais brasileiras que se interessassem por ele.

Com essa definição, a base do Pedal na Estrada estava formada: uma volta ao mundo que usava a bicicleta não apenas como meio de locomoção, mas, também, como ferramenta para a aproximação das pessoas, o que seria essencial para o registro de costumes e tradições. O projeto tinha como objetivo registrar todas as minhas experiências e vivências por meio de textos, fotos e vídeos. Todo o material seria disponibilizado em uma página na internet, peça-chave para a interação entre mim e aqueles que me acompanhariam.

O projeto precisava, ainda, de uma estrutura que fortalecesse seu aspecto sociocultural, inicialmente fraco e nebuloso. Fui, então, em busca de ONGs e de escolas que se interessassem pela minha iniciativa, na tentativa de desenvolver parcerias que dessem força, credibilidade e definição à minha proposta. Não queria nada em troca, a não ser a possibilidade de que tais organizações aplicassem meu material a seus estudantes.

Em pouco tempo, eu já tinha parcerias institucionais com diversas organizações e escolas que se propunham a levar o material que eu produziria durante a viagem a seus estudantes. Primeiro, veio a parceria com a organização Cidade Escola Aprendiz, após um café com Gilberto Dimenstein. Era uma grande parceria e abriu caminho para as demais. Logo depois, vieram o Instituto Brasil Solidário, o Instituto Presbiteriano Mackenzie, o Portal do Voluntário e as Aldeias Infantis SOS Brasil.

Com tais parcerias, a estrutura do projeto estava completa, marcando o início de uma fase mais comercial. Era hora de embalar o projeto de uma forma que fosse vendável para empresas; o único problema é que eu não tinha a menor ideia de como fazer isso. Sabia que teria de procurar empresas e falar com diretores para conseguir os patrocínios de que eu precisava, mas não tinha noção de como agir. Da mesma forma, ninguém à minha volta parecia saber me ajudar.

Partindo de um raciocínio lógico de que qualquer empresa tem o lucro como sua principal meta, eu imaginei que teria de oferecer algo que representasse mais ganhos que gastos para qualquer empresário. Minha moeda de troca era, basicamente, a divulgação do Pedal na Estrada e das marcas que estivessem ligadas a ele. Apenas com essa estratégia, sabia que teria um longo caminho pela frente, ainda mais em um país como o Brasil, em que até projetos com incentivo fiscal do Governo não conseguem os patrocínios necessários.

Enquanto traçava planos para conseguir o apoio financeiro para o Pedal na Estrada, recebi um telefonema de minha faculdade. Disseram que eu havia ganhado um prêmio e que, para recebê-lo, teria de ir à faculdade em um determinado dia e horário. Achei tudo muito estranho e desconfiei da informação, porque nem inscrito em um concurso eu estava. Durante o curso de Direito, a faculdade havia ensinado a seus alunos a não confiarem em ninguém, assim, sabia que corria o risco de apenas perder tempo com aquela misteriosa ida à faculdade. Mesmo desconfiado, fui à universidade no dia e no horário estipulados. Somente lá descobri que havia ganhado o prêmio de melhor monografia do ano com o meu trabalho: *Desobediência civil: uma crítica ao positivismo jurídico.*

Melhor que ganhar foi o fato de aquele prêmio ser completamente inesperado para mim. Com a notícia, além de uma boa dose de felicidade e autoconfiança, consegui parte do dinheiro que me ajudaria a trabalhar melhor o projeto para correr atrás de um patrocinador. Parecia que o universo conspirava a meu favor naquele momento e nada poderia me tirar de meu objetivo. Havia muitas distrações pelo caminho, mas eu tinha muito claro para mim aonde eu queria chegar.

Ainda motivado por aquele bom momento, preparei um bom material de apresentação do projeto. Comecei divulgando a viagem entre amigos e conhecidos, batendo de porta em porta para oferecer uma possível parceria. Como eu já imaginava, a quantidade de "não" que eu recebia foi muito maior que de "sim". Mas, se havia algo pior que um "não", era o "talvez", que, geralmente, vinha da seguinte forma: *"Olha, gostei muito do seu projeto, está muito bem-feito e realmente nos interessa. Mas, antes, tenho de falar com o presidente da empresa para conseguir a aprovação dele. Assim que eu tiver uma posição, entro em contato com você".*

Até hoje estou esperando por uma posição dos presidentes dessas empresas. Quando eu recebia um "não", era mais fácil. Partia para outra empresa e não gastava mais energia naquela que não havia mostrado interesse em meu projeto. Com o "talvez" – ou melhor, o jeitinho brasileiro de dizer "não" –, pairava no ar uma falsa expectativa, que me fazia esperar por algo que nunca viria.

Apesar de preparado para inúmeros "não" e aprendendo a lidar com os muitos "talvez", em um determinando momento, depois de muito mais respostas negativas que positivas, a confiança que eu tinha no início de tudo já estava abalada e não era mais a mesma.

Depois de algumas semanas apresentando meu projeto para empresas, havia conseguido dezenas de garrafas de alumínio, algumas mochilas, bicicletas, capacetes e desejos de "boa sorte". Mas nada de ajuda financeira para desenvolver a viagem. Sem o principal, que era o dinheiro, de nada adiantava obter esses apoios, por melhores que eles fossem. Além disso, o que eu faria com cem garrafas de alumínio? Com dezenas de mochilas? Teria que virar vendedor para bancar minha viagem? Assim, o projeto todo permanecera num limbo enquanto eu tentava conseguir os patrocínios necessários para cair na estrada.

Conforme a angústia pela ausência de respostas crescia, eu começava a pensar no que eu faria caso não conseguisse nada. Viajaria por conta própria? Aonde eu chegaria? Continuaria tentando um patrocínio até conseguir? Desistiria de tudo e voltaria ao Direito? Foi em uma tarde qualquer de terça-feira, quando eu já estava sendo motivado por alguns conhecidos a traçar um plano B para minha própria vida, caso não conseguisse o subsídio necessário para minha viagem, que o telefone tocou, sem aviso prévio. Naquela inesperada ligação, recebi a melhor notícia que poderia imaginar: havia conseguido um grande patrocinador!

Uma empresa farmacêutica, chamada Bristol-Myers Squibb, cuja chance de parceria era para mim remota, ligou, dizendo que patrocinaria o projeto comprando duas ou três cotas de patrocínio. Isso já era suficiente para dar início à viagem. Com aquele telefonema, tudo mudou. Naquele momento, eu soube que iria para o mundo e nada iria me deter. O que até então era apenas uma ideia se tornaria realidade em breve.

Teria de começar a organizar tudo para deixar a vida que eu tinha para trás em um prazo de cinco meses. Não era muito tempo, mas o suficiente para que eu deixasse tudo acertado para a viagem. Precisava estudar melhor o processo para a obtenção de vistos e seus prazos de validade, verificar quais vacinas precisaria tomar, importar equipamentos, assinar contratos de parceria e de apoio, construir o *site* de forma que eu pudesse atualizá-lo de qualquer lugar e resolver mais uma série de detalhes. Assim, eu poderia ir para a estrada com o melhor planejamento possível e ter o mínimo de imprevistos. Pelo menos, inicialmente.

Naquele instante, sem que eu percebesse, mais coisas mudavam dentro de mim que eu poderia imaginar. A forma de ver a vida começava a ser alterada antes mesmo de eu chegar à estrada. Não adiantava eu pensar em nada a longo prazo, pois, em pouco tempo, não estaria mais no mesmo lugar.

Projetos de mudar de apartamento, trocar de carro, investir em um relacionamento, aprofundar-me na profissão, investir em um mestrado ou doutorado. Não, nada disso fazia mais sentido para mim. Era como se uma pequena morte ocorresse naquele momento. Um período de transição que fizesse que a maioria das coisas que as pessoas à minha volta se preocupavam perdesse completamente o sentido para mim. Eu morria para uma série de compromissos e de responsabilidades, mas nascia para outros. E, com isso, vinha a dificuldade de me explicar para algumas pessoas.

Mesmo com todo esse vendaval, sentia que o mais importante para mim, naquele momento, eram as pessoas ao meu redor. Sem nenhum sentimento possessivo, queria rever todas as pessoas de que eu mais gostava e tê-las por perto até a minha despedida. Queria aproveitar cada momento até a minha partida, mesmo porque eu não sabia o que poderia acontecer durante a viagem. A intenção era voltar para casa e completar a volta ao mundo, mas tinha consciência de que poderia ficar pelo caminho por diversos motivos: sofrer acidentes, apaixonar-me, não querer mais voltar, ficar louco ou morrer. E, nesses casos, talvez não visse mais nenhuma das pessoas que havia deixado para trás.

Queria aproveitar cada momento ao máximo antes de partir, para levar as melhores lembranças de minha casa comigo. A cada dia que passava, eu percebia o quanto amava as pessoas que eu estava prestes a deixar. Aos poucos, crescia a consciência de que nunca mais veria nenhuma delas, pelo menos não da forma como as via naquele momento. Os anos de distância se encarregariam de me mudar, assim como também não deixariam no mesmo lugar aqueles que ficavam para trás. Poderíamos nos reencontrar no futuro, mas seríamos outros, o momento seria outro e, por isso mesmo, resolvi aproveitar ao máximo aqueles últimos meses da vida que conhecia até então.

Sentia como se eu estivesse à beira de um abismo, que pedia apenas um salto para que eu desse o pontapé inicial na minha viagem e em uma vida em constante rumo ao desconhecido. Até a jornada ter início, vivi e desfrutei cada dia, cultivando diversas lembranças que, mesmo sem saber, me dariam as forças de que eu precisava para concluir a viagem. Depois de alguns meses vivendo um dia de cada vez, chegou a hora de pular desse abismo e dar início a uma vida bem diferente da que eu estava acostumado.

Brasil - Tudo pronto para começar a viagem em frente ao Monumento às Bandeiras, em São Paulo.

Brasil - Primeiros quilômetros do Pedal na Estrada, rumo a Foz do Iguaçu.

PRIMEIROS QUILÔMETROS

2

No dia 3 de abril de 2006, numa manhã nublada de segunda-feira, a viagem teve seu início junto ao *Monumento às Bandeiras*, no Parque do Ibirapuera, em São Paulo. A data havia sido definida desde o início do planejamento da viagem. Isso, por vezes, levantava uma pergunta: *"Por que o dia 3 de abril?"*. *"Seria alguma data especial? Ligada a algum tipo de superstição?"*, alguns pensavam. Mas, na realidade, não era nada disso.

A princípio, o roteiro não tinha seu início no Brasil, mas, sim, na Europa, onde eu daria as primeiras pedaladas em direção ao leste, para, nesse sentido, girar o globo e, finalmente, acabar no Brasil. Como as estações do hemisfério norte são opostas às do hemisfério sul, pensei que marcar o início para abril, quando o frio já não é tão intenso e a primavera já começa a dar seus primeiros sinais em todo velho continente, seria um bom momento para iniciar a viagem. Poderia começá-la no dia 1º de abril, mas começar no dia da mentira – isso, sim, foi superstição – não me parecia uma boa ideia. Havia o dia 2, mas ele caía em um domingo, e eu sabia que se quisesse o mínimo de divulgação era melhor eu trocar de dia. Assim, seguindo essa sequência cronológica, resolvi começar a viagem na segunda-feira, dia 3.

Após definida a data, o que ocorreu logo no início do planejamento, mantive-a até o fim. De certa forma, isso dava um senso de urgência a todo o projeto. Com a data definida e divulgada, nada poderia ser deixado para amanhã, pois, com base no tempo que me restava, eu sabia o que eu tinha de fazer em cada etapa do planejamento, se estava atrasado ou adiantado.

Esse *"deadline"* era um dos pontos mais importantes de todo o projeto, pois me fazia perceber, da forma mais simples, que havia um prazo e eu precisava correr. Apesar da data de saída bem definida, o roteiro virou de ponta-cabeça pouco antes da viagem começar.

Eu havia conseguido tudo para tirar a viagem do papel e colocá-la, literalmente, na estrada, porém tive que lidar com todos os tipos de problemas até o dia 3 de abril chegar. Esse período de planejamento parecia um vestibular para a viagem e a nota dessa etapa definiria o que viria depois. Coisas que eram para ser simples pareciam complicadas, pontos já definidos voltavam a ficar pendentes, contratos já prontos para serem fechados revelavam condições que mudavam o rumo de tudo. Tudo isso fez que eu treinasse menos do que esperava e me tornasse quase um homem de negócios para tratar de todos os obstáculos que apareciam em meu caminho.

Um dos problemas que tive, cerca de um mês antes da viagem começar, foi descobrir que o patrocinador do projeto apenas iria começar a me pagar a partir do momento em que eu estivesse na estrada. Ou seja, em meados de abril. Isso significava não ter nem um centavo da empresa até já estar relativamente longe, quase deixando o Brasil. Eu tinha meu dinheiro, porém ele evaporava rapidamente à medida que eu adquiria todo o equipamento e realizava gastos decorrentes da viagem. Tentei negociar com o patrocinador, mas não houve muita conversa. Fui obrigado a pensar numa alternativa.

Enquanto quebrava a cabeça em busca da melhor saída, percebi que começar da Europa seria um erro. Não era uma boa ideia começar tão longe de casa, em uma terra estrangeira, ainda mais num dos lugares mais caros do mundo. Começar de longe envolvia a compra de passagem aérea, gasto com estadia e mais uma série de burocracias que me dariam um grande prejuízo antes mesmo de dar a primeira pedalada. Como meu dinheiro já estava escasso e o patrocinador não mudava de ideia, eu sabia que não poderia arcar com mais essa bateria de gastos logo no início da jornada.

Tive de pensar rapidamente em como resolver esse problema e a solução mais lógica foi apenas inverter o roteiro. Começaria por onde iria terminar e concluiria nesse mesmo ponto. Assim, pouco mais de um mês antes de começar a viagem, eu inverti meu roteiro. Ele se manteve idêntico, porém ficou de ponta-cabeça. Iria partir de São Paulo. Era melhor para a divulgação, para a despedida, para o meu bolso, para a minha adaptação e para a solução de algum inesperado problema que comprometesse a viagem em seu começo.

Comuniquei todos os envolvidos com o Pedal na Estrada sobre a mudança e, somente quando obtive a aprovação de todos, inverti oficialmente o roteiro e passei a divulgar a rota que começava no *Monumento às Bandeiras*, na cidade de São Paulo. Aquilo gerou um pouco de confusão no início, pois a viagem já estava sendo divulgada e muitos jornalistas ficaram desconfiados da repentina mudança. Após algumas explicações, o novo roteiro já havia sido amplamente aceito por todos. Era a hora dos últimos detalhes para, então, dar início ao projeto mais ousado da minha vida.

Deixei as aulas de ioga de lado. Encontrei substitutos para todas as minhas turmas. Liberei a vaga do quarto em que eu vivia com amigos da faculdade. Vendi minha moto. Levei o carro para a casa dos meus pais. Importei equipamentos. Dei alguns objetos e roupas. Guardei outros. Joguei meu celular fora. Despedi-me de meus amigos. Separei as poucas coisas que eu levaria comigo. E comecei a me acostumar com a ideia de ficar longe por tanto tempo.

Após uma noite quase não dormida, toda a expectativa ligada à preparação para a partida acabou. Iria de qualquer forma, faltando algo ou não. Tinha de começar e não havia mais como voltar atrás. Faltava pouco a ser feito, mas, a partir daquele momento, tudo o que estivesse pendente seria feito durante a viagem e resolvido longe de São Paulo. Essa era a vantagem de ter uma data definida para a partida – não havia como deixar para depois. Com isso em mente, fechei as bolsas com os equipamentos que levaria comigo. Como a minha bagagem ainda não tinha lugar definido, alguns alforjes ficaram mais pesados que outros e isso fez que a bicicleta pendesse para um lado enquanto eu pedalava. Esse era um dos problemas que seriam resolvidos com os dias.

Meus pais passaram a noite no meu apartamento, coisa que nunca tinham feito nos meus sete anos de São Paulo. Parecia que minha viagem estava realmente mudando algumas coisas de lugar. O senso de que eu ia embora nos aproximou nos últimos instantes de minha viagem. Meus pais não me ajudaram com nada até eu começar minha viagem, creio que eles queriam ver se eu realmente conseguiria fazer aquilo que eu propunha. Se eu iria até o final. Meu pai ainda lutava para superar o fato de eu ter abandonado o Direito. Aquilo era inconcebível na cabeça dele, mas, aparentemente, ele conseguia aceitar melhor a minha viagem de bicicleta pelo mundo que o fato de eu dar aulas de ioga.

Quando eles finalmente perceberam que não havia mais volta, que eu já tinha tudo pronto e nada me faria desistir de meu objetivo, eles se arrependeram e buscaram me ajudar. Mesmo porque eu poderia nunca voltar daquela viagem. Mas aí já era tarde, eu já estava praticamente subindo na minha bicicleta carregada em direção ao *Monumento às Bandeiras*. Não havia mais nada a ser feito a não ser se despedir de mim e me desejar boa sorte.

Segui do meu apartamento até o *Monumento às Bandeiras*, em frente ao Parque do Ibirapuera, onde, além do constante trânsito matinal, algumas pessoas me esperavam. Conhecia a maioria dos presentes: meus pais, alguns poucos amigos, a representante do patrocinador e os representantes das empresas que me apoiavam. Só não conhecia os jornalistas e creio que eram maioria. Parei desajeitadamente a bicicleta — era a primeira vez que eu a testava com toda a bagagem que levaria (cerca de 30 quilos), mas ninguém sabia disso —, cumprimentei todos e teve início uma série de conversas e entrevistas. Feito isso, foi hora das despedidas. Era o momento difícil do dia, mas minha cabeça já estava mais na estrada que ali e isso facilitou um pouco. Despedir-me de meus pais foi a parte mais difícil para mim. Podia ver a apreensão nos olhos deles, por mais que eles tentassem disfarçar. Para eles, foi difícil ver seu filho mais velho sumindo no horizonte, para, quem sabe, um dia, voltar. Para mim, foi muito difícil também e jurei que voltaria. Não sabia quando, mas voltaria.

Esse foi o último obstáculo a ser superado antes de a viagem começar. Era hora de seguir em frente sem olhar para trás. São Paulo, como de costume às 9 horas, estava travada e sair pedalando do Ibirapuera era inviável. Não apenas pelo trânsito, mas porque deixar a cidade, rumo à Rodovia Castelo Branco, era quase impossível em razão das obras na Marginal Tietê e da proibição de bicicletas no início da rodovia. O que me salvou foi a carona de um simpático sujeito, também apaixonado por bicicletas, chamado Renato Lobo. Graças à sua equipe e à sua enorme *van*, conseguimos chegar até o trecho pedalável da Castelo Branco ainda na manhã daquela segunda-feira.

Nesse primeiro dia, não pedalei sozinho. Havia os ciclistas da equipe de Renato ao meu lado e também outro ciclista, o Leonardo, que tinha entrado em contato comigo por *e-mail* alguns dias antes, para saber se poderia me acompanhar durante os primeiros dias de viagem. Aceitei a companhia e o conheci somente naquele momento. Ele era um sujeito de uns 35 anos de idade, pele morena, cabelo curto, cavanhaque, casado, dois filhos, evangélico e, aparentemente, um pouco fora de forma.

Leonardo era uma pessoa simpática e interessante, que apenas me gerou certa curiosidade pelo fato de estar trazendo consigo, colados em sua camiseta, capacete, bolsas e bicicleta, adesivos de uma universidade adventista, na qual ele parecia trabalhar. Aquilo me causou certa estranheza, pois parecia que ele queria fazer propaganda de sua faculdade ou religião por meio da imprensa que estava lá no dia, mas isso não era problema meu, e ele foi comigo mesmo assim.

A pedalada do primeiro dia foi tranquila e logo me presenteou com o primeiro pneu furado da viagem – que seria apenas uma prévia das dezenas de furos que eu teria durante as semanas seguintes, tudo por causa de um simples problema não diagnosticado na parte interna da roda traseira da bicicleta. No meio da tarde daquele dia, chegamos a Sorocaba, cidade de meus pais e avós, onde eu me despedi de Lobo e de sua equipe. A presença deles foi fundamental naquele primeiro dia, mas eu seguiria apenas na companhia de Leonardo em direção à casa de minha avó, onde passaríamos a noite.

Seguindo um conselho de meu pai, fui visitar minha outra avó, mãe dele, naquele dia, e despedir-me dela. Meus dois avôs já haviam falecido e minhas avós, apesar de saudáveis, já tinham idades avançadas. Assim, era melhor eu me despedir bem delas pois havia a possibilidade de aquela ser a última vez que eu as visse. Apesar de duvidar um pouco disso naquele momento, antes da viagem acabar, descobri ter feito a coisa certa. Nunca mais vi uma de minhas avós, a mãe de meu pai, que faleceu quando eu estava na África. O adeus daquela tarde de segunda-feira havia sido para sempre.

Nos dias que se seguiram, a viagem passou a ganhar os traços que a marcariam em seu decorrer. Já na cidade seguinte, Torre de Pedra, tivemos, Leonardo e eu, que nos hospedar na prefeitura da cidade e tomar banho na casa de uma pessoa local, porque lá não havia nenhuma hospedagem. Tudo era incerto quando chegávamos a uma cidade, mas tudo dava certo, de alguma maneira. Na outra parada, em Avaré, ficamos na casa dos pais de um amigo de faculdade, que nos receberam muito bem por dois dias. Ali também foi o fim da pedalada para Leonardo, que, pela sua religião, não fazia nenhum tipo de atividade aos sábados, justamente quando eu pedalaria para uma próxima cidade. Assim, ele acabou retornando de Avaré para sua casa.

A companhia dele havia sido muito boa e fundamental naqueles primeiros quilômetros, mas, dali à frente, eu sabia que seguiria sozinho por um bom tempo. Ainda tinha a esperança de alguém aparecer para pedalar comigo por um trecho ou outro. Toda companhia seria bem-vinda, mas sabia que não seria fácil encontrar alguém que, assim com eu, estivesse disposto a abrir mão de confortos e certezas para apenas lidar com o desconhecido durante anos de viagem.

De toda forma, esse início de viagem havia começado de forma ideal para mim. A companhia de algumas pessoas havia me ajudado bastante nesse momento de transição. A vida nômade que me esperava não era tão fácil e romântica quanto eu previa e me pedia diversos conhecimentos que eu ainda não tinha. Quando me vi completamente sozinho, entre o céu e o asfalto, já estava longe o suficiente para saber que apenas deveria seguir em frente e não pensar em mais nada.

De Avaré para frente eu segui sozinho, sem endereço ou telefone, sem refúgio nem companhia, e até sem nome, pois isso não importava a mais ninguém, exceto aos funcionários das fronteiras. Eu tinha apenas minha bicicleta, quatro bolsas grandes e duas pequenas, nas quais eu carregava tudo o que eu precisaria para os anos seguintes, mantendo sempre uma média de 30 quilos divididos entre elas.

Eu tinha algo em torno de cinco ou seis camisetas, duas bermudas de ciclismo, duas bermudas normais, um par de calças, cinco cuecas, cinco pares de meias, uma blusa grossa e outra fina, uma touca, um par de luvas, uma barraca para as quatro estações, um saco de dormir para baixas temperaturas, uma bolsa com ferramentas e peças para a bicicleta, uma bolsa de primeiros socorros, uma bolsa com material de higiene, um fogareiro, duas panelas pequenas, um *kit* com garfo, faca e colher, uma bolsa com alguns alimentos, uma câmera fotográfica digital, um *notebook*, um GPS, um iPod e uma bolsa com os carregadores para toda essa parafernália que eu carregava comigo. Mesmo assim, somando tudo isso às bolsas, o que eu carregava não ultrapassava os 30 quilos. Não era muito para uma viagem tão longa, mas eu lembrava desse peso a cada subida que pegava.

Gradualmente, fui adaptando meu corpo, especialmente minhas pernas, para pedalar com todo aquele peso. Como já comecei a viagem com um condicionamento relativamente bom, a adaptação foi rápida. O único problema se concentrou no meu joelho esquerdo, que sofria quando eu o forçava demais – o que acontecia quase todo dia. Em longas e íngremes subidas, eu sempre tinha que passar a maior parte do esforço para a perna direita para não sobrecarregar o joelho esquerdo. Mesmo com essa tática e o auxílio das sapatilhas de ciclismo, que minimizavam o desgaste dos joelhos, diversas vezes eu era obrigado a passar um creme anti-inflamatório em meu joelho, para que ele aguentasse o dia seguinte.

Nesse momento da viagem, nenhum problema me abalava muito. Tudo parecia estar simplesmente acontecendo da forma certa. Minha principal preocupação se restringia ao meu joelho. Entretanto, minha excitação era tanta em saber o que havia depois do morro, da próxima cidade, do próximo estado, do Brasil, da América do Sul, que eu não via nada como um grande problema. Apenas como obstáculos a serem superados de alguma forma – mesmo que eu ainda não fizesse a menor ideia de como iria superar a maioria deles. Tudo ganhava características muito simples para mim e os problemas não pareciam me incomodar muito. Na realidade, os problemas eram bem-vindos, pois eles me treinavam e me ensinavam o que eu ainda não sabia.

Seguindo esse clima de excitação, os dias de Brasil não duraram muito, somente cerca de três semanas, e foram ótimos para que eu aprendesse a interagir mais rapidamente com as pessoas, fortalecesse minhas pernas e me distanciasse gradualmente da vida que eu estava acostumado.

Costumes que a vida num só lugar me permitia ter, como ser vegetariano e ter algumas rotinas e costumes particulares, tornavam-se grandes desafios diante de uma vida nômade. Sempre que me hospedava na casa de alguém, que foi o caso em quase todos os dias no Brasil, eu tinha de me sujeitar ao estilo de vida daquela pessoa, que, geralmente, me recebia com muita hospitalidade. Várias vezes, o fato de receber um ciclista que vinha de tão longe justificava uma refeição especial, que quase sempre continha carne em sua preparação. E, nessas situações, recusar o prato principal quase sempre era uma desfeita.

Enquanto eu estava no Brasil, o domínio da língua ainda me possibilitou contornar tais situações com relativa facilidade e sair do país ainda me considerando um vegetariano, mas não consegui levar tais costumes muito longe.

Logo na Argentina, tive que repensar minha dieta. A carne estava no coração de todos os pratos naquele país e sempre que chegava a uma cidade ou vilarejo, meu maior desafio era conseguir um prato sem carne. Os argentinos não conseguiam entender o porquê daquela "frescura" e, muitas vezes, me perguntavam se eu tinha algum problema ou se estava doente. Quando estava muito cansado ou com muita fome, apenas respondia *"Sim, estou doente."* E, sem mais explicações, recebia meu prato sem carne. Infelizmente, nem sempre essa solução resolvia minha restrição alimentar; às vezes, só me restava a opção de comer carne ou não comer nada. Normalmente, a fome falava mais alto.

Mesmo abrindo exceções para não morrer de fome e conseguir energia para pedalar, toda vez que eu comia carne, ficava com peso na consciência, como se houvesse feito algo de muito errado. Essa sensação de culpa me acompanhou durante algumas semanas no Chaco argentino, até o momento em que percebi minha hipocrisia comigo mesmo. Não havia o que fazer, eu estava viajando, numa terra diferente da minha, com pessoas diferentes e tinha de aceitar o estilo de vida deles, com seus prós e contras, e isso incluía a culinária também.

A comida representa uma fatia da cultura de cada país. Assim, negar qualquer prato típico preparado com carne seria negar o sabor daquela cultura para me fechar em meu próprio mundo. Notei que, pelo menos naquela situação, o meu vegetarianismo contradizia o objetivo inicial de minha viagem, que era mergulhar em cada cultura por onde eu passasse. Não queria ensinar o que penso ser certo ou errado a ninguém, mas, sim, aprender com cada cultura. Assim, após pouco mais de dois meses de viagem, aceitei o fato de voltar a comer carne. Ser vegetariano era a melhor dieta para mim, porém, temporariamente, voltaria à dieta onívora, basicamente comendo tudo o que aparecesse. Para marcar esse momento, celebrei o fim de uma dieta de mais de três anos com um enorme *bife de chorizo* em um bom restaurante em Salta. O imenso bife argentino levou cerca de uma semana para ser digerido por meu estômago desacostumado à carne e me fez voltar a salivar quando via um belo bife.

Agora, deixando a comida de lado e voltando às minhas pedaladas, meu roteiro brasileiro teve início em São Paulo, de onde pedalei cerca de 70 quilômetros até Sorocaba, e acabou em Foz do Iguaçu, quando pedalei cerca de 150 quilômetros de Cascavel até minha última cidade brasileira. O derradeiro dia de pedalada foi uma espécie de despedida do país. Comecei cedo, acompanhado de dois ciclistas locais, e só acabei a jornada no final do dia, após dois pneus furados e uma tempestade no meio do caminho. Foi um longo dia, com diversos obstáculos, que me fizeram chegar somente no início da noite a Foz do Iguaçu, justo na cidade que todos me falavam para ter cuidado com a violência.

Quando parei em Foz, percebi que a cidade não era mesmo muito agradável. Tampouco era tão perigosa quanto diziam. As pessoas aumentavam tudo e ficava claro que eu estava dentro de uma sociedade controlada pelo medo e pela insegurança. Não que eu estivesse vacinado contra qualquer tipo de medo ou que não dava ouvidos ao que diziam, mas preferia ter uma abordagem diferente em relação às situações tidas como perigosas. Geralmente desconfiava dessas histórias, especialmente aquelas que pareciam ter saído de um telejornal sensacionalista. O medo parecia simplesmente gerar mais medo, num círculo que parecia não ter fim e ser extremamente nocivo para a vida em sociedade.

Poucos dias antes de chegar à cidade de Foz do Iguaçu, parei em um posto à beira de estrada para comprar algo para beber. Sempre fazia isso, mas, desta vez, aproveitei para me sentar e descansar um pouco numa cadeira de plástico que parecia esquecida naquele posto no meio do nada. Não tive muito tempo de tranquilidade, pois, em questão de minutos, o silêncio daquele posto foi quebrado por dois sujeitos que chegaram falando em voz alta, em tom de briga e raiva, parecendo tramar alguma coisa contra uma terceira pessoa. Um deles parecia dar ordens e o outro, com cara de bandido perigoso, parecia apenas concordar e alimentar a raiva do outro. Apareceu mais um sujeito, não sei de que lugar, e todos eles caminharam em silêncio para perto de onde eu estava sentado.

Observei de canto de olho quando eles começaram a olhar para a minha bicicleta e fazer alguns comentários entre eles. Percebi que estava em sério risco ali. Porém, em vez de pegar a bicicleta e sair correndo, fui falar com os sujeitos com cara de bandido. Eles se surpreenderam quando contei que estava vindo de São Paulo pedalando e, após alguns minutos de conversa, estavam admirados me perguntando coisas e dando risada. Tanto que, quando já me despedia deles, um veio até mim, perguntou se eu tinha alguma "proteção" e me ofereceu sua arma. Agradeci pela simpatia do sujeito, mas recusei o presente. Segui viagem com a certeza que estaria mais seguro e protegido sem nenhuma arma na cintura. Bastaria me livrar do medo, que sempre estaria seguro, e, para isso, arma nenhuma me ajudaria.

MARINHEIRO DE PRIMEIRA VIAGEM

Fiquei alguns dias em Foz do Iguaçu, hospedado na casa de um simpático casal, enquanto eu esperava chegar meu passaporte com o visto da Austrália. Um dia depois de receber meu documento de viagem, deixei o país. Cruzei a Ponte da Amizade na manhã do dia 26 de abril de 2006 e recebi as boas-vindas do mundo. Ao falar com a Polícia Federal brasileira do lado de cá da ponte, não recebi nenhuma ajuda, mas apenas um alerta: ter cuidado com a polícia paraguaia. Já imaginava o que estava por vir depois desse alerta.

Enquanto cruzava a ponte, via o espetáculo do terceiro mundo desenrolar-se em minha frente: muambeiros brasileiros carregados até a cabeça com sacolas de plástico xadrez, parecendo que iam estourar de tão cheias; filas de carros nos dois sentidos da ponte, geralmente vazios, no sentido Paraguai, e cheios até o teto, no sentido contrário; índios guaranis vendendo objetos falsos pelo caminho; gente gritando; seguranças com armas na cintura; motos caindo aos pedaços correndo ao meu lado e propina rolando em ambos os lados. E tudo isso sobre uma ponte chamada "Amizade".

Quando me aproximava do lado paraguaio da ponte, o lado de lá do Rio Paraná, vi uma mulher com traços indígenas revoltar-se contra os soldados paraguaios que a impediam de entrar em seu próprio país só porque ela trazia consigo algumas centenas de ovos de galinha, devidamente alinhados e empilhados em caixas que se equilibravam em sua cabeça. Aquela restrição deixou a mulher tão nervosa que ela começou a arremessar os ovos para todos os lados – para a tristeza dos mendigos que observavam tudo com olhos famintos. Ninguém escapou. Quem estava por perto levou uma ovada de lembrança. Soldados, transeuntes, bandidos, turistas, carros, motos, muamba, computadores, aparelhos de *MP3*, cigarros, maconha, animais silvestres e tudo mais que estava por ali naquele momento ficou impregnado de clara e gema. Ao final do *show*, a Ponte da Amizade havia se transformado no suporte de uma grande omelete que tomava conta de seu asfalto.

Havia buscado proteção atrás de um carro e só saí quando o arsenal de ovos já havia acabado. Imaginei o que eu veria se ficasse mais tempo naquela ponte. Era diversão garantida, mas sabia que o Paraguai me esperava com algumas boas surpresas e pedalei até a fronteira. Entreguei meu passaporte para os soldados, que pareciam não estar muito acostumados a ver passaportes brasileiros por ali, por incrível que pareça. Um deles pegou meu documento, olhou, deu para outro soldado, que olhou e o entregou para um tenente, que me olhou com uma cara de quem quer propina, esperou um pouco, olhou de novo e, finalmente, carimbou uma página em branco com seu poderoso carimbo. Logo em seguida, estava liberado para entrar no país.

Ciudad del Este era um espetáculo à parte, que conseguia ser pior que a Ponte da Amizade. Gente para todos os lados, sujeira, lixo, muamba, lojas que pareciam organizadas pela frente, mas eram favelas por trás, gente de diversas nacionalidades, gente gritando e uma sensação de insegurança constante. Não procurei ver muito mais daquela cidade, mas somente atravessá-la, sem perder tempo. Em poucos minutos de pedalada, aquele cenário de comércio caótico e sem escrúpulos deu espaço a uma cidade pobre, de casas simples, ruas sujas e gente sofrida. O dinheiro de todo aquele comércio não parecia ficar em Ciudad del Este.

Esse cenário pobre e simples me acompanhou pelo Paraguai a dentro. A principal rodovia do país, responsável por ligar Ciudad del Este

– capital econômica paraguaia – a Assunção – capital oficial do país – era uma estrada simples, somente com uma faixa de asfalto cansado para cada lado, equivalente a uma estrada vicinal no Brasil.

Por sorte, havia acostamento, mas imagino que as pequenas lombadas que se estendiam ao longo dos 400 e poucos quilômetros até Assunção estivessem ali para evitar que alguns motoristas circulassem pela estrada. Se essa foi a real intenção, acho que funcionou muito bem, pois ninguém circulava pelo acostamento, nem mesmo eu, que não conseguia desenvolver um ritmo constante em razão dos inúmeros obstáculos. Pela estrada, pessoas andavam sem capacete em motocicletas que pareciam estar prestes a desmontar, motoristas não usavam cinto de segurança; carros antigos e picapes formavam a frota do país, e o transporte público era composto por ônibus da década de 1950, pintados com cores extravagantes.

Percebia, em poucos quilômetros, o quanto eu não sabia nada do mundo, nem dos vizinhos do Brasil e nem de mim mesmo. Poderia achar que sim, mas o que eu via me mostrava o contrário. Seguia a tendência de achar que anos de escola, professores, livros, fotos e vídeos poderiam ensinar as pessoas. Mas o que eu via não corroborava essa versão.

Por mais que eu tivesse lido e estudado um local, estar dentro dele era bem diferente. Minha escola era tudo o que estava ao meu redor. Nenhum livro, aula, programa ou imagem sobre o Paraguai poderia me transmitir a mesma sensação que estar ali, dentro de uma cultura diferente, com tradições distintas, sentindo cheiros estranhos, gostos diferentes, ouvindo novos sons, sendo surpreendido por olhares e gestos das pessoas que cruzavam meu caminho.

Tinha acabado de sair do Brasil e já percebia que havia muito a aprender. Um novo mundo começava a se abrir para mim, mas eu ainda estava longe de entendê-lo. Por isso, apenas o respeitava, tentando aceitar cada uma das realidades que eu via em vez de tentar impor a minha como correta. Tive de aceitar que eu era um marinheiro de primeira viagem naquele estilo de vida e teria de me acostumar com o mundo da forma que ele era. O mundo que eu começava a ver não era muito romântico nem fácil de se viajar, mas talvez fosse justamente isso o que eu buscava. Perseguia esse "mundo ao lado" quase sempre desconhecido e marginalizado, sem pretender levar um rascunho da minha ideia de mundo para onde quer que eu fosse.

Até parar em Assunção, onde cheguei após quatro dias de pedaladas, fiquei bastante surpreso com o Paraguai. Descobri que a polícia era mesmo corrupta; que não havia leis no país, a não ser a do mais forte ou do mais rico; que quem morria na estrada ganhava uma espécie de lápide na lateral da pista – o que transformava a rodovia em um verdadeiro cemitério e também transmitia uma sensação de insegurança a todo instante –; que eu não falava espanhol, mas português com a língua enrolada; que os paraguaios entendiam perfeitamente português e ainda elogiavam meu espanhol; que o país era composto principalmente por índios guaranis; que os índios guaranis comiam basicamente mandioca; que os brancos discriminavam os guaranis; e que o Brasil era o principal responsável pelo fato de o Paraguai ser a porcaria que é hoje.

Paraguai - O colorido transporte público do país.

Minha passagem pelo país não durou nem uma semana. Naquela etapa da viagem, eu ainda tinha muita energia, preocupação com o cronograma e vontade de seguir conhecendo tudo o que eu pudesse, de forma rápida e intensa. Saí de Assunção no final do dia 3 de maio. A distância era curta até a fronteira argentina e resolvi partir naquele dia mesmo para não perder o ritmo que eu cultivara durante as últimas semanas. Ficar parado era bom, mas sabia que não podia abusar muito desses descansos. Cheguei à fronteira quando já era noite e fazia frio, ainda sem saber se ela estaria aberta ou não. Após algumas perguntas e inspeções em minhas bolsas, cruzei aquela divisa e cheguei à minha primeira cidade na Argentina, a pobre Clorinda.

Argentina - Chegando em Pampa del Infierno.

ARGENTINA

UM DIA NO INFERNO

Poucos minutos após ter cruzado a fronteira, descobri que eu não falava nada de espanhol, nem mesmo entendia o que eles falavam direito. Achava que falava, mas o portunhol que havia me ajudado no Paraguai, não me servia de nada na Argentina. Senti que seria bom eu aprimorar o idioma caso quisesse seguir em frente. Tinha consciência de que eu devia estar numa cidade nos confins da Argentina e que o sotaque deles não me ajudava em nada, mas, de qualquer forma, minha incomunicabilidade me preocupava um pouco. Naquela mesma noite, comecei a estudar espanhol com o auxílio de programas da TV argentina, do meu computador e de um pequeno dicionário que havia adquirido uns dias antes, no qual eu pesquisava as palavras que não conhecia – basicamente todas as que não eram iguais no português.

O desconhecimento da língua espanhola me conduziu ao silêncio por alguns dias. Era apenas um ensaio para o que estava por vir. Em pouco tempo, entendi a estrutura do idioma e comecei a falar com as pessoas, ainda que de maneira errada e um pouco travada, mas, geralmente, conseguia me comunicar bem. Pelo menos, o suficiente para conseguir um quarto numa hospedagem, uma refeição em um restaurante ou responder às perguntas que me seguiriam até o final da viagem, como: *"De onde você vem?"*, *"Para onde você vai?"*, *"Você gosta daqui?"*, *"Você gosta de futebol?"*, e coisas do gênero.

Pedalava em direção ao Deserto do Atacama, por isso, atravessava o norte da Argentina – a região mais pobre de todo o país. Cruzei as províncias de Formosa e do Chaco, antes de chegar às montanhas das províncias de Salta e Jujuy, onde a situação econômica era um pouco melhor, mas o relevo, mais difícil. Até eu chegar à província de Salta, a estrada era apenas uma grande e infinita reta. Nunca conseguia ver o fim dela, mas apenas imaginá-lo. Sabia que um dia iria me deparar com montanhas no horizonte.

A vegetação não se alterava na Ruta 16, seguia rasteira, retorcida e empoeirada por todo o caminho. Ao meio dia, quando fazia mais calor e o asfalto fervia, o fim da estrada parecia uma miragem, evaporando lentamente no horizonte inatingível. Quase sem movimento, aquela estrada foi uma das mais monótonas pelas quais passei. Tanto que, para não me entediar muito, de tempos em tempos, eu descia da bicicleta e caminhava pela estrada, para quebrar o ritmo maçante da pedalada.

Mesmo com toda essa monotonia, foi nessa estrada que tive meu primeiro dia de azar. Ao percorrer a rodovia vazia, ainda pela manhã, vi uma grande fazenda cercada no outro lado da pista. Até aí, nenhuma surpresa, havia centenas de fazendas pelo caminho, mas dentro daquela fazenda em especial havia um imenso cachorro, da raça *rottweiler*. Ele ficou latindo para mim e correndo ao meu lado, me acompanhando a alguns metros de distância, sempre do lado de dentro da cerca.

Um dos maiores perigos para os ciclistas, depois dos veículos, são os cachorros que correm atrás das bicicletas. Aparentemente, aquele cão não representava nenhum risco, já que estava atrás de grades, e eu estava tão tranquilo em relação a isso que, após olhar por alguns segundos para o cachorro, voltei a vagar em meus pensamentos, esquecendo do *rottweiler* e da cerca que separava nossos mundos. Instantes depois, quando olhei sobre meu ombro esquerdo, para minha surpresa, não vi mais o cachorro dentro da fazenda. Ele simplesmente tinha sumido de lá. Achei que ele havia desistido de me acompanhar e ido tomar um gole de água.

Imaginei que estava sozinho novamente, pelo menos até olhar para trás. Quando fiz isso, vi o cachorro do tamanho de um tigre, já perto, rosnando e correndo em minha direção. A adrenalina tomou conta da situação e me fez começar a pensar em como iria me livrar daquele cachorro. Primeiro, olhei para os lados, mas não havia ninguém na estrada. Depois me veio à mente o *spray* de pimenta – que havia comprado em Ciudad del Este, mas ainda não tinha testado, correndo o risco de encontrar apenas molho de pimenta ali dentro, o que serviria de tempero para a refeição do cachorro – e, em seguida, minha faca, de menos de dez centímetros, que estava em minha bolsa e que me exigiria técnicas mortais, dignas de filmes de Hollywood, para acabar com o cachorro.

Percebi que tais pensamentos eram inviáveis e a melhor coisa que eu poderia fazer seria correr, correr muito, e fugir do cachorro. Após uma fração de segundos entre a visão dele e a decisão de pedalar mais rapidamente, os números em meu velocímetro começaram a subir. De 20 km/h eu passei para mais de 50 km/h em apenas alguns instantes. Nem tive tempo de olhar para trás, apenas pedalei forte. O que foi suficiente para deixá-lo para trás.

Quando já havia me afastado das presas do cachorro, os músculos de meu corpo se relaxaram com a adrenalina liberada durante o incidente. Voltava a pedalar aliviado, rindo sozinho ao me lembrar de minha fuga e ao pensar no que teria acontecido caso aquela fera tivesse chegado até mim. Estava imerso num mundo de possibilidades, quando senti algo dentro de minha camiseta me incomodando.

Era algo grande, que se mexia, mas não conseguia imaginar o que poderia ser. Parecia caminhar sobre minha pele. Sem pensar, coloquei a mão sobre meu ombro direito e, no mesmo instante, senti que realmente havia algo grande dentro de minha camiseta. Tomei a primeira ferroada em minhas costas. Como resposta à dor aguda que senti, freei bruscamente e parei a bicicleta para tirar o que havia debaixo do tecido. Mesmo agindo rapidamente, quando eu finalmente consegui tirar a camiseta, fui picado pela segunda vez. Desta vez na região lombar, cerca de dois palmos abaixo da primeira picada.

Depois de ter esvaziado seu estoque de veneno em mim, o inseto negro e gordo, quase do tamanho de um polegar – provavelmente uma mamangaba das grandes – bateu suas asas e voou para longe, sem me dar a mínima chance de vingança. O veneno das ferroadas fazia minhas costas latejarem de dor enquanto eu via o voo lento daquele inseto redondo levá--lo embora. A dor era intensa, como se eu tivesse levado uma forte paulada nas costas. Retorci-me e gritei de dor, sabendo que ninguém iria escutar nada naquele local. Estava longe de tudo e de todos.

Sentei-me no chão e, sem pressa, deixei a dor pulsar, latejar e irradiar para o resto de minhas costas, até diminuir ao ponto que eu pudesse me movimentar novamente para subir na bicicleta e voltar a pedalar. O dia já tinha me dado alguns sustos e, àquela altura, eu só pensava em chegar a algum lugar antes que tivesse outra surpresa.

Escutei o barulho de um grande motor e, quando olhei para trás, vi um imenso trator se aproximando. Era um desses gigantes tratores verdes, que contêm diversos compartimentos, capazes de, sozinhos, fazer a colheita de uma plantação toda de algodão. Ele representava minha chance de vencer o vento contra que tinha me acompanhado durante todo o dia naquela infinita e monótona planície. Acelerei minhas pedaladas e entrei no "vácuo" formado atrás do trator, já sabendo que, se ficasse ali, chegaria à próxima cidade em pouco mais de uma hora e nem me cansaria muito. O trator realmente foi a solução contra o forte vento, responsável por reduzir minha velocidade pela metade. Eu segui colado a ele, mesmo sem ver nada à minha frente além de lâminas, engrenagens e motores.

Depois de quase uma hora de pedalada assistida pela máquina, saí detrás daquele enorme veículo e notei que algo estava estranho. Meus braços, mãos e camiseta estavam negros de fuligem. Passei a mão no rosto e percebi que ele também estava sujo. Não havia notado antes, mas o escapamento do trator estava um pouco acima de minha cabeça e ficou cuspindo uma boa quantidade de fuligem em mim. Na hora, até achei graça da marca que os óculos haviam deixado em meu rosto e subestimei a toxicidade daquela sujeira, preocupando-me apenas em chegar ao meu destino, um vilarejo de beira de estrada chamado Pampa del Infierno.

O nome era curioso e sugestivo, mas descobri que ele combinava bem com a pequena e pobre cidade de ruas de terra fina como talco, casas empoeiradas e milhares de cachorros vira-latas. Não havia muito movimento na cidade, somente de tempos em tempos chegava um caminhão que, ao cruzar as ruas de Pampa del Infierno, levantava uma nuvem de terra que levava cerca de 15 minutos para baixar, justamente quando chegava o próximo caminhão. Tudo na cidade tinha um tom marrom claro, tingido pela poeira que pairava sobre as ruas. As plantas mal conseguiam vencer o calor e a secura do local, que favorecia apenas a proliferação de arbustos espinhentos e de alguns cactos. Um breve passeio por suas ruas mostrava que havia mais cães que pessoas na cidade e que eles se organizavam em bandos, movidos por diferentes finalidades e ideologias caninas.

Alguns contavam com a boa vontade das pessoas, fazendo cara de coitado para seduzi-las; outros preferiam roubar um osso do açougue ou da quitanda; e alguns ainda se rebelavam contra sua própria natureza, deixando de ser domésticos para voltar a agir como lobos selvagens, caçando qualquer animal menor que eles, dentro e fora do perímetro urbano daquele povoado. Não, aquela não era uma cidade comum, e as pessoas da região tinham consciência do lugar estranho onde viviam e, talvez por conta disso, eram agradáveis e hospitaleiras com os visitantes, que deveriam ser raros como chuva naquele local.

Naquela noite, após receber uma cortesia da prefeitura da cidade para ficar na única hospedagem da região, tive uma das piores noites de toda a viagem. O pequeno hotel parecia ter saído de um filme de terror barato, com portas rangendo, vidros quebrados em suas janelas, carpete vermelho desbotado no chão, paredes sujas e poeira por todos os cantos. Uma família tomava conta do hotel, mas, aparentemente, eles não sabiam como fazer isso, nem tinham um motivo razoável para aprender. De toda forma, aquela não seria nem a primeira e nem a última espelunca de minha viagem, mas o que me surpreendeu naquela noite foi a alta febre que tomou conta do meu corpo, que me levou realmente a uma noite no inferno.

Foi uma febre de mais de 40 °C, que deixou a cama molhada de suor. Minha cabeça parecia estar prestes a estourar quando eu acordei. Minhas energias quase não me permitiam sair do quarto no qual estava. Mesmo assim, tinha noção de que precisava procurar um médico e me tratar. Não sabia qual era a origem de tal sintoma, mas poderia ser uma combinação de veneno de mamangaba, com fuligem e poeira em meu nariz, somado a uma dose de estresse.

Criei coragem, tomei um analgésico e praticamente me rastejei até o posto de saúde de Pampa del Infierno, onde fui atendido por um médico que parecia estar sem dormir há mais de uma semana. Ele apenas me escutou, rabiscou algumas palavras num papel e entregou para uma enfermeira mal-humorada que trabalhava com ele. Ela me chamou para uma sala, ao lado do consultório, onde pediu para eu abaixar as calças para tomar uma injeção, que eu não tinha a mínima ideia do que se tratava. Eu deveria ter fé na medicina argentina. Tomei a injeção e, em pouco tempo, estava melhor, de uma forma que eu não imaginava que poderia me sentir.

Com a eficácia da injeção, criei ânimo e arrumei tudo para deixar a cidade já no dia seguinte. No entanto, o efeito mágico daquele remédio acabou quando a noite chegou e fez a alta febre voltar mais uma vez. Após mais uma terrível noite de calafrios, fui obrigado a retornar ao médico para, então, descobrir que a enfermeira havia esquecido de dar o medicamento que eu deveria tomar, ela havia dado a injeção, mas se esquecera dos comprimidos. Eles me pediram desculpas pelo engano e me ofereceram uma nova injeção milagrosa. Aceitei as desculpas e a injeção, recebi o remédio e, no dia seguinte, voltei a pedalar na reta sem fim, ainda me recuperando daquelas noites infernais.

Argentina - Igrejas em Salta.

Argentina - Descida de San Antonio de los Cobres para Salta.

AS MONTANHAS E O CURANDEIRO RAMÓN

Antes de deixar o Brasil, disseram-me que minha dor no joelho esquerdo estava ligada a problemas emocionais, mas eu não dei muita atenção a essa resposta holística. Esse pensamento, entretanto, voltou à minha cabeça conforme a dor ficava mais aguda e eu não conseguia desvendá-la. Chegava às montanhas da província de Salta e aquela dor começava a se intensificar e a me preocupar cada vez mais. Como eu poderia cruzar os Andes com um joelho tosco e dolorido? A pomada que eu usava ajudava, mas estava longe de conduzir o joelho à sua cura definitiva, assim como era incapaz de curar meus possíveis problemas emocionais que se somatizavam em meu joelho.

Já havia pedalado cerca de 3.000 quilômetros quando cheguei a Salta, em meados de maio de 2006, época em que o frio já começava a assustar qualquer brasileiro desacostumado a baixas temperaturas. O câmbio da bicicleta havia quebrado numa queda durante o caminho e, por isso e por não encontrar uma peça compatível naquela cidade, a maior da região, fiquei esperando a Fuji — empresa que apoiava o Pedal na Estrada fornecendo a bicicleta e todo suporte relacionando a ela — enviar uma nova peça para mim no hotel no qual estava hospedado. O problema é que isso iria demorar mais que eu gostaria. No entanto, olhando pelo lado positivo, essa espera permitiria que eu conhecesse toda a região enquanto a peça não chegava. E foi numa dessas pequenas viagens pelas montanhas argentinas que eu acabei descobrindo, de forma completamente inesperada, a existência de um curandeiro escondido em um pequeno vilarejo do caminho.

Esse curandeiro era o responsável pela peregrinação de muita gente até aquelas altas montanhas desérticas. Descobri com um dos peregrinos que ele apenas atendia durante um dia da semana e que aquela seria a última semana dele naquele local, já que iria viajar para algum lugar distante e só voltaria meses depois. Mesmo sabendo que meu problema não era tão grave para eu procurar um curandeiro ou algum tipo de cura milagrosa, deixei a superstição falar mais alto que a razão e achei que todas aquelas informações não haviam chegado até mim pelo mero acaso. Por isso, resolvi me juntar àqueles peregrinos e descobrir se tudo o que me contavam era verdade.

Decidido a me curar e continuar viajando, hospedei-me no vilarejo de Santa Rosa de Tastil por uma noite. Não havia mais que dez casas ali, mas o restaurante local contava com uma espécie de galpão e permitia que alguns visitantes se protegessem do frio congelante que fazia. Peguei dois cobertores e dormi com toda a roupa do corpo para aguentar o frio daquela noite.

Dormi bem e levantei cedo, por volta das 5 horas da manhã, e como já estava vestido, logo fui para fora do galpão, onde o frio era ainda mais intenso, para pegar a senha que o curandeiro dava às pessoas. Ele era curandeiro, mas trabalhava com uma rígida organização: as senhas eram distribuídas apenas às 6 horas da manhã, quando o céu ainda estava escuro. Assim, quem quisesse ser consultado deveria estar na fila nesse momento. Caso contrário, só na semana seguinte ou comprando a senha de alguém.

Fui eu quem recebeu a primeira senha daquele dia, o que gerou indignação em algumas pessoas que estavam na fila atrás de mim. Não entendi o motivo de tanta irritação, já que eu havia chegado antes de todos na fila. Mantive minha posição sem discutir com ninguém e esperei.

Antes mesmo do dia clarear, fui chamado para dentro de uma choupana de apenas um cômodo, iluminada pelas chamas de duas pequenas velas. Dentro daquele espaço exíguo, havia apenas uma pequena mesa e duas cadeiras. A mesa era forrada com um plástico de estampas coloridas, acho que flores, e as paredes pintadas de verde ou de azul – o que não era muito distinguível diante da iluminação fornecida pelas velas –, gerando um clima diferente dentro daquele casebre.

Sentei-me na cadeira vaga, de frente para Ramón, o curandeiro. Ele era novo, talvez uns 35 anos, de rosto fino, traços fortes, cabelo escuro, liso e penteado. Estava bem-vestido e não tinha traços indígenas, como a maioria das pessoas daquela região. Falava e agia de maneira pragmática, transmitindo calma e ponderação em cada movimento.

Ele me cumprimentou e apenas perguntou meu nome, que escreveu num papel com uma grafia incomum. Eu olhava tudo aquilo com olhos incrédulos e assustados, duvidando um pouco do que se passava à minha frente. Após essa única pergunta, ele então entrou numa espécie de transe, nada teatral. Apenas abaixou a cabeça e fez uns rabiscos no papel que continha meu nome.

Após uns instantes, ele pareceu retornar a ser a pessoa que havia me cumprimentado anteriormente. Olhou para mim, disse que eu não tinha nada de grave e que gostaria de saber por que eu estava ali. Antes mesmo de eu conseguir responder qualquer coisa, ele disse que eu tinha um problema em um dos joelhos, depois completou dizendo que era o esquerdo. Eu confirmei o diagnóstico dele e expliquei que estava naquele local em razão da importância de meu joelho na viagem que estava realizando.

Ele disse que não havia motivos para me preocupar, pois iria completar a viagem e voltar para casa – o que ainda era uma incerteza para mim nesse momento da jornada. Explicou-me que tal dor vinha de uma tensão na região lombar, causada por tensões no pescoço, cuja origem eram pensamentos e muitas preocupações. Ou seja, tinha de relaxar para a dor em meu joelho sumir. Antes de concluir, no entanto, ele disse que eu deveria, dali para frente, prestar mais atenção em minha alimentação para evitar problemas. Deveria mastigar melhor a comida e me alimentar de forma mais saudável e com mais ponderação. Concordei. Ele então se levantou e fez uma oração ao meu lado, marcando o fim da minha consulta.

Saí da casinha dando de cara com uma fila ainda maior do que eu vira antes. Chamei a pessoa com a senha número dois para dentro e voltei ao galpão onde havia deixado minha bagagem. Fiquei pensando no que ele me havia dito e confesso que duvidei um pouco daquelas palavras. Ele havia acertado sobre o joelho, mas a reza não havia adiantado muito, pois ainda doía. E que história foi aquela da comida? Nunca havia tido nenhum problema com comida em minha vida e provavelmente não seria agora que passaria a sofrer disso.

Ainda era cedo para saber, mas, em menos de um ano, eu mudaria de opinião e teria de concordar com o que aquele curandeiro havia me dito. Em poucos meses, a dor em meu joelho sumiu e nunca mais voltou com a mesma intensidade. E antes mesmo de sair da América do Sul, eu já teria os problemas digestivos que iriam me acompanhar pelo mundo e quase comprometer minha viagem. Ramón estava certo.

AR RAREFEITO 6

Logo depois do encontro com o curandeiro Ramón, recebi a peça da bicicleta que esperava e segui viagem para as montanhas de Jujuy, último destino antes de encarar a altitude e o frio dos Andes. O vilarejo de Purmamarca, minha última parada antes de encarar a subida dos Andes, era famoso por uma montanha multicolorida que pode ser vista de qualquer ponto da cidade e se chamava Cerro de los Siete Colores. O caminho seguinte era pela sinuosa Cuesta del Lipán, uma longa e íngreme subida, composta por seis cotovelos, cujo início se dava aos 2.192 metros de altitude e terminava em 4.170 metros, com temperaturas negativas e ventos de trincar os dentes.

Tinha noção de que não teria dias fáceis a partir dali, era início de junho e o frio ficava a cada dia mais forte. Esta era outra dificuldade da viagem: saber que teria de sair da zona de conforto para encarar um desafio – o que nem sempre era convidativo. Estava bem em Purmamarca, mas teria de superar os Andes caso quisesse seguir viajando. Teria de levar bastante água, comida e verificar todo o equipamento antes de entrar no deserto, pois, uma vez no meio do Atacama, qualquer erro poderia ser fatal. O problema era que a bicicleta ficaria cerca de 10 quilos mais pesada com todo esse suprimento adicional e, logo de cara, eu tinha uma subida quase vertical de cerca de dois mil metros.

Sabia que poderia pedalar toda a subida, mas fazer isso com mais de 40 quilos de carga não seria uma tarefa fácil. Comecei, então, a pensar numa alternativa e descobri que existiam passeios que saíam de Purmamarca em direção às Salinas Grandes, localizadas no alto dessa montanha. Uma garota argentina que eu havia conhecido em minha hospedagem iria fazer tal passeio dali a dois dias. Assim, conversei com ela e com o motorista da *van* para saber se poderiam levar minhas bolsas até lá em cima, ponto no qual me encontrariam e me entregariam a bagagem. Caso conseguisse tal acordo, subiria apenas com o peso da bicicleta, da câmera fotográfica e de algumas roupas para o frio lá de cima. O plano era perfeito para viabilizar e facilitar a subida, mas nada poderia falhar, porque, caso eles ficassem com minha bagagem ou se atrasassem muito, eu morreria de frio lá no alto e não teria condições de seguir viajando.

Eles concordaram com a ideia e toparam levar minha bagagem montanha acima. Confiei neles e entreguei minhas bolsas – ou seja, tudo o que eu tinha – para a garota argentina que eu havia conhecido alguns dias antes. Calculei a velocidade que eu conseguiria subir a montanha, algo em torno de 8 a 10 km/h apenas, e perguntei qual horário que a *van* chegaria às salinas. Com base nessas informações, calculei que hora teria de sair de Purmamarca para encontrá-los no topo. A distância era curta, cerca de 60 quilômetros, mas bastante desafiadora.

Acordei um pouco antes do despertador naquele dia frio e saí da hospedagem no horário que havia programado. A subida era mesmo um desafio, mas a vista e a pureza do ar me davam energia para continuar. O ar frio e seco evitava que eu suasse muito, o que era uma vantagem, mas a altitude elevada deixava o ar cada vez mais rarefeito, que, aos poucos, se tornava a principal dificuldade do caminho. Com menos oxigênio no ar, eu me cansava mais rapidamente e, às vezes, era obrigado a parar e descer da bicicleta de tão ofegante que ficava.

Usava o truque andino para tais altitudes, folhas de coca na lateral da boca, mas dado o intenso esforço daquela subida, imagino que nem um pé inteiro de coca conseguiria me ajudar. Pedalando no limite de meu corpo, consegui, após algumas horas, chegar ao alto da montanha mais ou menos no horário previsto. A *van* ainda não havia chegado e um vento frio e seco varria constantemente aquele local. O topo das montanhas, no entanto, não significava o fim do caminho. As salinas ainda estavam a cerca de dez quilômetros à frente, em um terreno mais baixo e protegido dos fortes ventos.

Quase congelando de frio, eu pedalei o último trecho do dia por uma estrada em declive e com o vento batendo no peito para, finalmente, parar nas salinas. Enquanto esperava a *van* chegar, conversei com algumas das pessoas que trabalhavam retirando o sal do solo e, além de me espantar com a simpatia e hospitalidade delas, consegui um lugar para passar aquela noite. Aquela ajuda inesperada me deixou bem aliviado, pois o clima daquele local atingia extremos durante a noite. A temperatura despencava mais de 20 °C quando o Sol se punha e os ventos fortes podiam varrer a minha barraca da superfície do deserto.

Com tudo resolvido, bastava esperar a *van*, e a espera era dura. Sofria com o forte frio e os ventos carregados de sal daquele local, assim como por não saber se eles viriam mesmo ou não. Esperei cerca de 30 minutos, que pareceram três horas, e relaxei quando vi a *van* chegando com minha bagagem. Ao pegar minhas bolsas, logo vesti outra blusa e calcei meu novo par de luvas, de pelo de alpaca, bem mais quentes que as de ciclismo que eu usava, antes mesmo de montar tudo em minha bicicleta novamente. Feito isso, despedi-me dos argentinos que me ajudaram a chegar até o alto daquela cordilheira e segui em direção às pequenas casas dos sofridos trabalhadores das salinas.

As casas eram pequenas e muito simples, feitas de adobe e sal, com telhados de zinco, cuja finalidade era apenas bloquear o vento e o frio, já que nunca chovia naquela região, uma das mais secas do mundo. Os trabalhadores haviam se acostumado com a vida salgada e, literalmente, insalubre. Não esperavam durar muito, já sabendo que dificilmente alcançariam os 50 anos de idade. No entanto, cada um deles tinha uma doçura que se opunha à árida paisagem. Eram pessoas tranquilas, serenas e muito hospitaleiras, capazes de oferecer o pouco que tinham para mim, em troca de algumas histórias e informações do mundo, o que eles geralmente conseguiam apenas por meio de rádios a pilha.

Eu ainda me impressionava com as pessoas que viviam de forma tão natural e feliz em condições tão duras e adversas. O contato com essa gente era sempre uma oportunidade de aprendizado para mim, assim como para o surgimento de questionamentos sobre a vida que as pessoas levavam em cidades grandes, como em São Paulo, de onde eu vinha. Em alguns momentos, tinha a impressão de que a vida em grandes centros urbanos, nos quais as pessoas não têm tempo para nada e sempre correm atrás de mais dinheiro, era completamente sem sentido. Naquele momento, senti-me feliz por estar longe daquilo, por poder viajar, ver a vida com outros olhos e por poder conhecer tais pessoas.

No dia seguinte, levantei com os trabalhadores das salinas, pouco antes de o Sol aparecer no horizonte. Não recusei o café que eles fizeram e parti em direção à fronteira com o Chile assim que o Sol subiu no horizonte, por volta das 8 horas da manhã. Era impossível sair antes, dado o frio que fazia.

Após me despedir dos trabalhadores das salinas, dei início a mais um dia de superação e voltei a ultrapassar os quatro mil metros de altitude, onde o frio, o vento contra e o ar rarefeito eram os maiores desafios. Chegava ao último povoado do lado argentino dos Andes, Susques, onde as casas de adobe sem pintura ou qualquer adorno se mesclavam com a paisagem seca da região. Ali encontrei um restaurante e uma pequena hospedagem, na qual aproveitei para repor minha reserva de suprimentos, tomar um banho que valeria para os próximos dias, e descansar bastante. Daquele ponto para frente, teria apenas deserto e frio extremo.

Senti medo ao deixar Susques em direção ao deserto mais seco do planeta, mas tinha de aprender a lidar com esse sentimento e usá-lo a meu favor. Conforme pedalava e ofegava dentro daquele clima hostil, sentia meus lábios ressecarem e sangrarem, minhas pernas ficarem mais cansadas que de costume, minha mente ficar agitada com o vazio e o desconhecido e lembranças brotarem constantemente em minha memória.

O silêncio do deserto era tão grande que chegava a ser angustiante. Havia apenas o som do vento e nada mais. Quase não havia veículos naquela estrada. Assim como não havia pássaros e outros animais, nem mesmo plantas, mas somente pedras, de todos os tamanhos e formatos. Descobri que a altitude fazia alguns equipamentos eletrônicos pararem de funcionar, o que incluía o iPod e o computador, minhas maiores distrações diante do vazio do deserto. Estava sozinho comigo mesmo e com meus pensamentos naquela vastidão árida.

Minha mente não parava e pensamentos sobre as histórias que haviam me contado, especialmente sobre pessoas que morriam congeladas no deserto todos os anos, começaram a ganhar incomum importância para mim. Poucas semanas antes de minha passagem pelo deserto, havia morrido por hipotermia um casal de franceses que se aventurava naquela região. Não havia dado importância para aquela história, mas conforme eu pedalava no frio, tais histórias até então distantes ganhavam mais vida e força dentro de minha mente, sendo o combustível de um medo que crescia paralelamente à altitude e ao frio. A morte se tornava mais palpável e real conforme o frio da noite chegava e minha mente começava a criar desafios para mim.

Daquele ponto em diante, tive quatro noites de acampamento solitário em meio às montanhas do Atacama. Na segunda noite, dormi próximo ao posto de fronteira argentino, o que me confortou um pouco – por saber que estava perto de algum tipo de vida –, mas não me aqueceu da forma que eu queria, pois ainda tive de acampar ao relento. Essa fronteira estava a cerca de 4.200 metros de altitude e imagino que deveria ser uma das mais altas do mundo. A vantagem de estar lá foi o fato de eu conseguir montar minha barraca ao lado de um grande galpão, que me protegia do vento noturno, e me permitia ter um sono mais tranquilo e recuperar parte de minhas energias naquele momento que antecedia o trecho mais difícil da travessia da Cordilheira dos Andes.

As duas noites seguintes foram as mais árduas da viagem. A altitude era extrema, 4.500 metros na primeira noite e 4.650 na segunda, e o vazio, absoluto. Meus lábios sangravam constantemente, graças ao ar seco e ao sal que o vento trazia. A mistura de sal com sangue fazia meus lábios queimarem ainda mais e dava um gosto de ferro àquela pedalada pelo deserto. O frio era intenso, mas a ausência de nuvens no céu fazia o sol queimar o pouco de pele que ficava exposta durante o dia. E o silêncio continuava, forçando-me a me concentrar no som de minha respiração, no ruído do girar da corrente pelas catracas da bicicleta e no zumbido do atrito dos pneus com o asfalto, mas quase nunca no som hipnotizante do vento, que soava pesado e opressor para mim.

A altitude me limitava tanto que, mesmo me sacrificando, não conseguia pedalar mais que 50 quilômetros em um dia. Era começo de junho, pouco antes do solstício de inverno, e os dias duravam muito pouco. O Sol custava a subir no horizonte pela manhã e por volta das 5 horas da tarde já se despedia atrás de alguma montanha, dando lugar ao frio, à escuridão absoluta e ao céu mais estrelado que já vi na minha vida. Uma pena não poder contemplá-lo por mais tempo, sob o risco de congelar.

A quarta e última noite de acampamento, a segunda depois de deixar a fronteira argentina para trás, foi a mais desafiadora. A 4.650 metros de altitude, dormir era difícil e o frio que fazia pedia que eu me movimentasse constantemente para manter o sangue circulando por minhas pernas e braços. O isolante térmico parecia não funcionar mais e deixava o frio entrar por debaixo da barraca. O vento a movimentava, deixando-a ainda mais fria.

A umidade que meu corpo liberava logo se transformava numa fina camada de gelo nas paredes da barraca. Mesmo vestindo quase todas as roupas que eu tinha e permanecendo dentro do saco de dormir, teoricamente projetado para baixas temperaturas, eu passava frio, especialmente em minha cabeça, que era aquecida por duas toucas térmicas que pareciam não aquecer tanto quanto eu queria.

O medo, então, chegou ao seu ponto extremo. Não havia carros na estrada, não havia ninguém por perto, não adiantava sair da barraca e pedalar – isso, sim, me mataria de frio – e sentia que, se dormisse, talvez não acordasse mais. Sentia que a morte estava sondando minha barraca naquele deserto. Meus pensamentos não se acalmavam e buscavam uma solução para minimizar aquele frio.

Diante dessa situação extrema, procurei me lembrar de alguns momentos de minha vida e de algumas pessoas com quem gostaria de conversar depois que saísse daquele deserto. Percebi, então, que não era minha hora e que iria fazer o possível para não morrer naquele deserto. Foi uma decisão forte. Decidi lutar contra o frio e sair vivo dali de qualquer maneira e, por mais incrível que possa parecer, esse pensamento fez toda a diferença naquele momento. Permaneci acordado durante quase toda a noite. Fechava os olhos por alguns momentos, mas, depois, voltava a acordar, movimentando-me novamente para aquecer as extremidades de meu corpo.

Uma das soluções que eu encontrei foi utilizar meu pequeno fogareiro de benzina para aquecer o pouco de água que me restava e, assim, ficar perto de uma fonte de calor. Minha água já estava quase toda congelada e levou um bom tempo até ficar quente. O processo gerava um vapor que se misturava com o cheiro de benzina queimada dentro da barraca. Nunca acendia o fogareiro dentro da barraca, mas aquela era uma exceção justificável. Quando a água ficou suficientemente quente, a coloquei numa bolsa de água e a abracei por um longo tempo, até que ficasse fria.

Foi uma noite angustiante, mas eu sabia que, se conseguisse manter meu corpo aquecido até o Sol nascer, chegaria até San Pedro de Atacama e ficaria bem. Até por volta das 5 horas da manhã, a temperatura só caiu, chegando a quase -20 °C, mas, conforme o dia se aproximou, o vento diminuiu e a temperatura começou a subir lentamente. Daquele ponto até San Pedro, eu sabia que encontraria muitas descidas, mas não sabia em que ponto elas começariam, nem como seriam. E foram essas descidas que me salvaram. O resto de energia que eu tinha serviu para que eu controlasse bem os freios da bicicleta montanha abaixo, para, então, chegar aos 2.400 metros de altitude com os olhos lacrimejando em razão da mistura de suor, sal e sujeira que havia se acumulado em minha cara e o vento levava aos meus olhos.

Ver o Sol nascer naquele deserto foi um dos momentos mais intensos da minha vida. Aquela luz subindo no horizonte era a garantia de que eu sairia daquela imensidão gelada.

A descida foi rápida e, por volta da hora do almoço, eu cheguei à minha primeira cidade chilena, um caro polo turístico, chamado San Pedro de Atacama. Não me sentia bem e, no quarto de hotel que eu consegui, mesmo o banho mais quente parecia não me aquecer o suficiente. Não tinha fome, nem muitas forças e, até o final do dia, eu já tinha febre e dores pelo corpo. Estava esgotado e fraco, mas estava vivo e feliz com aquela vitória sobre os Andes. Mais que apenas pedalar num dos climas mais difíceis do mundo, eu havia superado meus medos mais profundos. Aquelas montanhas haviam me ensinado grandes lições de vida e de superação. Sentia que, depois do que eu havia passado, nada poderia me parar e tinha a certeza de que veria o mundo sobre aquelas duas rodas.

Precisei de alguns dias de descanso até me recompor, mas tinha certeza que não corria mais risco de vida. Sobrevivi, sabendo que iria levar as lições daquele deserto gelado para sempre.

PAN-AMERICANA 7

Após alguns dias de cama, sopa e conversa com turistas, que me contavam sobre suas divertidas aventuras pelo Atacama, eu já me sentia melhor e muito motivado a seguir viagem. Era o fim das altas montanhas em meu caminho, pelo menos nos próximos quilômetros, mas o deserto me acompanharia praticamente até meu último dia na América do Sul. O norte do Chile era apenas deserto. Até em Antofagasta, cidade chilena localizada na costa do Pacífico, eu não vi uma árvore sequer. Havia minas de metal, salinas, rochas, ruínas, cidades fantasmas, montanhas, pedreiras, mas nem uma árvore sequer. Mesmo perto da costa, a vegetação não encontrava motivação para crescer mais que alguns centímetros do chão. Qualquer fruta era alimento raro e caro naquela região, sendo mais fácil e barato comer frutos do mar que qualquer tipo de vegetal fresco.

Enquanto subia a costa do Pacífico pela Rodovia Pan-americana, descobria uma América do Sul desconhecida para mim e para a maioria dos brasileiros. Inseridos numa geografia completamente diferente da brasileira, assim como num contexto histórico e cultural bem distinto, os países de língua espanhola compartilhavam muito entre si, tanto comercial quanto culturalmente. Ao notar isso, senti como se houvesse saído de uma ilha ao deixar o Brasil para trás. Sentia que, para o brasileiro, havia o Brasil e nada mais. Os países vizinhos não mereciam atenção e uma viagem para algum destino sul-americano não era tão valorizada quanto uma viagem para Nova Iorque, Paris ou Madri.

A cultura valia pouco no lugar do qual eu vinha e isso começava a me conduzir a uma maior compreensão da terra onde eu nasci e do que era ser brasileiro. Infelizmente, essa constatação foi apenas a semente do que futuramente se tornaria uma grande decepção com a cultura do meu país. Mas, nesse ponto da viagem, eu não pensava nisso. Pelo contrário, tinha orgulho de vestir a camisa verde e amarela, de vir de um país tão grande e forte, especialmente quando comparado a seus vizinhos.

Ao percorrer a Pan-americana, cruzava com outros cicloturistas e encontrava diversos viajantes, que estavam rodando pela América do Sul. Cada encontro era uma oportunidade de aprender algo novo, de trocar informações sobre países, de trocar mapas, de dar e ganhar dicas sobre hotéis e restaurantes. Havia um mundo dos viajantes que eu desconhecia até aquele momento, de gente que já havia viajado por diversos cantos do mundo, de pessoas que vinham de culturas nas quais viajar era incentivado pela sociedade, sem ver perigo em percorrer outros países, sem enxergar fronteiras nem divisas no mundo. Quando encontrava tais pessoas, sentia como se compartilhássemos uma filosofia de vida, pois tínhamos muito a conversar. Geralmente, essas conversas duravam horas.

Chile - Acampamento solitário no Deserto do Atacama.

A vantagem de estar sobre uma bicicleta era justamente esta: estar aberto ao mundo à minha volta, não apenas aos semelhantes, mas também aos diferentes. Sabia que não poderia sobreviver sozinho. Dependia de outras pessoas para tudo: dormir, comer, pedalar, sobreviver e, nisso, residia a magia de minha viagem. Perceber esses aspectos me dava ainda mais energia para seguir viajando, e foi essa vitalidade e vontade de conhecer mais que eu havia planejado que me levou a alterar meu roteiro, ainda nos primeiros meses de viagem, para incluir a Bolívia em minha jornada.

Havia pedalado acima da média que eu traçara inicialmente – de apenas 70 quilômetros por dia –, assim, notei que poderia me dar ao luxo de realizar tal mudança de roteiro. De Arica, cidade localizada no extremo norte da costa chilena, fui à Bolívia, evitando perder muito tempo. Fui direto a La Paz, a alta capital boliviana, onde me hospedei na casa de uma garota que havia oferecido um quarto em sua casa para eu passar alguns dias. Havia conhecido essa garota por um *site* chamado Hospitality Club, no qual pessoas oferecem uma cama ou um sofá para quem está viajando. Mesmo sem conhecê-la pessoalmente, achei que seria uma boa ideia, tanto para evitar gastos – se é que posso falar em grandes gastos na Bolívia, um dos países mais baratos da América do Sul – quanto para conhecer a cultura boliviana mais de perto.

Ela morava próximo ao centro de La Paz, no alto de um morro bastante íngreme, numa casa tipicamente boliviana, daquelas que nunca parecem ter sido finalizadas. Esse morro era tão alto que, cada vez que eu voltava à casa, eu considerava aquela subida um treino e não apenas uma caminhada. No final das contas, acabei nem ficando muito tempo em La Paz, mas apenas usando a cidade como base para visitar outros lugares do país. Foi assim que conheci toda a capital boliviana; cheguei às ruínas de Tiwanaku; pedalei pela lendária Estrada da Morte, que liga La Paz à cidade de Coroico, localizada a 3.000 metros de altitude abaixo da capital boliviana; passei algumas noites dentro do Salar de Uyuni; e escalei os "fáceis" 6.088 metros do Huayna Potosí, montanha próxima a La Paz.

Todos esses momentos que passei na Bolívia estão entre os mais intensos e agradáveis que tive durante minha viagem pela América do Sul.

Pedalar sozinho pela Estrada da Morte foi uma grande aventura, não apenas pelos perigos da estrada, com suas inúmeras curvas e precipícios, mas, especialmente, pelo perigo de dividir a pista com os motoristas bolivianos, que dirigiam da forma mais arriscada possível, praticamente empurrando todos os veículos – incluindo as bicicletas – para a beira do abismo.

A estrada começa nos arredores de La Paz, acima dos 4.000 metros de altitude e chega até a pequena cidade de Coroico, cerca de 3.000 metros abaixo. O caminho não é muito longo, tem cerca de 80 quilômetros, nem é muito cansativo, já que é quase todo composto de descidas, mas é muito intenso e exige bastante atenção às curvas e aos veículos, que não são um exemplo de direção segura.

Como Coroico estava fora de meu roteiro, decidi percorrer a estrada apenas como uma pedalada de um dia, com minha bicicleta sem seus alforjes e com quase nada de peso. Ao sair de La Paz em direção à Ruta 3, a estrada de asfalto que leva até o Camino a los Yungas, o nome verdadeiro da Estrada da Morte, primeiro cheguei à região chamada La Cumbre, com mais de 4.600 metros de altitude. Foi nesse ponto, ao lado de uma paisagem estonteante, vendo neve, montanhas e lagos ao meu lado, que percebi que havia me esquecido de um equipamento muito importante: minhas luvas.

Conforme pedalava, meus dedos congelavam, literalmente. Dessa maneira, eu era obrigado a parar de 10 em 10 minutos para aquecer minhas mãos e mantê-las em bom funcionamento, pois, por causa das descidas, nas freadas, iria usá-las com mais frequência que minhas pernas. Os efeitos desse descuido só apareceram nos dias seguintes: meus dedos ficaram pretos, como se tivessem sido queimados com fogo, especialmente nas articulações. Somente depois de algumas semanas aquela pele queimada caiu e minha mão voltou a ter uma aparência mais saudável.

Mesmo com essa complicação, não desisti de percorrer a Estrada da Morte. Sabia que, conforme fosse descendo, o frio ficaria menos intenso e voltaria a ter total controle sobre meus dedos. Depois de alguns quilômetros sobre o asfalto da Ruta 3, cheguei a uma bifurcação e passei a pedalar sobre pedras e barro do famoso Camino a los Yungas, cujo movimento era pequeno, mas o suficiente para injetar adrenalina ao passeio a cada barulho de motor de ônibus ou de caminhão que eu ouvia se aproximar.

Os veículos que seguiam na mesma direção que eu não eram o problema, mas, sim, os que vinham na direção contrária, rumo a La Paz. Essa estrada é a única da Bolívia na qual os motoristas circulam no lado contrário da pista, o esquerdo. Isso significa que os veículos que subiam pela estrada ficavam colados na parede rochosa e deixavam apenas alguns centímetros entre minha bicicleta e o abismo do outro lado. Esses eram os momentos mais perigosos do caminho, quando minha vida ficava na mão dos motoristas mais alucinados do mundo. Fora esses momentos tensos, o caminho era de grande beleza, com uma paisagem que ficava cada vez mais verde conforme eu descia.

Já perto de Coroico, o frio havia ficado para trás e eu estava dentro de uma densa floresta, em contraste à paisagem quase desértica do Altiplano boliviano. Cheguei feliz à pequena cidade por ter realizado o caminho sem nenhum problema e me preparei para retornar a La Paz, dessa vez, de ônibus. O que eu não sabia é que a aventura de verdade começava naquele momento. Minha bicicleta foi colocada no bagageiro no teto do ônibus, o motorista sintonizou o rádio numa estação apenas de *reggaeton* – o que deixava a viagem ainda mais difícil – e acelerou em direção a La Paz no final daquela tarde. Eu devia ser o único estrangeiro no veículo e todos os bolivianos estavam tranquilos com a viagem. O clima do percurso apenas mudava quando a estrada era compartilhada com outro ônibus que vinha em sentido contrário. Algumas vezes, nenhum dos dois queria ir para o lado do precipício, mas a situação, geralmente, era resolvida após buzinadas e xingamentos.

Por vezes, tinha a impressão de que o ônibus em que eu estava ia cair em algum despenhadeiro, mas ele se safou de todos os perigos da estrada e conseguiu chegar inteiro a La Paz, onde voltei à casa em que estava hospedado e me preparei para seguir para meu próximo destino, o Salar de Uyuni, mais ao sul do país.

O Salar de Uyuni foi um dos lugares mais fascinantes e exóticos que eu já vi. Uma imensidão de sal, entre montanhas nevadas, vulcões ativos, piscinas termais e lagos de diversas cores. Tudo isso acima dos 4 mil metros de altitude. Passar alguns dias dentro daquele mundo plano, marcado apenas pelos pneus dos veículos que passam por ali, foi uma experiência única. Outra vivência singular foi escalar a montanha Huayna Potosí, com 6.088 metros de altura.

Ao caminhar pelas ruas de La Paz, notava que tudo era barato, assim como bastante turístico, de uma forma que não vemos comumente no Brasil. Percebi que havia diversas agências especializadas em escaladas e que escalar uma montanha não era muito caro. Fiz uma pesquisa entre viajantes e guias e, após dois dias, fechei a escalada do Huayna Potosí com a agência que me pareceu mais confiável. Subiria a montanha em dois dias e teria todo o equipamento, assim como um guia particular durante todo o percurso. Parecia ótimo e eu estava muito animado com isso, já que nunca havia escalado uma montanha tão alta.

O problema foi que, nesse dia, fazia muito sol em La Paz e eu saí apenas de bermuda e camiseta, o que inclusive chamava a atenção de todos na rua, pois era inverno e eu estava a mais de 3 mil metros de altitude. Sentia-me bem e, para mim, não havia problema nisso. Com minhas roupas leves almocei, fui a até a agência que contratei para subir a montanha e, depois, voltei à casa na qual estava hospedado, já no fim do dia. Quando cheguei ao portão, notei que ele estava fechado e eu não tinha a chave, nem um telefone para ligar para a dona da casa. Esperei, não havia o que fazer, porém, com o corpo parado e a temperatura despencando no início da noite, comecei a tremer de frio. Fiquei nessa situação durante uma hora, tempo que a garota levou para retornar à sua casa.

Quando entrei na casa, logo fui para um banho quente, mas já era tarde demais, sentia que havia ficado doente, provavelmente um resfriado. Justamente dois dias antes de subir a montanha. No dia seguinte, tive a certeza de que estava resfriado, mas não dava mais para cancelar a subida, teria de realizá-la mesmo assim. Fui, então, a uma farmácia e me armei com diversos antigripais. Eles me ajudariam a subir a montanha.

Os dias da escalada foram verdadeiras aventura e superação, já que tinha de lutar contra meu corpo. Os diários desses dias mostram isso muito bem.

Quinta-feira (13 de julho de 2006)
La Paz - Huayna Potosí

Acordei bem cedo, pois tinha de estar às 9 horas da manhã na agência, para sairmos em direção à montanha. Primeiro, fomos ao local em que ficava guardado todo o equipamento de escalada. Ali, conheci um americano que iria fazer a mesma escalada que eu, só que com outro guia. Saímos na hora marcada e seguimos em direção à base do Huayna Potosí. Porém, antes de chegarmos lá, passamos por uma cidade vizinha a La Paz, chamada El Alto, habitada pelos camponeses que trabalham no comércio informal da capital, conhecida por ser uma zona extremamente perigosa.

A parada foi rápida, pois só precisávamos comprar algumas comidas e o combustível para o fogareiro. Só não foi mais rápida em razão da situação do local. Eu tinha a impressão de que estava numa região de guerra, pois havia montes de terra pelas ruas e as pessoas passavam por cima delas, para chegar às barracas de comida, que eram montadas sobre a terra da rua. A mesma rua na qual as *cholitas* (camponesas bolivianas) apenas agachavam e, acobertadas por suas grandes saias, urinavam sem cerimônia.

Depois de pouco mais de 1 hora de estrada, chegamos ao nosso destino, a base do Huayna Potosí, onde poderíamos deixar no carro algumas das coisas que não usaríamos lá em cima. Com tudo preparado e cada um com sua enorme mochila, começamos a caminhada até o lugar onde iríamos montar o acampamento hoje.

Como eu não tenho mochila, tive de pegar emprestado uma da agência. O único inconveniente era que a já surrada mochila, carregada com todo aquele peso, não deixava o sangue circular por meu braço direito, o que foi suficiente para que, em alguns minutos de caminhada, eu já não estivesse sentindo meus dedos. Fizemos, então, a primeira parada estratégica, para arrumar a mochila, que já tinha suas gambiarras, antes que meu braço ficasse para trás. Com isso feito, continuamos. Segui mais leve.

A caminhada durou cerca de 3 horas, quase sempre sobre pedras soltas. No entanto, antes de chegarmos às pedras, passamos por um estreito caminho de concreto que variava entre 20 e 40 centímetros de largura, tendo, de um lado, um pequeno córrego, apenas 2 metros abaixo, e, do outro lado, um abismo de 30 metros. Com o vento forte, caminhar sobre aquele muro exigia atenção total, assim como a consciência de que seria melhor cair para o lado esquerdo, onde estava o córrego.

Depois de caminharmos sobre o muro, chegamos às pedras soltas, que permaneceram durante todo o caminho até o acampamento, onde chegamos por volta das 4 horas da tarde. O acampamento foi montado ao lado do refúgio da montanha, a, mais ou menos, 5 mil metros de altitude. Já estávamos sobre as nuvens, e o vento frio que fazia já era suficiente para trincar os dentes. Assim, não perdemos tempo: em pouco tempo meu guia montou a barraca e cozinhou uma espécie de sopão. Quando a noite caiu, já estávamos na barraca para dormir. Deveríamos acordar à 1h30 da madrugada para iniciarmos nossa escalada até o cume da montanha.

Sexta-feira (14 de julho de 2006)
Huayna Potosi - La Paz

Despertar nem foi tão difícil, o mais complicado foi sair da barraca para um frio de -20 ºC. Por sorte, não fazia muito vento quando levantamos, o que facilitou a caminhada. A única dificuldade era que eu estava resfriado e fraco, quase sem forças para sair de dentro do saco de dormir. Meu maior desafio seria eu mesmo.

Às 2 horas da manhã começamos a subida. Estava com todo o equipamento da agência e o meu em uso: cinco blusas; três calças; duas meias; um par de botas para gelo e seus *crampons*; um *piolet* (uma espécie de machado para gelo); um gorro; luvas; e mais alguns aparatos. Assim como eu, havia muito mais gente fazendo o mesmo, em torno de dez pessoas. Todas subindo em direção ao cume com passos de formiga e respiração ofegante.

Horas depois do início da subida, que duraria cerca de 6 horas, chegamos à primeira parede do caminho, apenas 30 metros de altura, com uma inclinação em torno de 45°. Não era muito, mas já fazia todos usarem seus equipamentos e suas habilidades para subir aquele bloco de gelo. Superada a primeira parede, seguimos, já caminhando próximos aos 6 mil metros de altitude, em direção ao topo do Huayna Potosí.

Bolívia - Próximo do cume do Huayna Potosí, com 6.088 metros.

Quando já estávamos perto do cume, chegou o desafio, uma parede de 200 metros de altura, com uma inclinação maior que a outra. Eu já estava fraco, com o nariz escorrendo e a garganta doendo. Tive de descansar um pouco antes de seguir em frente. Até me questionei se eu conseguiria ou não. Depois de alguns minutos juntei forças e fui em frente, para a enorme parede; eu sabia que, uma vez iniciada a subida, eu não poderia voltar antes do fim.

Depois de muitas machadadas e chutes no gelo, consegui superar o maior desafio daquela montanha: havia chegado ao alto daquele paredão. Dali para o cume era fácil. Ao chegar ao pico do Huayna Potosí, eu já estava cambaleando e mal tinha forças para fazer o que eu queria, como filmar aquele momento e sacar algumas fotos. Outro fator que dificultava qualquer tarefa era o frio extremo que fazia lá em cima, em torno dos -30 ℃, o que permitia apenas uma pequena permanência no local. Mesmo sem forças e sem saber de que lugar eu tiraria mais energia para conseguir voltar até o acampamento, eu sentia uma sensação de vitória naquele momento. O Sol nascia à minha frente e eu via uma paisagem que estava além da minha imaginação.

Descer é sempre mais fácil, mas na situação em que eu me encontrava, era um novo desafio. Já havia acabado o efeito dos remédios contra resfriado que eu havia tomado; meu corpo inteiro doía e minha cabeça parecia não funcionar direito. Somente depois de algumas horas e de várias paradas, chegamos ao acampamento. Eu tive energia apenas para entrar na barraca e em meu saco de dormir, onde permaneci quase inconsciente. Ainda precisava juntar forças para conseguir caminhar até a base da montanha.

Nem tive tempo para fechar os olhos e já estavam me chamando para desmontar a barraca e descer. Respirei fundo e fui em frente: juntei meus equipamentos, desmontei a barraca e comecei a caminhada abaixo. Agora já estava mais fácil, havia mais ar, mais sol e menos gelo. Ao chegar à base da montanha, a sensação era muito boa, como de uma conquista realizada, mesmo eu estando esgotado e sem voz alguma.

Ao chegar a La Paz, tive de esperar um pouco antes de voltar para a casa na qual eu estava hospedado, pois Pamela estava viajando e eu teria que ligar para sua irmã, para ela abrir a casa para mim. Isso feito, tive apenas energias para tomar um banho quente, uma boa dose de remédios, comer alguma coisa e entrar em meu saco de dormir para ficar ali por horas.

Após todas essas experiências, percebi que havia descoberto um país incrível, com uma cultura única e ainda viva, graças às tradições quíchua e aimará, que se mantinham vibrantes mesmo após a colonização europeia, que, no passado, quase destruiu a cultura nativa da região. A luta desses povos por manter suas tradições vivas era algo incrível, porém tinha seu preço. Por conta de todas as dificuldades que passaram, havia, ainda, um grande ressentimento com os europeus.

Os indígenas simplesmente não gostavam muito dos visitantes estrangeiros, que eram, invariavelmente, classificados como turistas aos olhos dos locais. Não faziam questão de agradar, nem mesmo de cumprimentar o visitante. Eram orgulhosos e não se sujeitavam aos caprichos dos visitantes. Eu não era uma exceção, também sofria com essa descriminação, mesmo sendo brasileiro. Eles interagiam apenas quando obrigados; fora isso, não se mostravam muito abertos nem felizes com a presença gringa em sua terra.

De certa forma, eles eram apenas verdadeiros e sinceros. Não escondiam seu sentimento e não usavam máscaras para apenas arrancar alguns dólares dos estrangeiros. Essa personalidade forte da Bolívia e de sua população conseguiu me atrair desde o início. Quando segui para o norte, em direção ao lago Titicaca e ao Peru, sabia que estava deixando para trás um dos países mais interessantes que já havia conhecido.

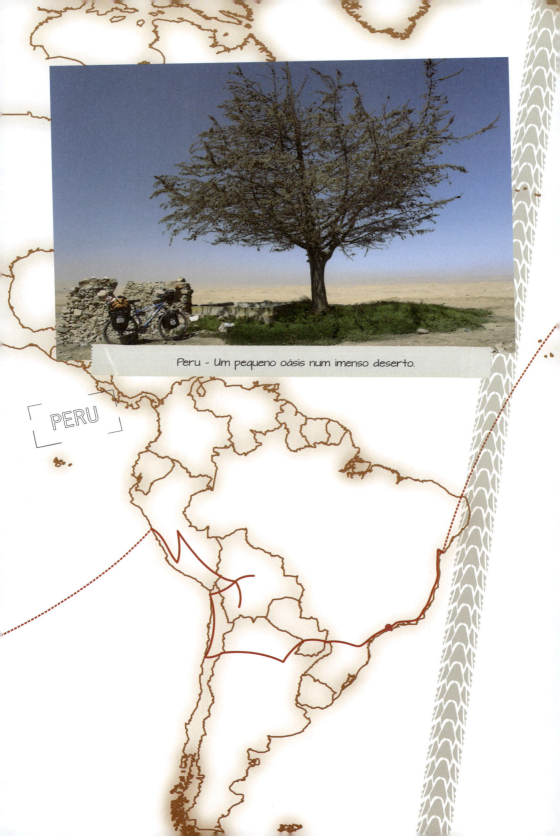

Peru - Um pequeno oásis num imenso deserto.

PERU

INCALÂNDIA 8

O contrário do que vi na Bolívia podia ser visto em meu próximo destino, o Peru, outro país com população basicamente indígena, mas onde os nativos faziam questão de interagir com os forasteiros. Isso parecia interessante no início, mas logo vi que não era tão bom assim. Os peruanos, ao contrário da maioria dos bolivianos, não se acanhavam diante de estrangeiros pelo simples fato de ver em cada um deles a chance de ganhar dinheiro fácil. Foi no Peru que comecei a entender que as crianças serviam como um ótimo índice para a malandragem presente em cada país. Em qualquer canto do mundo, as crianças são transparentes, não que sejam inocentes ou bondosas, pois nem sempre são, mas, geralmente, deixam transparecer, por meio de suas atitudes menos lapidadas, as reais intenções de toda uma comunidade ou mesmo de toda uma população. O contato com as crianças de um país conseguia me mostrar o que o teatro e a dissimulação dos adultos daquele local conseguiam – ou, pelo menos, tentavam – esconder.

Lembro-me do garoto indígena de 7 ou 8 anos que me parou na estrada a caminho de Cusco, repetindo apenas *"Plata gringo! Dame dólar!"*. Aquela criança era muito nova para concluir qualquer coisa, mas apenas reproduzia o que os adultos a ensinavam, que deveria ser algo como: "gringos brancos têm dinheiro e dó de crianças esfarrapadas, assim, peça dinheiro a eles". Tal filosofia estava ainda mais enraizada nos adultos indígenas daquele país, que demonstravam de maneira mais sutil e ardilosa suas intenções em frases, como: *"Olá, senhor! Já conhece os canais de irrigação que os incas construíram há 700 anos? Eu posso levar o senhor até lá, pois conheço um caminho especial capaz de oferecer uma vista privilegiada do local"*. Seria melhor que eles apenas fossem diretos, como as crianças, ou sinceros, como os bolivianos, e não enganassem ninguém para conseguir um trocado.

Sem querer parecer desumano e nem desconhecer os problemas que afetam o povo daquele país, acredito que não seja enganando os outros, sejam estrangeiros ou não, que a população vá sair da miséria. De toda forma, o que eu classificava como um incômodo no Peru, logo iria se mostrar bastante ameno quando comparado a atitudes similares adotadas por habitantes de países asiáticos e africanos. Fora esse ponto negativo, o Peru era um país bastante interessante, apoiado em suas ruínas incas e misteriosos sítios arqueológicos, como as linhas de Nazca e outras descobertas ainda não completamente desvendadas.

A herança dos incas era tão forte que podia ser sentida em qualquer canto do país por meio da Inca Cola, das ruínas incas, do cigarro inca, da mitologia inca, do chocolate inca, da vitamina inca, do banho inca, da hospedagem inca, do calendário inca, da culinária inca, das roupas incas e de muitos outros produtos que usavam a palavra "inca" em seu nome. O Peru era praticamente um parque temático, uma verdadeira "incalândia".

Foi nesse país que encontrei, pela primeira vez, um antigo amigo que iria pedalar comigo por algum tempo. Arício era um amigo brasileiro, de São Paulo, fotógrafo, já bastante acostumado a viajar pela América Latina. Ele havia me escrito uns dias antes, dizendo que iria me esperar em Cusco com sua bicicleta, de onde seguiríamos juntos. No entanto, eu não consegui chegar à cidade na data marcada em razão de alguns problemas alimentares que havia tido dias antes em Puno, à beira do lago Titicaca. Quando entrara no Peru, em minha primeira parada, resolvi comer no mesmo lugar dos camponeses, uma comida simples e quase sem gosto. Queria saber o que aquela gente comia. Descobri, mas dias depois veio o resultado: diarreia intensa e horas de banheiro.

Quando cheguei a Cusco, com alguns dias de atraso, Arício me procurava pela cidade dentro de um pequeno táxi amarelo, já que eu não havia conseguido dar notícias de meu paradeiro. Ouvi alguém gritar *"Arthur!"* e duvidei que pudesse ser comigo até escutar pela segunda vez. Finalmente, havia encontrado Arício – na verdade, ele havia me encontrado. Porém, descobri que a culinária inca não havia favorecido nossa viagem e ele havia ficado doente, pior que eu; ele havia contraído tifo. Mesmo medicado, ainda estava muito debilitado, o que inviabilizava a pedalada que havíamos planejado anteriormente.

Por conta disso, acabei conhecendo sozinho as ruínas daquela região, centro do antigo Império Inca. As construções levantadas com enormes pedras esculpidas ainda estavam de pé, séculos após serem abandonadas. Fui a Machu Picchu de uma forma um pouco incomum, pois achava o preço do trem turístico – o único que os estrangeiros podiam utilizar – caro demais e a famosa "trilha inca", tão vendida por agências de viagem, um grande engodo para fisgar turistas.

Assim, após um ônibus caindo aos pedaços, uma carona de caminhão, longas caminhadas, travessias de rios e trilhas escondidas, consegui conhecer quase todas as ruínas da região e chegar a Aguas Calientes, cidade turística logo abaixo de Machu Picchu. No caminho, conheci dois peruanos que sabiam um caminho diferente para entrar em Machu Picchu, pela floresta, sem pagar nada. Sabia que era arriscado, mas fui mesmo assim. Subi com eles a montanha de madrugada, passando pelo meio da floresta e escalando algumas pedras. Chegamos às ruínas quando o dia clareava.

Vi o Sol nascer em Machu Picchu, ainda que atrás de um espesso nevoeiro e, até o fim do dia, havia conhecido cada canto daquelas incríveis ruínas. Aquele local tinha algo de muito especial, capaz de transmitir uma sensação de bem-estar quase indescritível àqueles que o visitavam. Sentia-me bem pelo simples fato de estar lá em cima. Podia ficar lá por dias, mas, infelizmente, tinha de acelerar meu retorno a Cusco por causa do estado de saúde de Arício. Assim, subi no caro e turístico trem e voltei rapidamente para encontrar meu amigo.

Ao retornar a Cusco, encontrei Arício já um pouco melhor de saúde e resolvemos viajar um pouco. Seguimos juntos para Arequipa, a cidade que mais me agradou no Peru. Conhecemos a região, o que incluiu uma visita ao Cañón del Colca e seus condores, e depois nos separamos. Ele tinha de voltar ao Brasil, por conta de seu trabalho, e eu devia seguir viagem, rumo a Lima, localizada a mil quilômetros de distância, ao norte de Arequipa. A capital peruana seria o meu ponto final na América do Sul e, de lá, pegaria um avião rumo à Austrália, para dar início à segunda etapa de minha jornada.

O último trecho de viagem na América do Sul foi muito gratificante para mim. Ao sair das montanhas e retornar à costa do Pacífico, a temperatura ficou mais agradável, assim como o relevo e o clima. O inverno, nessa parte da América do Sul, era muito seco, quase não chovia nem havia nuvens no céu, que permanecia azul o tempo todo. Isso era ótimo para pedalar. A paisagem seguia deserta e sem muitas cidades pelo caminho. Havia apenas o suficiente para que eu conseguisse realizar minhas paradas todas as noites. Mesmo sem saber o que me esperava, sempre encontrava uma hospedagem à beira de estrada ou nos vilarejos pelos quais passava. Nelas, descansava e recobrava as energias para manter o ritmo e a contagem regressiva até Lima.

Foi nessa estrada, a Pan-americana, que liga Arequipa a Lima, que me senti conectado com tudo à minha volta. Tinha a sensação de que não poderia estar em outro lugar naquele momento. Aquele era o meu ambiente preferido para pedalar: a estrada contava com um bom acostamento, que me permitia relaxar sem ter que me preocupar em olhar para trás a cada ruído de motor que escutava; não havia muitos veículos; não precisava me preocupar com a chuva, pois o céu azul me acompanhava constantemente; havia sol, mas o calor não era demasiado e, de tempos em tempos, encontrava hospedagens, restaurantes e tranquilos vilarejos pelo caminho.

Estava sozinho, longe de tudo, mas estava justamente onde queria estar. Acordava naturalmente cedo todos os dias, tamanha era minha empolgação com o que me esperava pela frente. A curiosidade pelo desconhecido me alimentava e o fato de saber que, em poucos dias, estaria no outro lado do mundo não me deixava parar. Apenas seguia em frente, sem olhar para trás. A mesma estrada que me levava para longe, me levaria de volta para casa.

Foi naquela estrada que constatei que, ao pedalar, eu buscava algo que apenas conseguia sentir naquelas condições, sobre uma bicicleta e no meio do nada, justamente como eu estava. A sensação era de liberdade, de uma liberdade rara, completa, serena e confortante. Respirava o mundo à minha volta e, a cada inspiração, tudo parecia se encaixar e todas as perguntas que estavam em minha cabeça faziam sentido e ganhavam uma resposta.

Eu, por vezes, parava a bicicleta na lateral da pista e apenas caminhava um pouco por aquele deserto sem sombras. A cada pedalada, o mundo e a vida ficavam mais simples, a ponto de eu apenas saber que estava no lugar certo. Sentia-me em casa sempre, ainda que sozinho e em um lugar completamente novo e distante.

Tinha aprendido a lidar melhor com meus medos e minhas expectativas, havia me afastado da vida em sociedade e de seus protocolos e convenções, mas nem por isso havia me tornado antissocial. Pelo contrário, a cada dia, eu cultivava um sentimento ainda melhor pelo mundo e pelas pessoas. E, em diversos momentos, eu apenas gostaria de poder compartilhar aquele sentimento com todas as pessoas que eu conhecia. O fato de ter toda aquela experiência gigantesca só para mim me entristecia um pouco, ao mesmo tempo que me aproximava dos textos e da fotografia.

Hoje, ao analisar tal parte da minha viagem, com a vantagem de quem olha de fora, creio que nenhum outro período de toda a minha jornada superou esse. Alguns se igualaram, de fato, mas não acredito que algum tenha sido mais intenso que meu tempo pedalando pelo Peru, na monotonia do deserto e sob o céu monocromático daquela parte do mundo. Pedalava sorrindo e sabia que não tinha nada a temer.

Nova Zelândia - Longa espera na imigração neozelandesa.

Nova Zelândia - Paisagem espetacular da Ilha Sul do país.

Nova Zelândia

TEMPO DE SOFÁ 9

No último dia de agosto de 2006, cheguei a Lima. Além de pedalar o caminho todo, havia sobrevoado as linhas de Nazca, navegado pela península de Paracas e por entre suas ilhas, visto mais ruínas incas nas últimas semanas que poderia imaginar e me percebia diferente. Chegava ao ponto final de meu trajeto sul-americano com a sensação de missão cumprida. Havia visto e viajado mais que planejara inicialmente, e a vida nômade começava a fazer parte de mim.

Em Lima, fiquei hospedado na casa de Micky, uma peruana que eu havia conhecido ao visitar algumas ruínas entre Puno e Cusco. Ela vivia com suas duas filhas, Cielo e Luna, em um bairro bacana de Lima. Numa manhã, ao conversar com Cielo, de apenas nove anos, percebi numa resposta infantil o que eu ainda não havia notado. Ela me perguntou: *"Arturo, por qué nunca cambia de pantalones?"* ("Arthur, por que nunca troca de calças?"). Ela foi repreendida imediatamente pela mãe, pois esse não é o tipo de coisa que se fala para um homem que nunca troca de calças.

Ninguém me havia dito algo assim até então, nem eu mesmo tinha pensado naquilo, mas naquele instante parei. Lembrei das diversas calças que eu tinha no Brasil e, achando graça na pergunta, respondi: *"Cielo, quando moramos num só lugar, nos acostumamos a trocar de calças e ficar ao lado das mesmas pessoas, mas quando não temos um lugar fixo, como eu, trocamos de pessoas e apenas ficamos com as mesmas calças, pois ninguém terá tempo suficiente para notar que você tem apenas um par delas"*. Era uma resposta banal, mas que dizia muito sobre o estilo que vida que eu levava.

Com o mesmo par de calças de sempre, fui à busca de uma passagem para a Nova Zelândia, destino que incluí de última hora em meu roteiro, já que não estava longe da Austrália e não me pedia um visto prévio para ingressar no país. Após alguns dias em Lima, o suficiente para conhecer bem a cidade e seus habitantes, visitar seus museus, tomar o melhor *pisco sour* do país – dizia a lenda –, tentar embarcar num navio cargueiro e ter me conformado com uma passagem aérea para cruzar o oceano; no dia 9 de setembro, eu embarquei para a Nova Zelândia com a bicicleta porcamente envolta por camadas de plástico bolha e com meus alforjes dentro de um grande saco plástico.

O voo fez escala em Santiago, onde esperei por 15 horas o outro avião decolar. Quando decolou, tremeu tanto que teve de dar meia volta sobre o Pacífico e pousar na capital chilena novamente para verificarem o que havia ocorrido. Após 2 horas sem respostas, quando todos já se preparavam para sair do avião e dormir em Santiago, o piloto disse que o avião estava pronto para viajar. Decolou e, dessa vez, não tremeu. Foi uma longa viagem.

Toda aquela demora apenas me dava mais tempo para pensar em que tipo de problema teria ao entrar na Nova Zelândia com tantos objetos repudiados por eles. Naquele dia, durante a viagem, escrevi em meu diário uma lista de objetos que poderiam me gerar problemas durante a entrada no país:

- ✓ uma passagem só de ida;
- ✓ apenas US$ 7 em meu bolso;
- ✓ um *spray* de pimenta;
- ✓ duas facas;
- ✓ comidas proibidas (mel e maçãs);
- ✓ saquinhos de chá de coca;
- ✓ uma garrafa cheia de benzina;
- ✓ um passaporte brasileiro.

Havia uma política pesada sobre a entrada de alguns produtos no país, tanto que, ao final do voo, foi exibido um vídeo do governo neozelandês que mostrava histórias deprimentes, como a de uma garota que foi presa e deportada pelo simples fato de não ter declarado uma mísera maçã. O vídeo era barato e cômico, feito por atores de terceira categoria, mas eu não estava disposto a pagar para descobrir se a realidade seria igual ao filme. Entre os pensamentos tensos das pessoas que estavam ao meu lado, preenchi a ficha de imigração que me havia sido entregue. Declarei tudo o que eu tinha, achando que seria melhor não bancar o esperto num lugar que eu não conhecia.

Já em solo neozelandês, aquela declaração me rendeu cerca de cinco horas de espera dentro do aeroporto de Auckland. Primeiro, confiscaram meu *spray* de pimenta como se aquilo fosse uma granada – só faltou um robô aparecer para tirar o item da minha bolsa –; depois, pegaram minhas comidas; e, por fim, cismaram com o fato de eu ter uma passagem só de ida e pouco dinheiro em meu bolso. Tive de esperar por horas e provar que tinha dinheiro em minha conta para, então, ser liberado para entrar no país.

Após ser liberado, montei em minha bicicleta logo na saída do aeroporto, sob o olhar desconfiado de taxistas e manobristas. Em menos de 30 minutos, já estava pronto para seguir até a cidade e percebi que eu tinha apenas que descobrir onde ela ficava primeiro – algo que eu não tinha a mínima ideia. Não conhecia nada naquele país, não sabia nem o que esperar dele. Mesmo sendo a maior cidade da Nova Zelândia, Auckland não era assim tão grande. Tanto que, logo na avenida principal, encontrei alguns brasileiros, o que já era mais que eu havia encontrado em todos os meus dias de América do Sul.

Por curiosidade, perguntei o que eles faziam no país, pois, até aquele momento, não conseguia conceber a presença de brasileiros num lugar tão longe, praticamente no fim do mundo. Infelizmente, a cada resposta percebia o que era ser brasileiro numa terra distante: um estava de favor na casa de um amigo, esperando os pais mandarem dinheiro; o outro trabalhava numa construção, mas não conseguia renovar seu visto e teria de ir embora; e a garota trabalhava como *stripper* numa casa noturna para se sustentar.

Não conversei muito com eles, pois tinha de continuar minha busca por um albergue para passar a noite. Cada local novo que eu via naquela cidade me surpreendia. A Nova Zelândia não era um local caro – se comparado ao Brasil –, mas meus dias de América do Sul haviam mudado meu conceito de custo. Comparada a países como Bolívia e Peru, a Nova Zelândia era muito cara. Por isso rodei a cidade toda até encontrar um lugar agradável e pagável, em resumo, um enorme albergue da juventude.

Encontrei mais brasileiros lá e fui conhecendo mais gente, pessoas do mundo todo. Uns moravam no albergue, outros estavam apenas de passagem. A maioria era de jovens europeus que se "aventuravam" pelo país mais seguro do mundo antes de voltar para casa e começar a trabalhar.

Como não tinha planos de passar muito tempo por lá, resolvi começar a viajar logo depois que eu entendi onde estava e me acostumei ao novo fuso horário daquela parte do planeta. Primeiro, fui à ilha localizada à frente de Auckland, chamada Waiheke, onde eu já pude encontrar os traços mais marcantes daquele país: as montanhas, as florestas, as ovelhas, as fazendas, o culto pelo pássaro *kiwi*, o ódio mortal pelo *possum* – uma espécie de quati, predador dos *kiwis* –, as mudanças climáticas constantes e inesperadas e o rígido respeito pelas regras.

Era uma grande mudança em relação à América do Sul, mas não era ruim. O neozelandês era geralmente simpático, apesar de reservado e conservador. Eles ofereciam ajuda, mas dificilmente abririam as portas de suas casas para receber um ciclista estrangeiro. O país desenvolvera uma mentalidade de que tudo que era de fora deveria ser tratado com precaução, para que não se proliferasse como uma praga em seu território e comprometesse o delicado equilíbrio daquelas duas ilhas isoladas do resto do mundo.

Após um final de semana em Waiheke, migrei para o extremo norte do país. Queria chegar até Cape Reinga, local importante na crença da população maori, grupo étnico que ocupava o país antes dos ingleses chegarem. Nessa viagem, conheci mais de perto a população local, inclusive os maoris, suas crenças e seu idioma – língua oficial do país, assim como o inglês –, vi paisagens realmente incríveis de uma natureza muito bem preservada pelo homem e, nos últimos dias dessa pedalada, percebi que havia perdido meu cartão de crédito e estava com muito pouco dinheiro na carteira. Naquele instante, deixei de me preocupar com a cultura local e meu próximo destino para tentar descobrir onde meu cartão havia ficado. O fato de não saber onde o havia perdido me incomodava ainda mais.

Tinha pouco dinheiro na carteira e teria de me virar com aquilo para não incomodar meus pais no Brasil. Poderia fazer alguma coisa e conseguir algum envio de dinheiro naquele momento, mas resolvi apenas me virar com o que tinha. Com esse pensamento, achei que seria melhor voltar para Auckland, onde poderia arranjar algum trabalho até um novo cartão chegar. Da cidade de Kaitaia, no extremo norte do país, onde eu estava quando dei conta da perda, fui à estrada para pedir carona. Não havia muitos veículos nessa rodovia, entretanto, a maioria que passava por mim parava para oferecer uma carona. Infelizmente, quase todos eles apenas iam cerca de 20 ou 30 quilômetros de distância e estavam longe de percorrer os 400 quilômetros que eu precisava para voltar à Auckland. Fui persistente, pois sabia que algum carro deveria ir até lá ou, pelo menos, até a metade do caminho.

Após cerca de 40 minutos de espera, um robusto maori parou sua pequena *van* ao meu lado, dizendo que ia para Auckland e havia espaço para minha bicicleta. Como ele parecia sincero e confiável, aceitei sua ajuda e fomos comendo batata frita e conversando durante todo o caminho. Paramos em algumas cidades, nas quais eu o ajudei a descarregar algumas peças automotivas que ele levava em sua *van*. Feito isso, estava de volta a Auckland, onde retornei para o mesmo albergue, na esperança de encontrar alguns conhecidos que pudessem me ajudar. Marcelo, um paulista gente fina que eu havia conhecido uns dias antes, ainda estava lá e, provavelmente, poderia me dar uma força.

Após uma noite no *hostel*, eu o encontrei e contei minha situação. Mas, quando isso aconteceu, eu já tinha um plano. Como o albergue tinha mais de 300 camas, um fluxo muito grande de pessoas, diversos funcionários que se revezavam em três ou quatro turnos todos os dias, portas acionadas com cartão magnético e ficava aberto 24 horas, eu havia encontrado uma brecha em seu funcionamento e seria justamente por meio dessa falha que eu dormiria ali de graça, pelo menos até meu cartão chegar.

Naquele mesmo dia, coloquei meu plano em prática. Pedi para Marcelo solicitar um novo cartão na recepção, como se ele tivesse perdido o dele, o que acontecia frequentemente com todos os hóspedes. Solicitei na recepção para que minha bicicleta ficasse no depósito do albergue e a tranquei lá. Deixei minha bagagem no quarto de Marcelo, um dormitório com quatro beliches, onde, diariamente, oito pessoas dividiam o espaço. Ninguém se conhecia, na maioria das vezes. Ninguém me conhecia também, muito menos sabia que eu não estava pagando minha estada naquele *hostel*. Assim, fiz tudo parecer normal, inclusive para as pessoas da recepção, que já conheciam minha fisionomia e com os quais eu me comportava naturalmente, como se fosse mais um hóspede que logo iria sumir do mapa.

Para me alimentar, frequentava as seções de *free food* ("boca-livre") da cozinha todas as manhãs para descobrir o que havia de novo por ali. A oferta era tanta que podia me dar ao luxo de escolher o que queria e inserir em minha prateleira pessoal, na qual ninguém encostava. Para dormir era outra história. O albergue tinha diversos andares, inclusive um em seu subsolo que era muito pouco frequentado pelas pessoas. Nesse andar havia apenas o salão de jogos, uma pequena biblioteca, umas máquinas de refrigerante e a grande sala de TV. E ninguém ia a essa sala, onde havia um imenso televisor e três ou quatro confortáveis sofás, capazes de servir de cama facilmente para diversas pessoas.

Como não havia controle sobre o sofá, nem câmera alguma lá dentro, eu tinha liberdade para entrar lá e dormir o quanto eu quisesse. E assim eu fiz durante quase três semanas, tempo que meu novo cartão levou para ficar pronto, atravessar o mundo e chegar a Auckland. Foi tempo suficiente para alguns hóspedes terem sua curiosidade despertada sobre meu excêntrico costume de dormir no sofá até às 11 horas da manhã. Assim, perguntavam-me o porquê de eu dormir na sala da TV quase todos os dias. Para não estragar o meu plano, eu tentava ser convincente, dizendo:

— Em que quarto você está dormindo, amigo? No 108, não é?

— Lá mesmo, por quê?

— Você já se deu conta do quanto aquele alemão é capaz de roncar?! E no cheiro insuportável das meias daquele francês?!

— Você está certo. É terrível mesmo. É por isso que você dorme na sala de TV?

— Claro. Ali é silencioso, o ar-condicionado é ótimo e é tão escuro que pode ser meio-dia que consigo dormir como se fosse madrugada.

Apenas tentava ser o mínimo convincente para não suspeitarem de mim, mas, nos dias seguintes, percebi que estava sendo convincente demais. A sala da TV começava a ser ocupada por aqueles que descobriam que o ronco do alemão e o chulé do francês eram realmente incômodos. E eu passava a ver meu sofá ser ocupado por adolescentes europeus que achavam legal dormir fora do quarto. Meu golpe havia se voltado contra mim, mas para minha sorte, a essa altura de minha estada ilegal naquele albergue, eu já tinha um cartão magnético capaz de, milagrosamente, abrir quase qualquer porta do prédio. Assim, logo que via alguém em meu sofá, eu perguntava se ela iria mesmo dormir ali. Quando a resposta era negativa, eu esperava até a pessoa sair. Mas, quando era positiva, eu apenas ia para o quarto daquela pessoa e dormia na cama dela. Nunca havia discussão ou problema naquela sala, caso contrário eu corria o risco de ser pego.

Apesar de ter um lugar para dormir e ter o que comer, nem sempre o sofá era o lugar mais confortável e nem sempre eu achava algo bom na seção de *free food*. Assim, fui à busca de um trabalho, mas descobri que, com o tempo que eu tinha, só conseguiria algo em construções ou como pintor. O que me solicitava alguns equipamentos de segurança para começar a trabalhar e não fazia de tal empreitada uma boa ideia, pois resultaria em diversos gastos que só fariam sentido num trabalho a longo prazo. Dessa forma, por indicação do Marcelo, consegui um bico num restaurante vegetariano, distribuindo panfletos na rua em troca de um almoço decente apenas. Não ganhava nada, mas pelo menos ficava bem nutrido para encarar o sofá à noite.

Após receber meu novo cartão de crédito, achei que seria justo eu me hospedar oficialmente no albergue por uma última noite e então deixar o local pela porta da frente. Paguei a última diária e deixei Auckland sem levantar nenhuma suspeita. Havia conseguido ficar praticamente 3 semanas sem gastar quase nada na cidade, mas sabia que já havia gasto um mês na Nova Zelândia, muito mais tempo que eu gostaria. Era hora de pedalar forte rumo à Ilha Sul do país, onde, ironicamente, estavam as principais belezas naturais que eu não poderia deixar de ver, segundo todos aqueles que eu encontrava.

O clima neozelandês não me ajudava muito, pois oscilava rapidamente num curto intervalo de tempo. Quase sempre chovia, ventava, ora fazendo frio, ora calor, e tudo isso num único dia, de forma que eu não podia prever e constantemente era surpreendido na estrada. Para piorar, uma dor em meu estômago começava a me incomodar bastante, causando um cansaço e um mal-estar fora do comum durante minhas pedaladas. Isso afetava tudo à minha volta.

Aquela dor me incomodava tanto que eu não conseguia aproveitar muito bem os lugares pelos quais passava. Não podia me automedicar também, pois as farmácias do país não vendiam remédio algum sem receita. E me consultar com um médico me faria perder ainda mais tempo no país, o que eu não queria. Segui com a dor, na esperança de que ela acabasse após alguns dias. Descobri que um suco de vegetais que era vendido nos mercados ajudava a amenizar o incômodo, mas não me curava. Mesmo assim, tomei uma garrafa daquele suco por dia até deixar a Nova Zelândia.

Conheci quase o país todo, atravessando a Ilha Norte e boa parte da sul, parando muito pouco para não perder tempo. As indicações estavam certas, a Ilha Sul da Nova Zelândia era um lugar incrível, muito melhor que a Ilha Norte. Nesse ritmo acelerado, vi geleiras de perto, escalei montanhas, dormi em vilarejos escondidos em meio a imensos vales verdes, cruzei fiordes, vi lagos de águas extremamente azuis e passei por lugares que nem imaginava que poderiam existir. No dia 8 de novembro, quase dois meses depois de ter pousado na Oceania, embarquei num avião em Christchurch, com destino a Melbourne, na Austrália.

Austrália - Uluru, o imenso monólito no interior do país.

Austrália - Os paredões rochosos de Standley Chasm, próximo a Alice Springs, no interior do país.

EM CASA, LONGE DE CASA

10

No avião para a Austrália, percebi que a sorte estava ao meu lado. Já viajava havia pouco mais de sete meses e sentia que o período de transição já chegava ao seu fim. Tudo havia saído bem até aquele momento. Eu já não me sentia uma pessoa que fazia uma viagem, mas era como se eu começasse a ser a própria viagem. Uma sensação estranha e agradável, que só a vida nômade poderia oferecer. As recordações da vida sedentária que tinha em São Paulo começavam a se tornar apenas memórias, que me ajudavam a saber quem eu era e de onde eu vinha, mas já não faziam parte do meu dia a dia.

No aeroporto de Melbourne, finalmente usei o único visto que eu levava comigo desde minha saída do Brasil. Mesmo com o adesivo que ocupava uma página inteira do meu passaporte, no guichê de entrada do país, onde meu visto deveria ser carimbado, o sujeito resolveu me fazer algumas perguntas:

– O que você veio fazer na Austrália?

– Viajar, com minha bicicleta.

– Você tem passagem de volta?

– Não, pois daqui vou para a Indonésia.

– Você tem dinheiro com você?

– Sim, tenho o suficiente.

– Você trabalha com o quê?

– Sou ciclista e tenho patrocinadores – apontei, então, os logos dos patrocinadores em minha camiseta.

— Você já sabe onde vai ficar?

— Não tenho reservas, mas vou procurar um albergue em Melbourne.

— Se você tem patrocinadores, por que irá ficar num albergue e não num hotel 5 estrelas?

— Porque eu sou apenas um ciclista, e não o Michael Jordan.

Essa resposta foi suficiente para ele olhar em meus olhos e carimbar meu passaporte. Estava oficialmente na Austrália.

Saí do aeroporto animado e penei até chegar ao centro de Melbourne, pois, sem mapa nenhum e tendo que escapar de dezenas de vias nas quais pedalar era proibido — algo relativamente novo para mim —, tive de contar com a sorte e o auxílio das pessoas até chegar a um posto de informações turísticas, onde, finalmente, consegui um mapa da cidade. Após comer, percebi que a Nova Zelândia parecia uma grande fazenda quando comparada à Austrália e me animei com a agitação de Melbourne e com o Sol que apareceu no céu, após tantos dias nublados na Nova Zelândia.

A Austrália era o local mais caro no qual eu havia estado até então, e isso era uma pedra em meu sapato. Naquele país, qualquer descuido era sinônimo de prejuízo. Mas a sorte estava comigo naquele período e, após algumas pedaladas pela cidade, conheci um ciclista, Michael, que também viajava de bicicleta e me ofereceu sua casa durante minha estada em Melbourne. Era justamente o que eu precisava.

Com um abrigo seguro e grátis, comecei a entender melhor a Austrália. Essa adaptação era essencial em cada país onde chegava. Consegui rodar pela região, troquei algumas peças da minha bicicleta e, principalmente, descobri a origem de minha dor de estômago, que me acompanhava já fazia algum tempo. Fui a um médico e após um exame indolor, ele constatou que eu tinha uma bactéria chamada *Helicobacter pylori* (mais conhecida como *H. pylori*) em meu estômago, a principal causadora de gastrites e úlceras mundo a fora. Com a ajuda de alguns antibióticos, consegui eliminá-la de meu estômago e recuperar minha saúde. Tudo parecia estar correndo perfeitamente, tanto que resolvi expandir minha pedalada pelo país. Estava ao lado de umas das mais belas e famosas rodovias do mundo, a Great Ocean Road, e sabia que deixar de visitá-la me traria arrependimento no futuro.

Após uma semana em Melbourne, despedi-me de Michael, de sua esposa Kath e fui em direção à pequena cidade de Warrnambool, localizada na costa sul do país, entre Melbourne e Adelaide. Fui de trem para a cidade, pois queria fazer o caminho de volta sobre a bicicleta. Cheguei debaixo de chuva e me hospedei num dos poucos lugares baratos que encontrei, uma hospedagem vazia montada sobre um bar – o que seria um cenário comum durante meus dias no país. Lá, esperei a chuva passar para começar meu giro pela região.

No dia seguinte, comecei minha pedalada pela Austrália entre ventos fortes e uma chuva que ia e vinha, mas diante de uma paisagem que me mantinha animado mesmo em circunstâncias adversas. Subi ladeiras de 30 quilômetros com o vento contra, acampei no meio do nada, cansei-me, comi pouco, mas, sempre que a estrada tocava o litoral, a vista era tão incrível que eu recobrava minhas energias e seguia em frente.

Nesse caminho, cruzei a atração mais celebrada naquela região: os Doze Apóstolos, esculturas naturais que se levantavam como torres de dentro do mar. Após essa incrível estrada, retornei para a região de Melbourne, para pedalar pelo caminho original do meu roteiro, subindo a costa rumo a Sydney e Brisbane, meu destino final no país.

O caminho até Sydney era composto basicamente de montanhas e pequenas cidades, que ora tinham uma saída para o litoral, ora não. Às vezes, eu ficava na casa de um australiano hospitaleiro, mas isso não era tão comum quanto eu gostaria que fosse. Geralmente, dividia minhas noites entre montar minha barraca em *campings* e ficar numa hospedagem barata, em que conseguia alguns confortos adicionais, inclusive energia elétrica para recarregar as baterias de todos os aparatos eletrônicos que carregava comigo.

Os australianos costumavam ser bastante receptivos, mas nem sempre eu sentia a confiança necessária para aceitar alguns convites. Nesse ponto da minha viagem, eu já havia desenvolvido uma sensibilidade aguçada para lidar com as pessoas. Era apenas um sintoma do estilo de vida que eu adotara: nômade e solitário. Não havia tempo para conhecer e buscar referências das pessoas que cruzavam meu caminho, eu mesmo nem queria isso, mas tinha de lidar com todo tipo de gente o tempo todo, assim, precisava saber com quem estava lidando no pouco tempo que eu tinha de contato com cada pessoa. Não era algo racional, pois não havia uma lógica palpável naquelas sensações. Não conseguia – e até hoje não consigo – explicá-las com exatidão. Creio que estavam mais próximas de um instinto, ou mesmo de uma forma de intuição, que da razão.

Fora essas sensações mais aguçadas, eu já havia aprendido uma regra simples para quando eu queria me hospedar na casa de alguém. Se eu chegasse a uma cidade já pensando em encontrar uma boa alma que me desse abrigo, geralmente não conseguia nada. No entanto, quando chegava a algum local sem nenhuma pretensão e buscava apenas o mínimo, como informações da cidade ou apenas um pouco de água para matar minha sede, geralmente conseguia mais que esperava. Assim, fui aprendendo a me virar pelo caminho, a não alimentar muitas expectativas sobre pessoas e lugares, bem como a confiar em meu instinto para não entrar em nenhuma situação de risco desnecessário.

Apesar disso, eu não tinha o controle de nada à minha volta, e nem sempre o dia corria como o esperado. Foi assim que, durante o caminho para Sydney, parei numa pequena cidade, chamada Leongatha, onde tudo me levou a ficar hospedado na casa de uma senhora – cujo nome não me lembro mais – que trabalhava no posto de informação turística da cidade. Alguns trechos de meu diário traduzem bem o que aconteceu naquele dia.

Quinta-feira (23 de novembro de 2006)
Cowes - Leongatha (84 km)

Logo após a travessia, começou uma chuva que eu sabia que não faria bem para mim; por causa dela, até agora me encontro resfriado. A chuva durou pouco, apenas o suficiente para me deixar úmido e com frio, fazendo que eu acelerasse o giro da pedalada para aquecer o corpo e me secar mais rápido. Correndo um pouco mais que o normal, eu cheguei à cidade que esperava ser um porto seguro para mim, Wonthaggi, no entanto, o que eu encontrei foi apenas uma pequena cidade de interior, sem muitas ruas, sem muitas pessoas e sem lugares (baratos) para se instalar.

No centro de informações da cidade, eu cogitei a possibilidade de ficar por ali ou de seguir em frente. Entretanto, o dia estava apenas começando e era cedo demais para que eu parasse. Olhei para o mapa e concluí que seria melhor alterar o roteiro, mudando de estrada, para uma na qual eu encontrasse mais e maiores cidades pelo caminho. Tomei o segundo café da manhã e segui em frente, para chegar a Inverloch, cidade ainda menor que Wonthaggi.

Segui mais um pouco e cheguei a Leongatha por volta das 2 horas da tarde, já um pouco cansado em razão da noite maldormida. Fui, então, procurar por informações e descobri, sem surpresas, que a cidade não contava com nenhuma hospedagem barata. Havia decidido ficar por ali e perguntei para a senhora que estava me dando informações se ela conhecia alguém que tivesse um quintal grande para que eu pudesse acampar por uma noite apenas.

Naquele momento, ela ofereceu sua casa para que eu passasse uma noite. Aceitei o convite, sem saber onde estava me metendo, e ela me levou à sua residência. Ao chegar à casa da mulher, vi que ela não morava sozinha: dividia o espaço com três patos, quatro galinhas e três gatos, que viviam em espantosa harmonia. A casa era simples, simples demais para os padrões australianos; na verdade, seria considerada pobre até mesmo no Brasil. Ela me mostrou tudo na casa e me deu a chave da porta para que eu tivesse liberdade de ir e vir quando eu quisesse.

Achei estranha e bonita a atitude da senhora dar a chave de sua casa para mim, uma pessoa que ela nem conhecia. De qualquer forma, ela foi embora e me deixou sozinho em sua casa. Quando fui tomar um banho, comecei a perceber algumas coisas estranhas na residência. Cômodos escuros e sujos, objetos fora do lugar, garrafas de vinho no chão da sala, quadros com pinturas estranhas, outros com posições sexuais dignas do *Kama Sutra* e uma folha onde estava escrito "*I kill you*" ("Eu mato você"). Foi assim que eu comecei a achar aquela casa um pouco estranha e suspeitar do lugar onde eu tinha ido parar.

Fiz o meu almoço na cozinha da casa, depois de brigar com as panelas, todas sujas e empilhadas. Com o estômago cheio, eu acabei cochilando no sofá da casa. Acordei com a senhora vindo me cobrir, dizendo que estava frio demais para dormir assim. Coberto, dormi mais ainda. Quando acordei, porém, não havia mais ninguém na casa. Estava vazia. Sem ter muito o que fazer, eu sai da casa e fui para a cidade para comprar algumas comidas e sacar algum dinheiro.

Ao chegar novamente à casa, a senhora já estava por lá, com sua filha de 11 anos, que, ao ver as comidas que eu trazia, se encarregou de comer metade delas. Meu estômago faminto reclamou, ao mesmo tempo que me senti contente por poder oferecer algo de comer para a menina que parecia anoréxica de tão magra.

A senhora, então, saiu de novo e disse que voltaria dali a algumas horas, o que foi o suficiente para que eu colocasse meu saco de dormir no chão da sala e deitasse ali mesmo. O meu sono só foi interrompido quando as luzes da sala se acenderam e eu me deparei com uma mulher - provavelmente amiga da dona da casa - ao meu lado, que parecia uma bruxa, e até se vestia como uma. Apenas não dei um pulo porque, quando se está dentro de um saco de dormir, se tem a mesma mobilidade de uma minhoca.

A desconhecida senhora parada ao meu lado, de saia longa, vermelha, demais peças de roupa pretas e com uma capa de veludo do tipo bruxa de conto de fadas, apenas olhava para mim e dizia repetidas vezes *"Beautiful boy."* enquanto passava a mão em meu rosto. Eu, que não estava entendendo nada do que estava acontecendo à minha volta, apenas olhei para ela e, com um sorriso sem graça, agradeci dizendo *"Thanks".* Entretanto, ela não estava contente e decidiu mostrar para mim como eu deveria dormir com a luz acesa. As mãos de dedos gordos e unhas longas da senhora seguraram a extremidade de meu saco de dormir. Ela o colocou sobre o meu rosto, como se estivesse me embalando. Eu dizia para ela parar, mas a mulher não entendia.

A essa altura, eu já não sabia nem mais onde eu estava àquela hora da noite. Disse que só queria dormir e ela, então, resolveu fechar os meus olhos com sua mão, da mesma forma que se fecha os olhos daqueles que morrem com os olhos abertos. Ao mesmo tempo que tentava fechar os meus olhos, a bruxa velha dizia *"God bless you!"* ("Deus te abençoe!"). Percebi que ela queria que eu fechasse os meus olhos e, enquanto não conseguisse isso, não desistiria de tentar. Fechei, então, após a terceira vez que ela passou sua mão sobre meu rosto e fingi que havia caído no sono.

Isso foi o suficiente para que a mulher, um misto de louca, bruxa e bêbada (não necessariamente nessa ordem), sentisse que sua missão estava cumprida, apagasse a luz da sala e fosse para a cozinha da casa, com a dona do local. Abri os olhos novamente. Não fazia a mínima ideia do que estava acontecendo ali, só sabia que não estava entendendo muitas coisas e era melhor que eu apenas dormisse mesmo.

Sexta-feira (24 de novembro de 2006)
Leongatha - Sale (108 km)

Acordei cedo no chão da sala da casa mais misteriosa na qual eu já havia ficado até então. Creio que fui o primeiro a acordar. Silenciosamente, arrumei minhas coisas e me preparei para ir embora da residência e da cidade o mais rápido que eu pudesse. Pouco tempo depois de eu ter despertado, no entanto, a dona da casa acordou e sua filha também.

Ela pediu desculpa por ter acendido a luz na minha cara ontem e por sua amiga maluca. Com as desculpas aceitas, eu fui embora dali para começar mais uma pedalada. Já era hora de deixar esta cidade. Estava bem-disposto, apenas um pouco resfriado ainda, mas suficiente bem para ir longe hoje, aproveitando as estradas sem grandes subidas e descidas.

Foi a primeira noite em que algo do tipo aconteceu durante minha viagem e aquilo também me ensinou a ficar mais atento a convites de pessoas desconhecidas. Mesmo assim, estava aberto demais para evitar esse tipo de surpresa em meu caminho. Aquilo fazia parte da viagem e não havia como ser completamente contornado. Começava a perceber que eu não era dono nem de meu destino e que precisaria contar com a sorte para seguir viajando.

As surpresas não pararam por aí. Ao chegar a Sydney, no início de dezembro, vi o quanto a cidade era visitada por gente do mundo todo, especialmente naquela época do ano. Eu rodei o centro da cidade, mas simplesmente não conseguia um lugar para passar a noite. Todos os albergues e hotéis baratos já estavam cheios. Tentava encontrar uma cama em diversas hospedagens e nada de vaga. Mesmo quando encontrava, por algum estranho motivo, acabava perdendo o lugar. Aquela anormal onda de azar me surpreendia e parecia ser um prelúdio para algo que estava para acontecer. Algo que eu não tinha a mínima ideia do que seria.

Com essa consciência, vinha certa resignação em relação ao fato de não conseguir uma cama para aquela noite. Assim, comecei a pensar em dormir em algum parque da cidade ou num espaço público de Sydney, pois já estava tarde e eu continuava sem encontrar nada. Somente após dezenas de tentativas, quando eu já havia desistido de procurar um lugar, conheci uma garota malaia que passava na rua e me viu reclamando em português com alguém. Ela percebeu que eu era brasileiro e me indicou uma casa, na qual, coincidentemente, havia somente brasileiros, para eu tentar passar a noite.

Senti que era isso que eu estava esperando. Acreditei estar com sorte e a saudade de casa me fez imaginar um agradável local com alguns brasileiros comendo arroz e feijão e tomando guaraná. Isso me deixou feliz e imediatamente liguei para o número que a garota havia me passado com a seguinte instrução: "*Pergunte pelo Leandro, e não se esqueça de dizer que foi a Maria quem te indicou*". Achei aquilo estranho, mas aceitei e liguei mesmo assim:

— Alô, Leandro?

— O que você quer?

— Foi a Maria, da Malásia...

— E o que você quer? Maconha, farinha, *ecstasy*? — Ficou fácil entender o porquê da Maria saber o número de cor.

— Bem... — hesitei —, estou apenas procurando uma cama para passar uma noite.

— Hum... Não sei, a casa está cheia, mas venha para este endereço, para conversarmos.

Ele me passou o endereço e eu desliguei o telefone com uma sensação estranha. Tentava não acreditar no acaso, mas por que justo na casa de um traficante brasileiro? Podia ainda dormir na rua, mas não tinha nem um mapa de Sydney e sabia que isso não seria uma missão fácil, tendo em vista que os australianos não estão acostumados a esse tipo de vagabundagem.

Mais uma vez me surpreendia – para pior – com os brasileiros que encontrava pelo mundo. Por que alguém sai do Brasil para vender drogas na Austrália? De toda forma, fui ao endereço passado para tentar um lugar para passar a noite. Por fora, a casa parecia normal, com uma fachada idêntica às dezenas de outras daquela rua. Mas por dentro era diferente. Não havia bem uma casa, mas, sim, uma favela brasileira. Se eu buscava algo bem brasileiro, havia acabado de encontrar.

Doze brasileiros moravam ali e todos se orgulhavam de ter montado a casa com o lixo que encontravam pelas ruas da cidade. Apenas o responsável pela casa vendia drogas, e os outros nem gostavam muito dele, mas estavam ali, correndo um sério risco, simplesmente por aquele ser o lugar mais barato que haviam encontrado em Sydney. Poucos falavam bem inglês, apesar de todos estarem lá com um visto de estudante e, justamente, para estudar a língua. Todos queriam aprender o idioma e conhecer a Austrália, mas não conseguiam falar mais que algumas poucas frases no idioma local, com um pesado sotaque, e nem haviam sequer saído de Sydney.

Nessa atmosfera impregnada de "jeitinho brasileiro" e de "vou me dar bem", o responsável pela casa disse que eu poderia ficar ali por uma ou mais noites, mas teria de pagar, pois nada era de graça naquele lugar – que bom que era encontrar brasileiros, o povo mais feliz e hospitaleiro do mundo! O pagamento seria mediante uma faxina na casa. A situação era, no mínimo, humilhante. Para ficar naquela pocilga, eu teria de limpar toda a casa.

Pensei um pouco, mas encarei aquilo como uma experiência e concordei com as condições impostas pelo traficante brasileiro. Por volta das 2 horas da madrugada, eu comecei a limpar a casa, para alegria e risada de todos. A limpeza, no entanto, não durou muito. Os critérios de higiene dos moradores de lá não eram altos e eles tinham medo de que a casa mudasse muito após uma boa limpeza. Como a residência era decorada com lixo, uma faxina mais profunda acabaria com a decoração dela. Por volta das 4 horas da manhã, após um dia bastante longo, eu havia acabado a faxina e fui para um quarto da casa, no qual encontrei um colchão sujo vazio e dormi, já pensando em sair daquela casa.

Percebi que permanecer hospedado naquele lugar era um erro e, assim, após entender como as coisas funcionavam em Sydney, ver algumas de suas atrações e entrar com o pedido de visto no consulado da Indonésia, fui para as montanhas próximas à maior cidade australiana descansar um pouco. Queria ficar longe daquela casa e de qualquer problema, e, também, fugir do calor escaldante do litoral do país. Fiquei alguns dias em Katoomba e, quando voltei a Sydney, não me hospedei mais com os brasileiros. Consegui um albergue e de lá segui viagem rumo a Brisbane. No dia 16 de dezembro, deixei Sydney para então iniciar uma das melhores fases de toda minha pedalada.

Sentia como se tudo o que eu havia passado até aquele momento apenas tivesse me preparado para o que estava por vir, como se tudo aquilo tivesse um sentido e não ocorrido por acaso. Talvez tenha sido essa mentalidade, com essa abertura para o imprevisível e para o novo, que me proporcionou aqueles dias tranquilos e prazerosos. Entre Sydney e Brisbane, percorri pouco mais de mil quilômetros de distância, aproveitando o calor e os longos dias do verão que me permitiam acampar em bosques, à beira de rios, no quintal dos australianos, assim como conhecer muita gente, que, quase sempre, passava o contato de outra pessoa que poderia me ajudar na próxima cidade.

Essa rede de contatos possibilitou que eu me hospedasse na casa de famílias locais e fosse muito bem recebido na maioria das vezes, quase sempre ganhando presentes que eu era obrigado a recusar por não poder levar mais peso em minha bicicleta. Às vezes, entretanto, eu aceitava para evitar um possível constrangimento e dava de presente para outra pessoa em minha próxima parada. Foi dessa forma que passei o Natal em Coffs Harbour; passei o meu aniversário e o ano-novo em Byron Bay, acampado no quintal de uma família australiana que até me deu um bolo de aniversário; encontrei a casa de uma simpática família em Brisbane; e consegui ir para o meio do deserto vermelho, perto dos aborígenes. Tudo estava saindo melhor que o previsto.

A ida para o Outback, o deserto do centro da Austrália, não estava em meus planos iniciais, mas, como havia chegado a Brisbane antes do que imaginava e ainda contava com mais duas semanas até a saída de meu voo para Bali, na Indonésia, queria gastar aquele tempo da melhor forma. Eu tinha duas escolhas principais, a Grande Barreira de Corais, perto de mim, e o deserto vermelho no centro do país, longe de tudo. Em razão da minha inabilidade com água e mergulhos em alto mar, somado à minha atração por desertos, escolhi seguir para o coração da Austrália. Lá, mais que o deserto vermelho, eu encontraria um dos maiores monólitos do mundo e mais da cultura aborígene, tão rara na costa leste australiana.

Até Brisbane, havia percorrido cerca de 2.500 quilômetros em terreno australiano e ainda podia contar nos dedos os aborígenes que eu havia visto pelo caminho. Os poucos que eu vira estavam bêbados, dormindo nas ruas ou apenas jogados num canto. Fora isso, não era incomum eu encontrar bares e hospedagens com placas que diziam "Aborígenes não são bem-vindos". Isso mostrava que a situação do povo nativo da Austrália era complicada e bem diferente da condição dos nativos da Nova Zelândia, mais respeitados e inseridos na sociedade.

Quando parei em Alice Springs, percebi que havia chegado no dia certo. Na maior cidade da região central da Austrália – mesmo com somente 30 mil habitantes –, a chuva cai somente uma ou duas vezes por ano. E eu cheguei justamente no dia da chuva. A região bastante seca, nesse raro dia, muda de fisionomia. A chuva que cai consegue criar rios e corredeiras, até então vivos apenas na imaginação das pessoas e nas representações e fotografias desse tão esperado dia.

Os rios cruzam as avenidas principais da cidade, criam pequenas cachoeiras, formam lagos, pequenas corredeiras, comunicam-se com o solo, matam a sede das árvores retorcidas que, assim como todas as pessoas, esperam ansiosas por esse dia. Como todos sabem que essa chuva acontece uma ou duas vezes por ano, a cidade já está preparada para ela, mas não com uma rede de escoamento fenomenal ou com barragens para segurar a água, mas apenas deixando livre o leito desse rio, para que, quando a água vier, ele possa seguir livremente o seu caminho.

Por um ou dois dias por ano, Alice Springs muda completamente sua geografia. Não apenas com rios por toda parte, mas, também, com a aproximação entre o homem branco e os aborígenes, que vão brincar nas democráticas águas vermelhas que atravessam a cidade. Tudo bem que os aborígenes vão somente com a roupa do corpo e o homem branco vai com boias, coletes, colchões infláveis e mais um monte de apetrechos. Mas nem por isso aquela água deixava de ser democrática.

Esse fenômeno dura pouco e, em alguns dias, os rios, cachoeiras e lagos somem. Depois de seco, tudo volta ao normal. Aborígenes para lá e brancos para cá, pelo menos até a próxima chuva. Não conseguia entender o porquê disso até chegar lá, mas não foi difícil perceber que os aborígenes estavam ainda fortemente ligados a seus costumes primitivos e ancestrais, que, para as condições do deserto eram perfeitos, porém eram incompatíveis com a cultura trazida pelo europeu, que não conseguia assimilar o estilo de vida que essas pessoas levavam.

Desde que os ingleses pisaram naquelas terras, toda a estrutura da cultura aborígene, assim como o estilo de vida daquele povo, começou a se deteriorar. Quando o aborígene viu que a medicina do homem branco era mais eficiente que seu curandeiro, suas crenças começaram a desmoronar. No entanto, o europeu não trouxe só remédios, mas, também, cerveja, refrigerante, hambúrguer, chocolate, açúcar e mais um monte de substâncias completamente novas para aquele povo. Tão novas e viciantes que conseguiram mudar a vida de metade da população daquele território, assim como exterminar a outra metade.

Em Alice Springs, era possível sentir a tensão entre o homem branco e os aborígenes. Um não gostava do outro, isso era claro. Para o branco, os aborígenes eram vagabundos e só usavam o dinheiro do governo para beber e comer bobagens. Já para os aborígenes, o homem branco sempre foi um invasor, que insistia em impor seu estilo de vida a todos à sua volta. Parecia não haver muito entendimento entre esses povos, tampouco uma previsão para isso acabar. De toda forma, ambos habitavam a mesma região, o mesmo deserto.

De Alice Springs, eu segui para o meio do deserto em direção a Uluru, ou Ayers Rocks — nomes em idiomas diferentes para designar a mesma rocha —, um dos maiores monólitos do mundo e um símbolo da Austrália. Num pequeno carro alugado, cruzei mais de 500 quilômetros de deserto, numa estrada quase sem limites de velocidade, junto de Joey, um jovem australiano que não gostava muito de falar e deve ter dito no máximo cinco palavras durante todos aqueles dias. Não era fácil viajar com alguém assim, mas como ele era filho do simpático casal que estava me hospedando em Alice Springs e eles haviam me pedido para que o levasse comigo, esforcei-me para cuidar dele durante aquela viagem. Ele era tão quieto e fechado que, no final das contas, era como viajar sozinho, só que com um pouco mais de responsabilidade.

Ficamos nas proximidades da Uluru, dormindo ao ar livre, na grama de um *camping*, e subestimando o veneno das letais cobras da região. Mesmo assim, saímos ilesos e conseguimos conhecer toda a região com suas gigantescas pedras, inúmeros vales, cavernas, lagos, desertos e vagas planícies vermelhas apenas habitadas por camelos e árvores retorcidas.

Após alguns dias naquele imenso deserto, voltei a Brisbane para pegar um avião para a Ásia e declarar o final de mais uma etapa da minha viagem. A Austrália havia sido um dos mais interessantes e agradáveis lugares por onde eu havia viajado. O clima era ótimo, as paisagens, maravilhosas, e as pessoas, muito simpáticas e hospitaleiras. Era simplesmente um lugar perfeito não só para viajar, como para viver. De certa forma, a Austrália tinha muito em comum com o Brasil: era um país jovem e imenso, composto por diversas etnias, com um clima basicamente quente e agradável, e com um povo muito aberto e acolhedor. E como a Austrália não tinha diversos problemas comuns no Brasil, isso a transformava numa espécie de lugar perfeito para qualquer brasileiro. Mesmo com tantas qualidades e com vontade de ficar lá por mais alguns meses, eu sabia que deveria seguir em frente.

Até aquele momento, havia visto apenas uma pequena parte do mundo e ele já era muito maior do que eu imaginava. Percebia que não era possível traduzi-lo em números ou palavras e que tal constatação me fazia repensá-lo e me repensar nele também. Sentia que, dentro de mim, muitas coisas estavam mudando de lugar. Não tinha mais certeza de nada. Lembrava de tudo que havia visto, mas não tinha tempo de digerir tanta informação. Todos os dias eram repletos de novas experiências e eu quase nunca conseguia refletir sobre aquilo que eu havia vivido. Vivia da forma mais intensa possível e não sabia quando eu iria parar para refletir sobre tudo aquilo.

Corri para desmontar minha bicicleta e colocá-la numa caixa de papelão e para fechar minhas bolsas. Tive de acelerar para pegar o avião para Bali. Se o perdesse, corria o risco de ficar na Austrália.

Indonésia - Plantação de arroz em Bali.

Indonésia - Amanhecer em Borobudur, o maior monumento budista do mundo, em Java.

Indonésia

HELLO, MISTER! 11

Cheguei a Bali na noite do dia 20 de janeiro de 2007. Era madrugada quando o avião pousou e minha obstinação por viajar sem qualquer tipo de guia de viagem foi sentida antes mesmo de o Sol nascer. Pensava que a viagem deveria ser feita de forma natural e autêntica, descobrindo cada local de maneira única e não copiando roteiros pré-montados de guias. Mapas eram bem-vindos, mas guias não. Eu simplesmente não queria fazer a viagem de outra pessoa, mas, sim, criar a minha. Eu não estava completamente errado, mas, quando não se fala o idioma local e a população não faz questão de te ajudar, um guia de viagem pode fornecer informações valiosas.

Havia chegado à Ásia, para muitos, o ponto alto de minha viagem, mas, para mim, ainda uma incógnita. O continente era muito grande para ser definido em poucas palavras. No aeroporto de Denpasar, em Bali, já conseguia ver um novo mundo, que se misturava com o suor que começava a verter de minha pele. A pele dos policias corruptos, espalhados pelo aeroporto, brilhava, assim como seus óculos escuros. Mendigos pediam esmola ao lado da esteira de bagagem. Havia gente tentando carregar minhas bolsas antes mesmo de eu conseguir tocar nelas. E, claro, muita gente querendo se dar bem, de alguma forma, em cima dos turistas recém-chegados.

Informação decente não havia, só mentiras maquiadas de verdades. Quem se oferecia a dar informações eram sujeitos de bigode, com camisa aberta até o meio do peito, correntes e anéis de ouro. Poderia preparar minha bicicleta ali e sair pedalando, mas como montá-la com tanta gente me perturbando? Como garantir que não seria roubado? Para onde ir, se eu não tinha nenhum mapa e, muito menos, um nome de hotel? Senti falta de informações seguras e, por não saber o que fazer, cometi um erro que deve ser evitado nesse tipo de país: peguei um táxi e o deixei me levar para um hotel que ele recomendou. Conclusão: fui enganado duas vezes, pelo taxista e pelas pessoas do hotel. O taxista me disse que a cidade estava longe do aeroporto e que havia alguns quilômetros até um hotel bom e barato. Após ter minha bagagem colocada no veículo, ele não deve ter andado mais que 5 minutos até chegar a um hotel numa rua escura e escondida. Eu não tinha referências e, àquela hora da madrugada, aceitei a indicação do taxista. Logo apareceram dois garotos de 18 anos, os responsáveis pelo hotel, que me ofereceram um quarto por um valor não muito alto, se comparado à Austrália, de onde eu vinha. Mesmo assim, logo descobri que era três vezes mais caro que o valor normalmente cobrado pelo mesmo quarto.

Aqueles primeiros minutos no "paraíso" de Bali me saíram caro, mas me ensinaram uma lição que me acompanharia por mais tempo do que poderia imaginar. Aquela era apenas a primeira aula de um curso que começava naquele momento, cuja lição era basicamente uma: eu não poderia confiar mais nas pessoas. Pelo menos, não em um primeiro momento, não em países miseráveis como aquele em que eu estava. Não percebi isso no primeiro instante, mas, antes de deixar a Indonésia, já tinha essa lição muito clara em minha cabeça.

Estava sozinho e não podia confiar em ninguém naquele país. Até hoje, quando me perguntam se eu cheguei a pensar em desistir de viajar ou em voltar para casa em algum momento, eu digo a verdade: "houve apenas um momento, na Indonésia, quando imaginei que, se o resto da Ásia fosse como aquele país, eu preferia não conhecer mais nada e apenas voltar para casa". Mas isso foi só um pensamento que não alimentei muito e ficou por terra assim que deixei a Indonésia.

O calor seco da Austrália deu espaço a um bafo úmido que envolvia todas as ilhas que formavam aquele arquipélago do Sudeste Asiático. Não havia muito o que fazer para escapar daquela sauna úmida. Não havia muitos quartos com ar-condicionado e nem mesmo havia energia elétrica o tempo todo. Estando lá, tinha certeza de que a história que eu conhecia de Bali tinha sido muito mal contada ou manipulada. Talvez os primeiros *hippies* que chegaram a essa ilha hindu, em meados da década de 1960, tenham realmente encontrado algo sensacional, como é descrito. Alguns relatos definem a ilha como um paraíso, feito de pessoas hospitaleiras e gentis, de templos hinduístas com arquitetura incrível, de montanhas verdes com pitorescas curvas de nível para as infinitas plantações de arroz, assim como de praias impecáveis, com água azul e cristalina, boas para a pesca e o surfe. Pode ser até que isso fosse realmente verdade no passado, mas em 2007 a realidade já era bem diferente.

Bali havia sido invadida por empresas americanas e pelos muçulmanos da ilha vizinha, Java. Especialmente por aqueles em busca de dinheiro fácil, trazido pelas hordas de turistas que chegavam todos os dias à Bali. Com o tempo, a pequena ilha deixou de ter apenas alguns milhares de habitantes para possuir mais de dez milhões de moradores. Aquela hospitalidade e gentileza deixaram de existir conforme essa superpopulação crescia, dando espaço para a ganância e a corrupção. Os templos continuavam lá, mas estavam cheios de indonésios prontos para espantar qualquer resquício de espiritualidade que possa ter existido ali. As montanhas também estavam no mesmo lugar, mas, agora, sem muitos encantos. Por fim, as praias também se encontravam no mesmo lugar, mas a maioria delas já estava longe de ter a água azul e cristalina.

O turismo de Bali era algo predatório não só para os visitantes, mas, também, para a própria população local, que também sofria com isso. O que havia de autêntico na ilha deu espaço a *shoppings*, a cadeias americanas de lanchonete, a *resorts*, a bordéis e a casas de massagem — se é que há alguma distinção entre esses dois últimos. Com isso, o que já foi um paraíso um dia, hoje, não passa de uma ilha comum, com praias, bares e grande número de maconheiros e de surfistas — que, geralmente, tendem a gostar bastante da ilha.

Pode ser que o meu erro tenha sido este: não fumar maconha em Bali. Talvez, por isso, eu não aguentei ficar na ilha por muito tempo e logo tive que seguir para outro lugar, em busca de algo mais autêntico e menos ardiloso. Queria ir a Komodo, onde estavam os famosos dragões-de-komodo, os maiores lagartos do mundo, mas a malandragem de Bali não me permitia conseguir informações verdadeiras para embarcar num barco. Cada um tinha uma versão da "melhor forma de chegar a Komodo", que variava conforme a comissão que estava em jogo. Assim, já um pouco desanimado com tal situação, resolvi ir da forma mais difícil para a ilha dos lagartos, justamente como os indonésios vão: viajando por dias entre balsas e barcos, pingando de ilha em ilha.

Primeiro, atravessei Bali de ônibus e peguei uma balsa até Lombok, onde passei alguns dias. Depois peguei outro ônibus, uma balsa até a ilha de Sumbawa, mais dois ônibus, outra balsa até a ilha de Flores e, por fim, mais um pequeno barco para chegar aonde eu queria: às ilhas de Rinca e de Komodo, onde estão os famosos dragões. Fiquei apenas algumas horas na ilha e, após um dia, fiz o mesmo caminho de volta para Bali. Essa longa e cansativa viagem me fez perceber que minha bicicleta era muito mais confortável e segura que as balsas daquele arquipélago.

A Indonésia – graças aos indonésios – não era um lugar fácil e, por isso, eu resolvi parar de enrolar e querer conhecer tudo, para apenas pedalar e seguir viagem. Por pior que fosse o meu próximo destino naquele país, sabia que pedalando estava cada vez mais perto de deixar a Indonésia.

O pior destino era Java, a ilha mais habitada de todo o país, e ela estava em meu caminho. Eu tinha apenas um bom mapa nas mãos e com ele sabia todas as distâncias que eu precisava percorrer. Nada além disso. Sempre contava com a sorte e com a população local para encontrar um hotel, um restaurante e coisas do tipo. Isso tinha funcionado bem até aquele momento da viagem, mas, na Indonésia, tudo havia mudado. Eu não falava mais o idioma local e a diferença de fisionomia e etnia fazia que eu sentisse que a palavra "turista" estava tatuada em minha testa.

Mesmo estando com um pequeno dicionário de frases prontas no idioma local, ele não me ajudava em nada. Quando aprendi a falar algumas palavras em bahasa indonesia, todos já falavam javanês e apenas davam risada da minha cara. Enquanto isso, eu continuava a ouvir de todos aqueles que cruzavam meu caminho, inclusive as crianças, a frase pronta: *"Hello, mister!"*. Por dia, eu devia ouvir mais de cem *"Hello, mister!"*. Isso era suficiente para deixar qualquer conversa previsível e acabar com a minha paciência. Quando eu via alguém, no mínimo, eu já sabia o que eu iria escutar.

Não é que não existissem pessoas boas por lá, claro que sim – e elas deveriam ser maioria por sinal – o problema é que eu não conseguia nenhum contato com elas. Na maioria das vezes, elas eram simples, não falavam outro idioma e sentiam vergonha de conversar com um estrangeiro. Assim, eu ficava restrito a homens que falavam inglês. Digo homens, pois Java era muçulmana e ali as mulheres não tinham muitos direitos, nem mesmo falar com um homem sem a autorização de seu marido. Gosto da religião muçulmana, mas, naquela ilha em especial, a combinação entre islamismo e tradições javanesas não resultou em algo muito saudável e inteligente. Parece que ali eles conseguiram focar somente no pior dessa religião.

Eram muçulmanos na hora de casar com diversas mulheres, de fazer atentados, de defender agressivamente uma posição, mas dificilmente eram muçulmanos na hora de defender a verdade, de ajudar alguém, de ter valores. Em nenhum outro país eu vi uma situação de prostituição tão triste quanto nessa ilha muçulmana. Nem mesmo na Tailândia ou no Camboja. Na Indonésia, a vida humana não valia nada e isso começou a me fazer muito mal à medida que eu avançava rumo a Jacarta, cruzando Java.

Para complicar um pouco mais minha situação, o sistema de telefonia da Indonésia era precário e, por conta disso, não conseguia me comunicar com minha família. Passei quase dois meses sem falar com eles. Tentava toda semana, mas nunca conseguia. Isso, somado à quase ausência de estrangeiros em Java, me fez ficar incomunicável por um bom tempo, restrito apenas aos *"Hello, mister!"* do caminho. Foi um período de mergulho interior forçado, durante o qual os diários e as fotografias ganharam uma importância ainda maior.

Fora o fator humano, Java era um aglomerado de vulcões, o que tornava minha pedalada um exercício de subir duas ou três serras por dia. Além dessa inevitável dificuldade, o meu atraso na Nova Zelândia fez que eu chegasse no período das monções no país. Pegava chuvas e temporais no alto das montanhas todos os dias e encarava inundações nas partes baixas. Quando eu conseguia uma conexão de internet, via *e-mails* de "amigos" dizendo que tinham inveja das férias que eu estava tirando, especialmente num paraíso como a Indonésia. Achava melhor não respondê-los, pelo menos não naquele momento.

Indonésia - Dificuldade em pedalar com tanto peso na areia, ao lado do vulcão Bromo.

Apesar dos aspectos ruins de Java, ali eu encontrei também paisagens incríveis, como os vulcões ativos de Semeru e Bromo; o templo de Borobudur, o maior monumento budista do mundo; o templo hindu de Prambanan, que havia sido quase totalmente destruído com o terremoto que antecedera minha chegada ao país, mas que ainda estava em pé; e a cidade de Jogjakarta, centro cultural da ilha. Em tais locais, eu conseguia ganhar um fôlego extra para seguir na jornada, mas, mesmo assim, a partir do meio de Java a viagem começou a ficar muito difícil, mais que eu esperava. Começava a sentir que havia algo de errado com meu corpo. Sentia-me mal e simplesmente não melhorava. Pelo contrário, piorava a cada nova refeição. Achei que algum remédio me ajudaria, mas nada fazia efeito em relação ao que eu estava sentindo.

Hoje vejo claramente em que situação eu me meti. Num país distante, num lugar nada acolhedor, repleto de catástrofes – só durante o período que eu fiquei lá, um barco afundou e dois aviões caíram –, com um sistema telefônico tão ruim que nunca me deixou falar com minha família enquanto estava no país; monções inundando diversas cidades e matando gente; um povo que só queria meu dinheiro; um idioma que eu não entendia nada; hotéis nojentos nos quais só havia banho de caneca; prostitutas que batiam em minha porta no meio da noite; crianças que se ofereciam em troca de algum dinheiro; e com uma diarreia que não acabava nunca e que eu não tinha a mínima ideia de onde vinha. Para completar, eu estava de bicicleta.

Num dado ponto, sem remédios nem nada, num vilarejo no meio de Java onde todos só falavam javanês e eu ficava apenas quieto, lembrei que algumas pessoas tinham me falado sobre uma terapia diferente e realmente eficaz: a urinoterapia. Hoje, eu me pergunto como fui chegar a esse ponto, mas, naquela situação, qualquer tentativa era válida. Havia conhecido gente que fazia essa "terapia" e a defendia com muito afinco, tanto que até pensei na ideia com bons olhos. Eles diziam que funcionava como uma vacina, fortalecendo o organismo, desde que você aproveitasse aquele primeiro jato concentrado da manhã e mandasse para dentro quando ainda estivesse quente.

Pensei nisso durante uns dias, mas, conforme as chuvas aumentavam e meu intestino piorava, meu desespero crescia a ponto de me fazer ver em minha própria urina uma saída razoável para minha situação. Sem saber o que fazer, numa manhã peguei um copo, o posicionei e enchi com uma urina quase laranja de tão concentrada que estava. Fazia calor e eu pedalava quase todos os dias, o que não me deixava reter muitos líquidos. O copo imediatamente esquentou em minha mão e eu vi até um vapor saindo dele. Sabia que não era uma boa ideia, mas tive que cheirar antes. Depois de respirar aquele odor, fiquei enjoado só de pensar no que estava prestes a fazer. Parei, pensei e me convenci, dizendo que era para o meu próprio bem. Bebi o copo todo, então.

Achei que nenhuma escova de dente seria suficientemente boa depois do que eu havia feito, mas estava convencido de que aquilo iria me curar.

Era um mal necessário. Tão necessário que repeti o "tratamento" durante uma semana inteira. Mas, conforme os dias passavam, esse remédio milagroso ia se tornando mais e mais insuportável, forçando-me a misturar minha urina com suco de laranja, chá verde, refrigerante, limonada, chá preto e água até, finalmente, decidir que não iria continuar com aquela bobagem. Em vez de melhorar, eu estava apenas piorando. O que fazia sentindo, pois eu deveria estar apenas fortalecendo o parasita que habitava em meu organismo, fazendo uma terapia ótima para ele, mas não para mim.

Para minha sorte, existiam boas pastas de dente e antibióticos naquele país. Após dias difíceis no centro de Java, com uma constante diarreia que piorava ao invés de melhorar, eu já defecava sangue e mal tinha energias para pedalar, ainda mais diante das chuvas e das montanhas, que eram uma constante em meu caminho.

Com muito esforço consegui chegar a Jacarta, a capital da Indonésia e uma das cidades mais feias e desumanas que já vi. Não havia nada de bonito naquele lugar, mas, mais que isso, a vida humana naquela capital valia um prato de comida ou, às vezes, nem isso. Havia descoberto que existia uma região turística na cidade e isso me deixou muito feliz, pois conseguiria encontrar outros estrangeiros com quem eu poderia conversar, algo que eu não fazia havia semanas.

A rua se chamava Jalan Jaksa – fica a dica de um local a ser evitado – e estava mesmo repleto de hotéis baratos, bares e casas de internet, o que me pareceu ser mesmo um local turístico. Hospedei-me num dos hotéis e já comecei a ver que havia algo de estranho naquele local. Havia poucos turistas e não via jovens, pelo contrário, só homens de mais idade e nenhum deles parecia estar ali pelas belezas naturais do país.

Ao sair de meu hotel pela noite, logo descobri que a rua era um centro de prostituição e que os poucos estrangeiros que estavam hospedados ali queriam justamente isso. Essa descoberta não foi nada agradável. Mas isso era apenas o começo de Jacarta. Minha missão na cidade era conseguir comprar uma simples passagem de navio para Cingapura. A viagem era longa, mas não me importava, contanto que me levasse para fora daquele país.

Os dias iam passando e eu não conseguia comprar a passagem. Ligava para o escritório da companhia responsável, ia até a empresa estatal que administrava os barcos, falava com os funcionários, ia a empresas privadas de turismo e nada. Nenhuma informação era igual a outra, cada pessoa me dava uma resposta diferente e, conforme isso acontecia, minha estada em Jacarta apenas se prolongava.

As noites eram cada vez mais longas, na companhia dos ratos que entravam no meu quarto por debaixo da porta para comer o que eu tinha. Uma noite, cheguei ao quarto e encontrei uma carta deixada debaixo da porta. Achei estranho, pois não conhecia ninguém naquela cidade. Surpreendentemente, era uma espécie de convite para eu me prostituir. Não entendi aquilo direito, mas naquele momento soube que não era uma boa ideia continuar na pocilga na qual eu estava hospedado. No dia seguinte, deixei o local e migrei para outra hospedagem, maior e mais cara, que parecia ser melhor que o lugar anterior.

Enquanto eu subia para meu quarto, chegou até mim um figurão que se identificou como o motorista do hotel. Pensei que ele iria me ajudar com minha bagagem, mas não. Ele apenas puxou um papo que não poderia ter começado de forma diferente:

— *Hello, mister!* — a essa altura da viagem, isso era o que menos me incomodava.

— Oi.

— Você chegou hoje?

— Não, não. Cheguei há alguns dias, mas estava na *Jalan Jaksa* e não gostei muito de lá. Por isso, estou aqui.

— Hã, você não gostou de lá? Por quê?

— Não gostei, é muito suja — respondi enquanto carregava sozinho minhas seis bolsas até o quarto.

— É, eu te entendo — achei que ele me entendia mesmo —, e, sabe, aqui entre nós, eu também não gosto daquela rua. É muito suja mesmo. Eu não me apresentei, mas sou o motorista deste hotel e hoje à noite posso te levar para um lugar aqui perto que você irá gostar.

— É mesmo, onde? — eu disse, pensando que ele havia me entendido.

– Não é muito longe. É uma rua onde há apenas meninas de 12 e 13 anos, sem doenças, limpinhas e meninos também, se você preferir. E eu garanto, sem doença!

Fiquei com vontade de dar uma porrada na cara daquele sujeito, mas, como segurava minhas bolsas, pensei, vacilei, engoli a seco e disse:

– Eu não estou interessado, obrigado.

Entrei em meu quarto, tranquei a porta com duas voltas e fiquei quieto pelo resto do dia. Queria apenas sair daquela cidade o mais rápido possível. O problema é que eu tinha descoberto que o barco que fazia a viagem até Cingapura havia quebrado – o que fazia total sentido naquele país – e, naquela semana, não faria o trajeto. Eu não iria esperar mais uma semana, que poderia virar duas, naquela cidade. Fui até uma agência de viagem e comprei uma passagem aérea para uma ilha minúscula chamada Batam, que ficava ao lado de Cingapura, de onde eu poderia pegar um barco e, em algumas horas, estar fora da Indonésia. O problema era que só consegui uma passagem para dali a uns dias, o que me renderia pelo menos mais três diárias em Jacarta. Não havia o que ser feito em relação a isso, e o fato de saber que em pouco tempo já estaria fora daquela cidade me confortava muito.

Resolvi usar o tempo que eu tinha para me consultar com um médico e resolver algumas pendências. Uma delas era comprar um HD externo em que eu pudesse armazenar minhas fotos e vídeos sem sobrecarregar meu computador. Jacarta era grande, maior e mais caótica que São Paulo. E, de alguma forma, tudo poderia ser encontrado lá. Ao pesquisar, descobri que havia uma espécie de cidade-satélite onde existia um local equivalente à Santa Ifigênia, em São Paulo. Fui para lá pedalando.

O trânsito era tão intenso e desordenado que, mesmo de bicicleta, eu não conseguia atravessar os congestionamentos e ficava preso também, respirando uma tóxica fumaça rosada que saía dos escapamentos das milhares de motos da cidade. Essa estranha fumaça se dava por um produto que eles colocavam na gasolina das motos, algo que eu nunca descobri o que era. Pedalei quase 20 quilômetros até chegar aos imensos galpões nos quais eram vendidos todos os produtos eletrônicos imagináveis, especialmente da China e falsos. O local era tão grande que tive de andar bastante até achar o que queria.

Quando voltava para o hotel, já no fim da tarde, o tráfego estava ainda mais intenso e eu tive de me resignar com o fato de ficar parado diante do trânsito. Foi num desses momentos de imobilidade total, parado ao lado de um cortiço, que eu vi uma das cenas mais fortes de minha viagem. Primeiro, escutei gritos muito altos, daqueles desesperados, que mostram que algo grave aconteceu. Aos poucos, o grito, que apenas parava para tomar fôlego e sempre retornava ainda mais forte, foi se aproximando de onde eu estava e subitamente se materializou numa mulher desesperada que carregava o corpo nu de uma criança raquítica em seus braços, a 5 metros de mim.

Havia centenas de pessoas naquele lugar, inclusive um policial à minha frente, mas todos apenas olhavam para a mulher com uma cara de "vou fingir que não é comigo". E a mulher continuava desesperada, gritando sem parar. Pensei em tirar uma foto, mas simplesmente não consegui. A máquina estava em minhas mãos, mas não pude ser frio a esse ponto. Deixei a câmera de lado e fui falar com o policial para chamar uma ambulância ou tomar alguma providência. Ele não deu a mínima. Nesse tempo, a mulher se sentou no meio fio da rua, ainda com o corpo da criança em seus braços. Os gritos se transformaram num choro doloroso sobre a criança, cujo braço morto tocava o chão.

Não sabia o que fazer, olhava para os lados, mas todos os olhares se desviavam do meu, parecendo prever o pedido de ajuda. Senti-me impotente diante da morte daquele garoto desconhecido. Gritei com o policial e ele finalmente se moveu, dando a entender que iria fazer alguma coisa, mas já era tarde demais. O trânsito andou e me levou junto, não me deixando a possibilidade de ficar parado no meio da rua. Fui embora com a imagem daquela mulher tatuada em minha cabeça, como uma fotografia que nunca poderia ser impressa e compartilhada. Não conseguia esquecer nem entender aquilo. Cheguei a meu quarto, entrei no banho e chorei pela primeira vez desde minha partida. Saí para conhecer o mundo, e esse era o mundo real que se apresentava para mim. Já havia visto demais. Era a hora de deixar o país.

Tailândia - Crianças com roupas típicas para atrair os turistas em Chiang Mai.

TAILÂNDIA

Tailândia - Insetos, um dos alimentos favoritos dos tailandeses.

TERRA FIRME 12

Voei de Jacarta para a ilha de Batam, que, de tão boa e organizada, nem parecia a Indonésia que eu havia visto. Dormi nessa ilha por uma noite e, na manhã seguinte, embarquei para Cingapura com dezenas de turistas americanos e europeus que conversavam ao meu lado. Eles diziam que estavam chocados com a Indonésia – isso porque eles só tinham ido até Batam, que não era bem Indonésia –, tinham medo de ser sequestrados, roubados ou estuprados e já estavam ansiosos por voltar a Cingapura, mesmo estando apenas um dia fora. Ah, americanos! Eu apenas ouvia aquilo em silêncio e via o mar passar à minha frente com ondas que se formavam, sumiam e se formavam de novo. A viagem foi rápida e, em pouco tempo, vi a estátua de um leão que tinha *lasers* verdes saindo de seus olhos e um jato de água saindo da boca. Pensei que estava chegando a um parque de diversões, mas aquele era o símbolo de Cingapura.

Consegui o visto para essa ilha logo na saída do barco e apenas alguns minutos depois eu já estava perdido pelas ruas de Cingapura, absorvendo o máximo de informação que podia sobre aquele novo mundo. Relaxava sob o clima civilizado que pairava pela região, ao mesmo tempo que procurava um lugar barato para me hospedar. Cruzei o centro financeiro, longas avenidas, rios, pontes, perdi-me, achei-me, consegui um mapa, informações e, finalmente, cheguei ao albergue mais barato de Cingapura, localizado em um bairro conhecido como Little India. Passei dias hospedado naquele albergue, tempo necessário para conhecer gente do mundo todo, descobrir que muita gente havia se complicado muito mais que eu na Indonésia, ganhar o meu primeiro guia de viagem, consultar-me num bom médico, descobrir que eu estava com ameba e também havia saído do Brasil sem nenhuma vacina.

Via gente voltando da Indonésia com hepatite, meningite, febre tifoide, tuberculose e algumas outras doenças já extintas em muitos países. Ao me consultar com um médico, descobri que apenas estava com amebas em meu intestino e que sua cura não era assim tão difícil. Algumas doses cavalares de antibiótico seriam suficientes para levar as amebas privada abaixo – assim como uma parte do meu intestino. Isso não foi uma surpresa. O que mais me surpreendeu foi quando eu levei minha carteira de vacinação para o médico e descobri que eu apenas tinha as doses de criança e nada mais. O que estava longe de ser o suficiente, tendo em vista os países pelos quais estava passando.

Essa inesperada informação trouxe à tona a lembrança de eu pedir à minha mãe para verificar, logo antes da viagem, se minha carteira de vacinação estava em ordem. Algum tempo depois, ela disse que estava perfeita e que eu não precisaria me preocupar com nada, pois ela havia falado com um médico que havia confirmado que eu tomei todas as vacinas necessárias. Acho que ela se esqueceu de mencionar ao médico para onde eu iria. Quando descobri que tinha apenas vacinas de criança, concluí que teria de tomar as faltantes enquanto viajava. Hepatite A, hepatite B, meningite, encefalite japonesa, febre tifoide e alguns reforços de vacinas antigas foram alguns dos novos carimbos que entraram em minha velha carteira de vacinação.

Com as vacinas tomadas e o corpo recuperado dos parasitas, foi hora de sair da ilha da fantasia e seguir rumo à Malásia. Uma ponte e poucos quilômetros depois, já estava em um novo território. A distância era curta, mas a diferença entre os dois países era grande. Cingapura era a Suíça do Sudeste Asiático, já a Malásia tinha seus problemas, como a maioria dos países daquela região.

Composta por diversas etnias, cada uma muito distinta da outra, a Malásia era uma grande mistura de culturas. Havia os malaios, do mesmo grupo étnico dos indonésios, falando o mesmo idioma, o *bahasa*. Todos muçulmanos e de pele morena. Representavam a maioria no país e, talvez por isso, eram dominantes na política da Malásia. Havia também os chineses, que tinham seu próprio idioma, eram budistas, dominavam o comércio e o dinheiro e não se misturavam com os malaios. Por fim, havia os indianos, do sul da Índia, de pele bem escura, hindus, discriminados tanto pelos malaios quanto pelos chineses e relegados a subempregos. Cada grupo étnico tinha seu próprio idioma, suas próprias religião, tradições e culinária. Apesar dos atritos, a Malásia ganhava muito com essa diversidade. Era normal ver uma criança falando três ou quatro idiomas, assim como encontrar ótimos restaurantes que mesclavam um pouco de cada culinária e ofereciam sabores únicos a preços bem acessíveis.

Minha estada na Malásia foi muito boa. Logo fiz amizade com os simpáticos malaios e fui recebido como um velho amigo na casa de alguns deles, que sempre contatavam outros conhecidos para me receber na próxima cidade. Em Kuala Lumpur fiquei por quase duas semanas na casa de Azman, que conheci no barco para Komodo, na Indonésia. Ali, ganhei um celular, o que eu não tinha desde minha saída do Brasil, havia um ano. E, nesse tempo na capital malaia, consegui conhecer bem a cidade, sua cultura e culinária. Pelo meu projeto Pedal na Estrada, visitei instituições que ajudavam crianças portadoras do HIV e se dedicavam à instrução de pessoas, o que era algo necessário no Sudeste Asiático, onde a prostituição sempre está por perto.

Nesse tempo, também fui às ilhas de Pulau Perhentian, em minha opinião, umas das mais bonitas do mundo. Melhor que qualquer famosa ilha da vizinha Tailândia, lá era possível nadar em águas cristalinas ao lado de tubarões, cardumes de peixes e tartarugas. O tempo que fiquei em Kuala Lumpur foi ótimo não apenas para me recuperar fisicamente dos parasitas que havia contraído, mas, também, emocionalmente de tudo aquilo que eu havia visto na Indonésia.

Deixar a capital malaia foi um momento difícil. Havia feito bons amigos naquela cidade e tinha vontade de passar mais tempo por ali, no entanto, tinha consciência de que deveria seguir em frente, pois, senão, a viagem perderia seu propósito. As despedidas sempre eram um momento difícil em meu caminho, mas não havia como ser diferente.

Pouco após completar um ano de viagem, subi na bicicleta e pedalei para o norte, rumo à Tailândia. Azman havia me passado diversos contatos de amigos e parentes e, com essa ajuda, consegui me hospedar nas casas de diversas pessoas pelo caminho. Essa grande hospitalidade do povo malaio, somada às ótimas estradas do país e às suas belas paisagens, fizeram que meus dias na Malásia fossem muito gratificantes e também revigorantes.

Novamente, estava animado em chegar ao meu próximo destino, em tocar o que ainda não conhecia. Sem pressa, segui para o norte no país. Cheguei à ilha de Penang, cuja principal cidade, chamada George Town, era uma das capitais gastronômicas do mundo e atraia milhares de pessoas interessadas em provar seus pratos e sabores únicos. Dias depois já estava em Alor Star, cidade próxima à fronteira com a Tailândia, no extremo norte do país.

A Malásia era melhor que eu poderia imaginar. Ali havia conseguido pedalar bem, com a ajuda e hospitalidade das pessoas. Saboreava uma das melhores comidas do mundo, o clima era bom e ainda tinha estrutura para cuidar da bicicleta. Quando chegou a hora de deixar o país, para entrar na Tailândia, levava apenas boas recordações de meu tempo ali, assim como de seus simpáticos habitantes.

Atravessar a fronteira significava entrar em um novo mundo, especialmente marcado pela onipresença do rei tailandês Bhumibol Adulyadej. Suas fotos estavam por toda parte: em *outdoors*, casas, comércios, camisetas, carros, bexigas. Enfim, o rosto do rei era tão comum que, após alguns dias, eu sentia como se conhecesse ele há muito tempo, já que via fotos dele desde sua infância aos dias atuais. Bhumibol em seu carro, jogando xadrez, com Elvis Presley, como rei, como uma pessoa comum, como monge, caçando, feliz, fazendo careta, praticando esportes e em muitas outras situações. Eles adoravam o rei de qualquer forma. E ai de quem tirasse sarro dele ou desenhasse um bigodinho em alguma de suas fotos. O resultado poderia ser cadeia, linchamento ou expulsão do país, no caso dos estrangeiros. Ele não era apenas uma pessoa, mas parecia ser um deus para os tailandeses.

Fora as fotos do rei, havia também as imagens de Buda, ainda mais comuns, porém menos criativas. O budismo tailandês era único, mesclava o budismo teravada com crenças populares, que eram uma espécie de espiritismo especialmente voltado para a adoração dos antepassados. A prova disso estava na frente de cada casa no país. Em sua entrada, sempre havia uma elaborada casa em miniatura, muitas vezes com réplicas de pessoas, móveis, comida, água e até luz elétrica. Tudo isso para que essa pequena residência fosse mais convidativa para os espíritos que a verdadeira casa das pessoas, fazendo que eles se instalassem nessa miniatura, deixando de entrar na casa onde os vivos residiam. Demorei a entender isso, mas logo vi que era parte integrante da cultura tailandesa. O rei, a casa dos espíritos, os insetos fritos, a prostituição legalizada, os monges budistas e os *ladyboys* – como são chamados os travestis por lá – estavam entre os pilares da peculiar cultura tailandesa.

Conforme pedalava pela parte sul do país, eu me deparava com grandes templos, praias maravilhosas, cenários de filmes, ilhas paradisíacas, estrangeiros atrás de companhia, mulheres atrás de estrangeiros, *ladyboys* querendo ser mulheres, estrangeiros com *ladyboys* achando que estavam com mulheres, monges querendo ser pessoas comuns, estrangeiros querendo ser monges, cachorros querendo ser macacos e macacos querendo ser gente. A Tailândia era um lugar diferente e bonito, ao mesmo tempo, agradável e barato, onde o visitante podia fazer de tudo e gastar pouco. Isso explicava o fato de o país ser um dos maiores destinos turísticos do mundo.

Havia gente de todos os tipos, de mochileiros de diversos países a casais em lua de mel e homens atrás de uma mulher de aluguel para ter uma lua de mel. No "país do sorriso", como alguns intitulavam a Tailândia, o turista parecia poder fazer tudo o que quisesse. Essa liberdade, somada a baixos preços, resultava em muitas festas e extravagâncias por parte dos estrangeiros que visitavam o país. Uma festa bastante conhecida era a Full Moon Party, uma espécie de *rave* que tinha como pretexto a celebração da lua cheia e, geralmente, acabava com alguma morte. Por acaso, eu cheguei a Ko Pha Ngan, ilha na qual acontecia essa festa, um dia antes da tão esperada celebração. Milhares de estrangeiros lotavam a praia e, como ali eles podiam fazer tudo o que não faziam em sua terra natal, com tantos excessos, naquele dia, dois morreram.

Geralmente, países que se abrem muito ao turismo costumam ter sua cultura deteriorada rapidamente, mas, com a Tailândia, o processo parecia diferente. Eles tinham se adaptado à avalanche de turistas que chegavam ao país todos os dias e conseguiam recebê-los muito bem, sem tratar o "gringo" como uma nota de dólar ambulante. Isso, somado à sua diferente e agradável cultura, possibilitou que eu cruzasse o país sem muitos problemas. Entrei pelo sul, atravessei a Tailândia pedalando, cheguei a Bangkok, vi os famosos shows de pompoarismo que funcionavam como um circo bizarro para turistas de todos os cantos do mundo, segui para o norte do país em direção a Chiang Mai, região das tribos e das plantações de papoula, voltei a Bangkok e pedalei até o Camboja, um destino que não estava em meus planos originais, mas que fez minha viagem ganhar outra cara.

CAMBOJA

Camboja - Portão sul de Angkor Thom, uma das principais entradas das ruinas da capital do império Khmer.

Camboja - A única foto da casa do cambojano de Snoul.

DORMINDO SOBRE PALAFITAS 13

A Tailândia não era um país rico, mas também não era um país pobre. Ao longo de suas estradas, era comum encontrar restaurantes, lanchonetes e diversas lojas de conveniência que funcionavam 24 horas por dia. Aquilo era ótimo para mim, pois, nesses locais, eu supria minhas necessidades de líquidos e alimentos de forma rápida e fácil. Já estava bem adaptado à Tailândia e às suas boas estradas, com conveniências e diversões, quando cheguei à fronteira do Camboja. O asfalto acabou, as facilidades e o conforto acabaram e deram lugar à visão do inferno. Não que o Camboja fosse tão ruim assim, mas sua fronteira com a vizinha Tailândia parecia ter sido tirada do cenário de algum filme pós-apocalíptico – *Mad Max*, talvez.

As pessoas se aglomeravam no lado cambojano para tentar atravessar a fronteira com suas carroças movidas à tração humana. Famílias inteiras usavam aqueles veículos primitivos e formavam uma longa fila, a perder de vista, para entrar na Tailândia. Era uma imagem inédita para mim. Eu só tinha visto situações como aquela em fotos do Sebastião Salgado e em documentários de guerra, que mostravam todo o êxodo de um povo forçado a deixar sua terra para trás em uma luta instintiva pela sobrevivência. Sabia que aquele carimbo em meu passaporte seria um ingresso para um universo diferente e novo para mim. Segui em frente e cruzei a fronteira.

Logo de cara, o caos tomou conta da paisagem. Os buracos da estrada eram tão grandes que eu era capaz de entrar neles com toda a bicicleta.

O calor, combinado com a terra fina da estrada, conseguia levantar uma nuvem de pó a cada caminhão que passava. Fui obrigado a cortar um pedaço de uma camiseta para usar como máscara no rosto, me protegendo da poeira, assim como um chapéu úmido na cabeça, como proteção do calor. Isso, fora o forte repelente, que eu era obrigado a usar para me manter seguro dos mosquitos da malária, já que estava atravessando uma área na qual essa doença era endêmica e eu havia optado por não tomar nenhum remédio como profilaxia.

Não era um caminho muito fácil, mas era bastante interessante. No começo, quando a estrada estava em piores condições, eu me mantive motivado com a ideia de chegar a Angkor Wat, uma das ruínas mais impressionantes de toda a Ásia. Dessa forma, consegui atravessar aquela estrada que mais parecia um campo de guerra, de tão destruída que estava. Após alguns dias, percebi que essa estrada era a pior de todo o Camboja — o que não me espantou, pois ela poderia ser facilmente uma das piores do mundo. O que me deixou curioso foi saber que ela também deveria ser a mais movimentada do país, o que não fazia sentido. Fiz algumas pesquisas e descobri que, aparentemente, havia uma companhia aérea tailandesa que pagava para o governo cambojano manter a estrada em péssima condições, a fim de limitar tal trajeto apenas para os mais aventureiros, obrigando todos os outros e voarem direto para perto das ruínas de Angkor Wat, assim como pagar caro pelas passagens. Um benefício para poucos e um enorme prejuízo para muitos.

Em apenas dois dias, cheguei a Siem Reap, cidade ao lado das ruínas de Angkor Wat, que, sem dúvida, estavam entre as mais impressionantes que eu já havia visto até aquele momento. Eram grandiosas, elaboradas, bem conservadas, misteriosas e tomavam dias para ser conhecidas. Usei a bicicleta para percorrer todos os templos desse grande complexo de ruínas e ver tudo o que podia de forma independente e sem precisar de alguma charrete ou motocicleta. Levei três dias inteiros para visitar todo o impressionante sítio arqueológico, depois, segui rumo à capital cambojana. Na maior cidade do país, o passado não havia sido tão generoso quanto em Siem Reap.

Graças a Angkor Wat, Siem Riep era o centro turístico do país, já Phnom Penh, capital do Camboja, era uma cidade em eterna reconstrução em razão do legado deixado pelo Khmer Vermelho, de Pol Pot, que conseguiu dizimar, em um ato genocida, mais de 25% da população do país em apenas quatro anos. Com o regime de Pol Pot, o Camboja passou de um país promissor para uma nação miserável, devastada pela guerra. Como esse regime durou até 1979, todo o país ainda refletia a imensa destruição gerada no período. Todos conheciam ou eram parentes de alguém que havia morrido num campo de concentração ou de alguém que havia sido torturado até a morte. Isso poderia ser visto no rosto das pessoas e em seu estilo de vida sofrido.

No país com um dos maiores números de minas terrestres ativas do mundo, algumas de suas principais atrações estavam ligadas à morte e à tortura, como a desativada escola S-21 (Security Office-21), na qual milhares de pessoas foram torturadas das piores formas possíveis, e os Killing Fields ("campos da morte"), onde pessoas eram executadas a pauladas para economizar balas. Ambos os lugares viraram museus e estavam entre as mais famosas atrações do país. Mesmo dentro de uma realidade tão dura e miserável, os cambojanos eram pessoas muito hospitaleiras e carinhosas, sempre sorridentes e dispostas a conversar e a ajudar.

Essa simpatia fazia daquele país destruído um local mais agradável e possível de se viajar. Geralmente em países muito pobres, eu procurava hospedagens baratas em vez de tentar ficar na casa das pessoas. A população vivia com muito pouco, geralmente em moradias de palafita de apenas um cômodo. As hospedagens não eram muito boas, mas eram bem baratas e me davam uma privacidade que não teria na casa de alguém. Ainda mais em uma casa de um só cômodo. Foi assim, me hospedando em pequenos hotéis, que segui sem problemas até Kampong Cham, cidade ao norte de Phnom Penh.

Kampong Cham era grande e suja, desorganizada e com constantes apagões de energia elétrica, que funcionava basicamente por geradores movidos a diesel. Ali, fiquei no melhor hotel da cidade, que, mesmo assim, estava longe de ser bom, mas, pelo menos, oferecia o descanso que eu precisava para encarar um caminho incerto daquele ponto do Camboja até a fronteira com o Laos. Dali à frente, eu tinha cerca de 400 quilômetros de estrada até chegar à fronteira, porém tinha mais de 250 quilômetros até chegar à próxima cidade. No meio desse caminho, parecia não haver nada além de mato e floresta, segundo meu mapa. Não tinha ideia de onde faria minha próxima parada.

No dia 3 de junho de 2007, acordei cedo com o calor e fui tomar o café da manhã do hotel. Encontrei um americano com seus 60 anos, cabelos brancos, bigode branco, barriga avantajada e uma perna com algum problema, já que andava mancando. Como não havia mais ninguém no restaurante do hotel, acabamos dividindo a mesa e conversando. Eu contei, pela milésima vez, que estava dando a volta ao mundo de bicicleta, mas esse senhor, cujo nome não me recordo, não fez as perguntas que eu sempre ouvia. Pelo contrário, ele me contou o porquê de estar lá.

Era sua segunda visita ao Sudeste Asiático; em sua primeira, ele tinha apenas 18 anos e lutava na Guerra do Vietnã. Ouvia aquilo sem acreditar e comecei a fazer algumas perguntas. O ex-combatente respondia sem muita cerimônia. Descobri que ele havia perdido a perna numa mina terrestre durante a guerra, que tinha família nos Estados Unidos, era dono de uma fábrica de próteses em sua terra e que seu melhor amigo nunca havia voltado para casa.

Quando perguntei o que ele estava fazendo naquele fim de mundo, disse que estava lá pois havia descoberto, após anos de investigação, que seu amigo estava morto e sua ossada estava nas proximidades de Kampong Cham. Aparentemente, ele não sairia dali enquanto não a encontrasse e levasse os restos de seu amigo de volta ao seu país de origem para oferecer, enfim, um enterro digno a ele. Depois dessa história e de algumas outras não menos pesadas, minha viagem de bicicleta parecia uma brincadeira de criança. Eu percebia o quanto ainda não sabia nada daquele mundo. Ou melhor, do meu mundo. O mundo sempre ao lado.

Poderia ficar conversando com aquele americano por um dia ou dois, mas tinha de partir, pois meu próximo destino ainda era uma incógnita. Olhei para o mapa e vi que, de onde eu estava até a próxima cidade, eu teria mais de 250 quilômetros para pedalar. O mapa não mostrava nada no meio do caminho. Mas talvez houvesse alguma vila ou fazenda, não era possível saber. Perguntar na recepção do hotel não adiantou muito também, pois os cambojanos eram péssimos com números e informações precisas. Ainda sem saber onde iria parar, caí na estrada, cujo asfalto era novo e liso, mas parecia ser um caminho sem fim. O fato de não saber onde eu iria chegar ao final do dia me deixava um pouco tenso e, ao mesmo tempo, curioso para descobrir o que me esperava. Quase sempre eu era otimista em relação ao que estava por vir.

Naquele dia, pedalei 132 quilômetros até que o calor e o cansaço me fizeram parar no final da tarde, já próximo do esgotamento. Tinha chegado a um vilarejo chamado Snoul, que mais parecia um cenário do filme *Apocalypse Now,* do Coppola, que um lugar para se passar a noite. Aglomerados de casas de palafita, gente sofrida, poças de lama, cachorros sarnentos e um pequeno e enferrujado parque de diversões compunham o vilarejo. Olhei de longe o local por alguns minutos. Pensava no que faria ali. Quando entrei naquele vilarejo, descobri que ninguém falava inglês – o que não foi nenhuma surpresa – e que ali não havia nenhuma hospedagem. Dada a situação, achei que o melhor seria acampar próximo à estrada, em um local mais tranquilo e silencioso. Queria apenas conseguir um banho e algo para comer, mas nada parecia fácil naquele lugar. O dia continuou mesmo assim.

Domingo (3 de junho de 2007)
Kampong Cham - Snoul (132 km)

Quando já havia decidido acampar e apenas procurava um lugar menos sujo para comer, eu conheci um sujeito, dono do karaokê ao lado do restaurante que eu havia encontrado. Ele parecia ser o único do local que falava alguma coisa em inglês, o que, mesmo assim, era insuficiente para que conseguíssemos conversar. Nessa troca de palavras e mímicas, ele disse que na cidade não havia lugar para ficar mesmo e que, se eu quisesse, poderia ficar na casa dele.

Apesar de inesperado, o convite me pareceu uma boa ideia. Acampar na estação das chuvas é sempre um problema. Uma chuva mais forte seria o suficiente para fazer minha barraca boiar na planície alagada. Assim, deixei de montá-la e fui para dentro do karaokê, que também era a casa do sujeito. A construção de madeira ficava suspensa do solo por finas tábuas equilibradas; as que eram usadas no chão, também eram empregadas nas paredes e no telhado. O chão era sujo. As paredes eram sujas. E quem olhasse para cima mal conseguiria ver o telhado, tantas colônias de aranhas de diversos tamanhos e espécies que havia.

A entrada do local era peculiar. Mesas de plástico ficavam na entrada e dividiam o espaço com uma cama suja, com lençóis de seda (ou algum outro tecido brilhante). Dois televisores ao fundo desse espaço marcavam o fim do karaokê. Uma pequena porta, de cerca de um metro e meio de altura - na qual eu bati minha cabeça mais de duas vezes -, dividia o que seria o estabelecimento comercial da casa daquele cambojano.

A casa dele era um caso à parte. O barraco - melhor chamar assim essa construção - estava caindo aos pedaços. O telhado estava desabando, existiam pilhas de tábuas no fundo do local, assim como montes de lixo. Se aquilo foi um dia uma casa, agora era apenas a morada de insetos de todos os tipos, incluindo lacraias e escorpiões, muito comuns por aqui - mas que não assustam as pessoas, que, geralmente, os comem fritos. E eu que achava que havia visto algumas aranhas antes, agora estava quase ficando preso na teia de uma delas.

Percebi que ninguém morava nos fundos da casa. Ali só havia colônias de insetos. E o que chamavam de banheiro ficava ao lado da residência dos insetos. Algumas tábuas suspensas e soltas fizeram que eu me equilibrasse para chegar até um barril de água e tomar banho. Dentro do balde, havia alguns insetos vivos e boiando, entre eles baratas. Foi com essa água que eu tive que tomar um banho de caneca. Lavei-me nesse local que ficava fora da casa e, quando terminei, percebi que quem passava pela rua podia me ver e, naquele instante, já havia algumas pessoas assistindo ao turista se lavar.

Terminado o banho, o sujeito perguntou se eu queria comer alguma coisa e me deu um prato de comida, que eu comi inteiro, mesmo não estando muito bom. Nesse momento, começou a chover. O telhado não funcionava muito bem e goteiras se formavam por toda parte, dando a impressão de que aquele local estava prestes a ser limpo pela água que caía do céu. Quando ela parou, a noite chegou. Olhei ao redor e percebi que em todas as casas do vilarejo havia mais gente que naquela onde eu estava.

Todos tinham família, filhos, cachorros, enfim, algum tipo de companhia. Apenas o sujeito dono do local onde eu estava não tinha nada além daquela cama e um televisor. Aquela constatação me fez pensar sobre o sujeito que me hospedava: seria ele *gay*? Teria segundas intenções comigo? Seria melhor eu ir embora ou ficar? Olhei mais uma vez para o cambojano e achei que aquelas dúvidas eram apenas coisas da minha cabeça. Fiquei, então, lendo um livro que ganhei em Phnom Penh, enquanto desviava dos mosquitos que me atacavam em bando.

A escuridão tomou conta da paisagem. O parque de diversões da cidade acendeu suas desbotadas luzes e ligou seus brinquedos, apenas um carrossel e uma minirroda-gigante. O dono da casa ligou seus televisores e colocou músicas cambojanas. Elas eram difíceis de aguentar, mas, mesmo assim, segui firme com meu livro. O sujeito então começou a cantar algumas músicas românticas, e a minha situação ficou mais complicada. Ele vinha conversar comigo a todo instante e perguntava se eu gostava do Camboja, se eu falava o idioma local, se eu não queria voltar para a pequena Snoul depois de visitar o Laos. Eu estava achando tudo aquilo estranho, mas fiquei quieto.

Depois de tantas músicas e perguntas, eu concluí que o sujeito era mesmo *gay*, o que poderia complicar minha situação, caso ele estivesse agindo com segundas intenções. Assim, antes de colocar meu isolante térmico no chão e dormir, eu peguei minha faca e minha lanterna para deixá-las comigo. Apenas como medida de segurança. Às 10 horas da noite, a cidade foi se apagando e os geradores a diesel diminuindo os decibéis. O sujeito trancou as portas de seu estabelecimento com um cadeado, tirou o disco de música e colocou outro, dessa vez, sem som.

Eu, que já estava com os olhos fechados, quase dormindo no chão, fui acordado pelo sujeito, que me chamava para assistir ao vídeo que ele havia colocado. Nesse momento, percebi que teria problemas. Conferi a faca e a lanterna e continuei deitado, quieto. Recusei o convite, disse que estava com sono e queria apenas dormir. O sujeito insistiu mais umas três vezes sobre o vídeo e, após a última tentativa, resolvi ver o que estava na TV. O que era apenas um receio até então se tornou uma preocupação real quando eu vi o filme pornô que ele havia colocado.

Nessa hora, percebi que minha situação não era simples e muita coisa já passava pela minha cabeça. Basicamente, pensava em como eu sairia de lá sem me complicar mais. Tinha uma faca e uma lanterna no bolso e teria de me virar com aquilo. Pensei em usar a faca, mas, se sacasse aquela lâmina do meu bolso, teria de usá-la e, caso eu a usasse, teria de machucar o cambojano. E, se o machucasse, talvez tivesse de matá-lo para que ele não me matasse em seguida. No entanto, se isso acontecesse, o vilarejo me mataria depois.

Nunca havia passado por situação parecida e nem pensado em tais coisas. Naquele momento, a avalanche de possibilidades me assustou um pouco. Os pensamentos não paravam e, numa fração de segundo, eu percebi que a faca seria a pior escolha em quase todas as situações. E os pensamentos continuavam.

O sujeito, percebendo que eu não queria assistir àquilo, desligou a televisão, apagou a luz e veio com uma história estranha para cima de mim, perguntando se eu queria dormir com ele. Nesse momento, acendi minha lanterna e tentei explicar, mesmo sabendo que ele não iria entender quase nada do que eu falava, que eu não iria dormir com ele, que eu gostava de mulher e não de homem, que eu não era *gay*, que eu só estava cansado e queria dormir.

O cara apenas disse: "No problem, no problem" e se aproximou de mim. Eu apenas me afastei e disse tudo aquilo mais uma vez, já pensando em usar a faca, que marcaria o fim da negociação e o início da noite mais alucinante da minha vida. Já nervoso, falei mais alto, e acho que o sujeito pegou a mensagem. Ele foi para a cama dele, disse mais algumas bobagens em voz baixa, quase chorando, falando que eu não gostava do Camboja e que ele havia me dado teto, água e comida, e, agora, eu não queria dormir com ele.

Isso me fez perder a paciência, ao mesmo tempo que me tirou uma preocupação da consciência, pois me mostrou que o sujeito não era perigoso, mas apenas chato e carente. Acendi minha lanterna mais uma vez e disse que eu não havia pedido nada a ele, se ele quisesse, eu poderia pagar por aquilo e, por fim, que era para ele ficar quieto que eu já estava cansado daquilo e queria dormir. Dali à frente, o sujeito não falou mais nada. Eu também não.

Deitei tenso e não consegui dormir até escutar o sujeito roncando a alguns metros de mim. Nunca pensei que ficaria tão feliz em escutar alguém roncando. Coloquei meu despertador para as 5 horas da manhã e me esforcei para descansar um pouco.

Dormi com um olho aberto e outro fechado. Qualquer som me despertava. E, às 4h58, antes do Sol nascer, eu acordei sozinho e não deixei o meu despertador tocar. Em silêncio arrumei minhas coisas, acordei o sujeito para que ele destrancasse a porta e voltei para a estrada, sem olhar para trás.

Cansado, vendo o dia nascer sem comer nada e sem muita energia, ainda pedalei quase 100 quilômetros até chegar a uma cidade. Por volta da hora do almoço, cheguei a Kratié, uma cidade pequena e pobre no norte do país. Estava esgotado, mas feliz por ter saído daquela situação sem muitos problemas. Infelizmente, aquela experiência havia me marcado e eu sabia também que nunca mais me hospedaria na casa de alguém da mesma forma.

A estrada começava a tomar rumos inesperados.

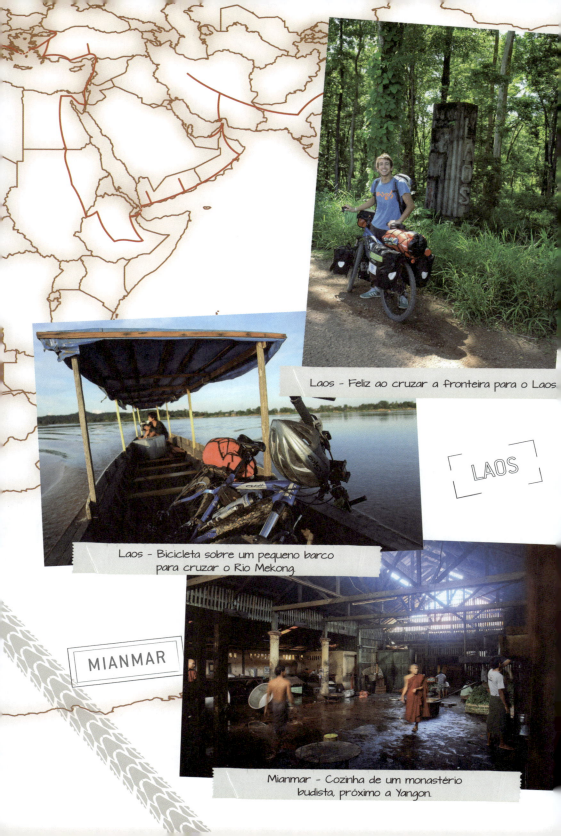

DITADURA BUDISTA 14

Após deixar Kratié, fiquei apenas mais um dia no Camboja e logo cruzei a fronteira rumo ao Laos, que, mesmo sendo considerado mais pobre que seu vizinho, aparentemente, era muito melhor estruturado. O Laos tinha boas estradas de asfalto, era calmo e com as melhores pessoas que eu já havia encontrado. Elas eram pobres, mas não miseráveis como no Camboja. Todas tinham um teto, comida, água e pareciam saudáveis e felizes. A paisagem ao lado do Mekong era muito bonita também, com algumas cachoeiras e vilarejos calmos e agradáveis.

Poderia ficar muito tempo no Laos, que parecia ser um país muito interessante e hospitaleiro, porém, lembrei-me do cronograma e percebi que seria melhor voltar o quanto antes à Tailândia. De toda forma, o tempo que passei no Laos, ainda que pouco, funcionou como uma terapia pós-Camboja para mim.

Voltei, então, à Tailândia, onde ainda tinha de comprar minha passagem para Mianmar. Apesar de querer pedalar durante toda a viagem, alguns trechos não me permitiam tal façanha. Mianmar, a antiga Birmânia, por exemplo, tinha todas suas fronteiras terrestres fechadas. Pelo mar também não era possível. Assim, restava apenas a possibilidade de voar para dentro e depois para fora do país. Cheguei a pensar se Mianmar valeria o esforço, pois o processo de embarcar a bicicleta em um avião nunca era muito fácil. Mesmo assim, resolvi não deixar esse país de fora e providenciei tudo para seguir rumo ao território mais fechado do Sudeste Asiático.

Coloquei a *bike* numa caixa de papelão, dormi algumas horas no aeroporto de Bangkok e embarquei para Mianmar em uma manhã de céu azul. O avião era grande e bom – não havia cabras e galinhas, como alguns pensavam. Após pouco tempo de voo, cheguei a Yangon, a maior cidade de Mianmar. O aeroporto parecia bem melhor que as lendas sobre o país diziam. Contradizendo os pesados estereótipos sobre o desembarque, não fui revistado, interrogado ou calado. Pelo contrário, fui muito bem tratado e não houve problema algum. Estava dentro de Mianmar e pronto para seguir em direção ao centro de Yangon em busca de algum hotel.

Para não deixar a caixa de papelão que protegia a bicicleta para trás, já que teria de usá-la no voo de saída do país, resolvi tomar um táxi para o hotel e mantê-la por lá. Mesmo sem sair do aeroporto, já começava a conhecer a cultura local: homens vestindo saiotes e com os dentes vermelhos de tanto mascar uma mistura de bétel, tabaco e folhas; mulheres vestindo longas saias, camisas justas e com uma espécie de tinta branca no rosto. Essa tinta é chamada de *thanakha*, e tem diversas funções, desde embelezar a mulher, hidratar sua pele, proteger do sol, até ajudar a atrair o sexo oposto e curar espinhas; enfim, era algo milagroso.

Mesmo pegando um táxi, o que quase nunca fazia até para evitar dores de cabeça com motoristas que querem passar a perna em estrangeiros, fiquei impressionado com Mianmar. Ninguém quis "se dar bem" em cima do turista e até ajudavam os estrangeiros com um dos sorrisos mais sinceros que já havia visto na vida. Aliás, o olhar e o sorriso daquele povo eram realmente impressionantes. Havia uma sinceridade e pureza neles como eu nunca havia visto. Chegava a me comover, às vezes. Aquelas eram as melhores pessoas que conheci em toda minha viagem.

Exceto as áreas onde os militares moravam, que pareciam bairros saídos da Nova Zelândia, o resto do país era muito pobre e com vários problemas causados pela ditadura militar que governava Mianmar havia algumas décadas. Mesmo com todos os problemas e a pobreza, a população continuava feliz e muito devota ao budismo. As pessoas viviam em casas de palha, quase sem ter o que comer, mas, mesmo assim, levavam ouro para os templos e os pagodes budistas. Era uma forma de viver diferente da que eu estava acostumado a ver. Mas quem era eu para dizer alguma coisa sobre aquela cultura? Eles eram muito mais felizes que pessoas acostumadas a ter o que querem.

Fiquei alguns dias em Yangon para conhecer melhor a cultura do país onde estava e para me aclimatar. Depois, caí na estrada. Pela única via em que os estrangeiros podiam trafegar, segui rumo ao norte do país, para Mandalay, antiga capital birmanesa. Durante o caminho, o país seguia pobre, quase sem energia elétrica, sufocado pela ditadura e por espiões que poderiam estar por toda parte. Os mianmarenses eram impedidos pelo governo de ter qualquer contato com estrangeiros. Assim, apenas os mais ousados burlavam essa regra, já que uma boa parte da população era composta de espiões e delatores. A pena para esse "crime"? Qualquer uma que o governo escolhesse, incluindo a pena de morte.

Cada dia no país me mostrava quão paradoxal tudo aquilo era. O governo era nocivo ao povo e a população vivia feliz com o que tinha, ainda que o descontentamento com o governo ficasse transparente em diversos momentos. Eles se refugiavam em templos budistas e na crença que a solução viria no momento certo, de alguma forma. Quase metade da população era composta por monges e vivia em monastérios sob uma rígida disciplina de esmolas, meditações e longos jejuns.

Fora esses pontos, que eram comuns à toda a população do país, quanto mais tempo ficava em Mianmar, mais percebia a imensa diversidade étnica que aquele território abarcava. Era o país com maior número de etnias e tribos do Sudeste Asiático e, como era de se esperar neste caso, muitas delas eram inimigas e estavam envolvidas em disputas territoriais. Isso só não acabava em guerras sangrentas em virtude do pulso firme da ditadura militar do país, que monopolizava toda a violência daquela nação.

Em alguns dias de pedal, cheguei a Mandalay, uma das cidades mais interessantes e bonitas de Mianmar. Havia percorrido centenas de quilômetros, ficado doente, melhorado e visto milhares de imagens de Buda, de todos os tipos: Buda deitado, sentado, andando, dourado, pintado, de madeira, feliz, meditando, de olhos fechados, de olhos abertos, dormindo e de muitas outras formas. O que não faltava em Mianmar eram imagens de Buda. Até alguns fios de cabelo do verdadeiro Sidarta Gautama – o Buda – eles pareciam ter. O que eles não tinham era acesso ao mundo exterior. Contas de *e-mail*, redes sociais, *sites* de notícias, canais de informações, tudo o que pudesse elucidar a população sobre suas reais condições era bloqueado. Mas, como sempre há uma solução, havia, também, uma espécie de submundo da internet, pelo qual era possível ter acesso a tudo isso e mais um pouco.

Mianmar - Pelada ao lado de um templo budista em Mandalay.

Quanto mais ficava em Mianmar, mais conhecia um país que parecia ter parado na década de 1950. Os carros eram antigos; as roupas, tradicionais; os costumes, quase intactos; a inocência, preservada; e a religião, levada a sério. E, por incrível que pareça, isso não era algo negativo. Em Mianmar, uma nação parada no tempo, era possível entrar em contato com uma cultura original, quase intocada. Isso era o suficiente para fazer desse país um dos mais interessantes e originais que eu havia visitado, assim como conseguia deixar visível a direção que o mundo havia tomado nas últimas décadas e mostrava que não há apenas uma forma de se viver.

Após Mandalay, o caminho ficou mais difícil de ser pedalado: ou retornava pela mesma estrada que havia tomado para chegar até lá, ou teria de usar os transportes do país para chegar a algum outro lugar. Como não poderia deixar Mianmar sem visitar Bagan, um dos locais mais impressionantes dessa parte do mundo, optei por tomar um barco até Nyaung-U, cidade ao lado de Bagan, e encarar uma viagem de 15 horas. O trajeto me mostrou outro lado do país, um Mianmar ainda mais tribal, pobre e sofrido, de famílias vivendo em lugares isolados, de comunidades tão fechadas que boa parte das pessoas era deficiente em razão de relações incestuosas.

O barco saiu de madrugada e só chegou à noite ao seu destino. Ao aportar em Nyaung-U, mais uma vez mostrei meu passaporte para os fiscais do governo, paguei uma taxa – havia milhares de taxas para estrangeiros em Mianmar – e me hospedei num pequeno hotel, já ao lado dos pagodes que dominam a planície de Bagan. Quando amanheceu, acordei cedo para apreciar aquele local. O que um dia foi uma cidade e a primeira capital birmanesa, com o tempo, virou um lugar de culto e migração budista, chegando a ter mais de 5.000 estupas até 1975, quando um terremoto devastou a região e deixou apenas 2.217 em pé. Isso ainda é muito, já que a planície na qual elas estão não é assim tão grande.

Usei a bicicleta para percorrer a planície e, enquanto visitava uma das milhares de estupas, havia deixado minha bicicleta parada, sem tranca, no lado de fora do local, já que Bagan era a atração turística com menos turistas do mundo e os mianmarenses eram pessoas muito honestas e confiáveis. Quando voltei, ela estava lá, como eu previa, mas estava no chão e com uma peça danificada. A gancheira, que liga o câmbio traseiro ao quadro da bicicleta, estava torta e, mesmo sendo pequena e leve, eu sabia que teria trabalho para encontrar uma peça nova naquela parte do mundo. Voltei para o hotel e, na tentativa de arrumar a peça, terminei de quebrá-la. Estava com problemas. Sem aquela simples peça de alumínio não seria possível pedalar.

Após alguns dias em Bagan, tomei um ônibus de volta para Yangon. A bicicleta não tinha mais marchas e as estradas eram proibidas para estrangeiros. Ainda procurei por uma bicicletaria em Yangon, mas não encontrei nada, como já previa. Em poucos dias deixei o país que havia me conquistado. Encaixotei a bicicleta e tomei um avião para Calcutá, colocando, assim, um ponto final em meus dias no Sudeste Asiático, para iniciar minha pedalada pelo Sul da Ásia, onde muita coisa mudaria.

Índia - Pôr do Sol diante do monumento Portão da Índia em Delhi.

Índia - Templo Dourado, centro da religião Sikh, na cidade de Amritsar.

ÍNDIA

Índia - Turistas e indianos no complexo do Templo Dourado em Amritsar.

O DIABO FALA NAMASTÊ 15

Já havia escutado muito sobre a Índia antes de chegar ao país. Ficava interessado pelas histórias contadas por aqueles que já tinham passado alguns dias no país e quase todos diziam sempre a mesma coisa: você e sua bicicleta vão sofrer. O que eu sabia antes de entrar é que o país era pobre, sujo e desorganizado, mas, como já havia escutado o mesmo de outros países pelos quais havia passado, achei que estavam exagerando e que encontraria um país que não poderia ser tão ruim assim.

O avião deixou Mianmar, cruzou Bangladesh, que parecia um imenso lago lá do alto, baixou de altitude e começou a sobrevoar algo que parecia uma imensa favela. Logo depois, pousou numa pista de aeroporto na qual havia crianças brincando e varais pendurados. Aquilo ainda era inédito para mim, mas achava que deveria ser parte da cultura e, portanto, deveria respeitar.

Com a bicicleta quebrada e sem nenhum mapa de Calcutá, sabia que teria de me virar no aeroporto e conseguir um táxi para me levar para algum hotel na cidade, para, então, entender onde eu estava e conseguir me movimentar pelo país. Um inglês que estava ao meu lado no avião me emprestou seu guia de viagem e logo escolhi a hospedagem onde ficaria: Hotel Maria. O nome parecia familiar.

Carimbei meu passaporte e segui para fora do aeroporto, onde logo fui cercado por alguns indianos que se empenharam em me enganar de todas as formas que podiam. Observei tudo aquilo com certa distância e prudência, pois já sabia que não poderia confiar em ninguém naquele local. A situação era tão ruim que fui obrigado a voltar para dentro do aeroporto em busca de fôlego e de alguma informação confiável. Troquei meu dinheiro utilizando a cotação correta e contratei um táxi pelo guichê que tinha seus preços tabelados. Mesmo assim, tive problemas com o taxista que queria ganhar dinheiro de qualquer forma em cima de mim. Ele insistia que eu deveria pagar mais pela bicicleta, pois poderia ser multado pela polícia. Já as pessoas do guichê diziam que isso não era correto, pois era o mesmo preço.

A primeira impressão que tive dos indianos não foi boa, mas achei que poderia estar sendo precipitado naquele momento. Teria de conhecer mais do país antes de formular qualquer opinião. Após muito negociar, o táxi seguiu em direção ao centro de Calcutá. Passamos por uma favela, depois por outra, outra e outra pior, entramos na favela e seguimos em frente. Quando eu não via mais nada além de uma imensa favela que parecia não ter fim, o taxista parou seu Ambassador amarelo e apontou para o lado. Olhei preocupado e lá estava: Hotel Maria.

Demorei alguns segundos para entender que aquele era o hotel que o guia dizia ser bom, limpo, agradável e familiar. Busquei o papel no qual eu havia anotado o nome e endereço do hotel em meu bolso, para ver se estava sendo enganado, mas para minha infelicidade o endereço estava certo. Aquele era o hotel que o famoso guia indicava. De nada adiantava dizer para o taxista me levar a outro lugar, pois eu nem sabia onde estava ainda.

Desci do carro e logo surgiram alguns indianos para me "ajudar". Um era manco e outro era caolho. O caolho pegou minha bicicleta e o manco minhas bolsas sem nem falar nada antes. Achei que eles iriam dar no pé com minhas coisas, já que havia muita gente na rua e eu não havia compreendido aquela confusão ainda. Mas, não. Colocaram tudo dentro do hotel e ficaram me olhando. Mal havia pisado na Índia e não conseguia distinguir o que eu sentia naquele lugar: raiva, compaixão, arrependimento, medo. Tudo se misturava naquele labirinto sujo onde eu me encontrava. Dei uma gorjeta para os indianos que haviam me ajudado, mas eles nem agradeceram e apenas saíram andando. Sem entender nada do que estava acontecendo, fui fazer o *check-in* no Hotel Maria.

Paredes sujas e mofadas, recepção no formato de cela de cadeia, camas e lençóis imundos, turistas perdidos e banheiros com apenas um buraco no chão e merda até a boca faziam parte da decoração desse hotel. Com a bicicleta quebrada, estava de mãos atadas, e sabia que teria de ficar ali pelo menos aquela noite.

— O hotel está cheio — disse o indiano xexelento do lado de dentro da recepção. Senti, simultaneamente, um alívio e um frio na barriga.

Ok, não ficaria naquela pocilga, mas para onde iria? Em silêncio, minha visão se perdeu entre os mofos e teias de aranha das paredes, enquanto minha mente vagava sem rumo em busca de uma solução que insistia em não aparecer. Antes que minha viagem escatológica terminasse, ouvi o mesmo indiano dizer que eu estava com sorte: havia um quarto, um único quarto! Eu apenas não sabia se isso era bom ou ruim.

Ele me levou para os fundos da hospedagem, uma parte antiga do hotel, onde a tinta verde das paredes disfarçava o mofo. Sacou uma grande e antiga chave do bolso e foi em direção à menor e mais suja porta que havia naquela parte do hotel. Girou a chave, abriu a porta e acendeu uma lâmpada de 25 watts de potência. Logo me lembrei da prisão na qual as pessoas eram torturadas no Camboja e, quando viu minha cara de espanto, ele disse: *"Faremos um bom preço para você, amigo"*. Pedi um minuto, entrei no quarto, pensei um pouco e vi que não tinha muitas escolhas naquele dia. Precisava buscar informações, arrumar a bicicleta, melhorar de um mal-estar que me acompanhava fazia algumas semanas e, então, sair dali. Isso era para durar apenas um dia ou dois, mas durou cerca de duas semanas.

Nesse mesmo dia, localizei-me um pouco melhor em Calcutá. Descobri onde poderia comer sem o risco de ter uma diarreia imediata, concluí que a cidade toda era uma imensa favela e que o quanto antes eu saísse dali, melhor seria para mim. Passei os dias seguintes em busca de uma bicicletaria para comprar a peça, mas descobri que nenhuma tinha o que eu precisava. Só havia bicicletas de ferro na Índia, cujas peças eram bem diferentes da minha. Ao perceber isso, mais uma vez, tive de acionar a

Fuji, que me patrocinava com a bicicleta, e com a manutenção dela pelo mundo afora. A ajuda deles foi fundamental para o conserto da *bike*. A peça viria diretamente dos Estados Unidos e chegaria às minhas mãos em apenas alguns dias, mas teria de esperar. Enquanto isso, resolvi ir ao médico e ver o que eu tinha. Pela segunda vez na viagem, o diagnóstico foi o mesmo: ameba.

Apesar da consulta médica ter resultado em antibióticos, descanso e horas agachado sobre a fossa do banheiro, eu não apresentava melhoras. Estava emagrecendo muito e comecei a ficar preocupado. Liguei, então, para meu plano de saúde no Brasil. Pouco tempo depois, ligam-me falando inglês com sotaque indiano. Era o médico do convênio e ele estava a caminho do meu hotel. Fiquei pensando na reação que ele teria quando visse o quarto no qual eu estava hospedado. Ele chegou, fez uma cara de choque e, após uma conversa e alguns exames, pareceu preocupado ao dizer que eu teria de ir ao hospital naquele mesmo dia.

Eu tinha apenas uma ameba, não tinha uma doença terminal! Ele, no entanto, disse que eu iria para o hospital, pois era o melhor local para fazer os exames e as análises de que eu precisava. Após alguns minutos, ele me convenceu. Fui para lá no dia seguinte.

Ao chegar ao hospital e preencher o formulário de entrada, percebi que havia algo de estranho ali, o que se confirmou assim que me mostraram meu quarto. Não iria fazer apenas exames, mas, sim, ficar internado no hospital. Naquele momento, entendi que aquilo se tratava de um golpe para pegar o dinheiro do meu plano de saúde, mas já era tarde demais e eu estava com uma agulha espetada em meu pulso direito e um esquema armado para não me deixar sair daquele hospital. Eu só pensava em fugir dali, de qualquer forma. Isso até a primeira refeição chegar.

A comida era muito boa, e o meu quarto era bom, muito melhor que local no qual estava hospedado. Ao refletir sobre isso, percebi que uma agulha na veia até que não era tão ruim assim. No hospital, eu tinha uma cama confortável, comida gostosa várias vezes ao dia, diversos canais na TV e um banheiro limpo só para mim, sem contar a privada com tampa e o papel higiênico. A competição pareceu desleal, cinco a zero para o hospital. Fiquei por ali mesmo e não reclamei mais.

Índia - Minha solitária no Hotel Maria, em Calcutá.

De toda forma, ainda desconfiava de algumas atitudes. Achei que eles poderiam me sedar e roubar um rim ou algum outro órgão. Por isso, deixei alguns espanhóis do hotel onde estava já avisados. Caso eu não voltasse, eles já saberiam que algo não estava certo. Como não voltei naquele dia e nem no seguinte, acabei recebendo duas visitas dos espanhóis no hospital. Aquilo fez que eu me sentisse muito melhor, pois se estar em um hospital em sua cidade já não é algo bom, estar em um do outro lado do mundo era um pouco pior.

Os dias e os exames se passaram, e eu continuava no hospital. Três dias após minha entrada, ainda não sabia quando poderia sair. Sempre perguntava quando eu seria liberado, mas as enfermeiras me tratavam como uma criança e não me davam muita bola. Na tarde do terceiro dia, eu tirava uma soneca – que, com ver TV e comer, estava entre as minhas principais atividades naquele local – quando vi que a porta de meu quarto foi aberta por mulheres que não eram bem enfermeiras. Olhei mais atentamente e vi que eram freiras. Naquele instante, pensei no pior. Se freiras estavam lá para rezar por mim, minha situação não devia ser das melhores. Eu devia estar prestes a morrer e ainda não haviam me dito nada, imaginei.

Quatro mulheres pediram licença e entraram em meu quarto. Três eram freiras e uma estava vestida normalmente. Um olhar de espanto permaneceu em meu rosto durante alguns minutos, pelo menos até eu entender o que elas estavam fazendo ali. Contaram-me que foram ao hospital porque havia um paciente cristão que estava em fase terminal em razão de um câncer e iriam rezar por sua alma. Mas quando souberam que havia outro cristão no hospital, não perderam tempo e foram direto ao meu quarto, mesmo sem saber se eu estava morrendo ou não. Cristãos eram raros na Índia.

Quase abri a boca para dizer que eu não tinha religião alguma e apenas havia dito que era cristão por aproximação, já que o formulário do hospital não dispunha da opção "Nenhuma das anteriores". Entre me declarar muçulmano, hindu, budista, jainista, *sikh* ou cristão, achei melhor optar pela religião majoritária de meu país de origem e dizer que eu era cristão para evitar confusão. Parecia que na terra berço de quase todas as religiões era impossível não ter alguma.

Uma das freiras disse que sabia que eu não estava muito doente – o que me aliviou muito –, mas que elas iriam rezar por mim mesmo assim. Perguntaram se eu aceitava receber a hóstia, mas logo eu disse que não estava puro, pois não me confessava havia mais de uma década – desde que eu fiz a primeira comunhão, na verdade. Elas, entretanto, tinham uma resposta na ponta da língua. Responderam que eu poderia me confessar comigo mesmo, que era um tipo de confissão usada em algumas situações específicas – como no leito de morte, imagino. Antes de fechar os olhos, uma das freiras, a que tinha a fisionomia de mais devota e dedicada, colocou uma cruz de madeira em minha mão e disse que havia pertencido à Madre Teresa de Calcutá. A cruz pesou sobre o meu peito. Fechei os olhos, pensando não apenas em me confessar, mas em parecer convincente, já que tudo aquilo parecia uma cena de filme.

Após fechar os olhos, percebi que havia muito o que confessar. Lembrei de muitos episódios confessáveis e, após dois minutos, abri os olhos para não me estender muito. Vi que elas estavam de olhos fechados também. Fechei os meus novamente, para não ficar chato. Olhei ao redor mais uma vez, respirei fundo, produzindo ruído, e elas abriram seus olhos. Já havia me confessado e estava pronto para receber a hóstia.

Hóstia na boca, mais silêncio e, então, foi quando tentaram me converter para o cristianismo atuante. Ouvi histórias sobre Jesus, Madre Teresa e como era importante ter Deus em minha vida. Ouvi atento o discurso e ganhei um pacote de bolachas que as freiras faziam. A fome era tanta naquele momento, que as bolachas, mesmo sem sal e com um sabor semelhante ao da hóstia, tornaram-se deliciosas em minha boca.

Um dia depois da visita das freiras, fui liberado do hospital e voltei à minha solitária no Hotel Maria. Estava cansado e debilitado, ainda me recuperando de tantos remédios e da ameba, mas sabia que não queria ficar mais naquele local. Notei que era hora de ir para Bangladesh para uma viagem rápida pelo país.

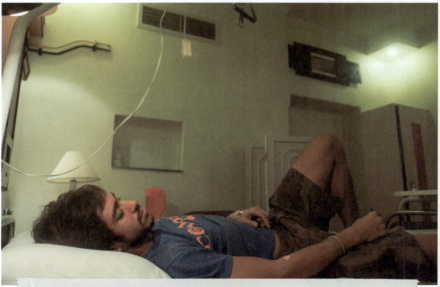

Índia - Hospitalizado em Calcutá.

Bangladesh - Barqueiros responsáveis pela travessia do Rio Buriganga em Dhaka.

Índia - Pedalando numa estrada alagada, já próximo da fronteira nepalesa.

PEDALANDO NA ÁGUA 16

Se eu achava que a Índia era pobre e com muita gente, chegar a Bangladesh me mostrou que o que está ruim sempre pode piorar. O país mais densamente povoado do mundo tinha gente por todos os lados e era mais pobre que a Índia. Em alguns locais, chegava a ser assustador. Era como colocar toda a população brasileira no estado de São Paulo e depois inundar boa parte do território. Para completar, era época das monções, e os noticiários sempre mostravam Bangladesh, dizendo que quase 30% do território estava sob água e que milhões de pessoas estavam desabrigadas. Parecia que o país iria sumir do mapa. Mesmo assim, fui para lá.

Como logo descobri, circular por Bangladesh não era fácil. O país era muito pobre e as cidades eram aglomerados humanos com estrutura de vilarejos. As ruas se intercalavam com rios e os barcos eram transportes tão comuns quanto ônibus. Havia gente por toda a parte e, como não havia muita exceção para essa regra, a estrada também era um local bastante habitado. E não só por humanos. Havia de tudo sobre aquele asfalto esburacado: bicicletas, *rickshaws* – as famosas bicicletas de três rodas –, cachorros, cabras, vacas, macacos, crianças, velhos, montes de lixo e veículos, nos dois lados da pista, desviando de tudo isso com a maior naturalidade do mundo. O número de obstáculos era tão grande que fazia daquela estreita estrada, a principal do país, uma verdadeira corrida de aventura e um convite ao suicídio.

Bangladesh tinha algumas curiosidades que me chamavam a atenção. Era um país bastante alagado e contava com um dos maiores mangues do mundo. Tinha uma enorme produção de mel e um índice de morte de coletores de mel por tigres de bengala tão grande quanto. Além disso, é um dos países mais povoados do mundo, com cerca de 1.000 habitantes por km^2. Só para entender melhor o que eu quero dizer, o Brasil tem cerca de 20 habitantes por km^2.

Talvez por conta disso, uma pequena cabana de um cômodo era o teto de mais de dez pessoas naquele país asiático. Fiquei impressionado quando descobri isso, especialmente quando soube que o "banheiro" dessas dez pessoas era dentro dessa cabana de um cômodo! Esse costume era tão grave para a saúde pública do país que um dos projetos premiados naquele ano era justamente o de um sujeito que ensinava a "tecnologia" da fossa sanitária nos vilarejos. O que, mesmo assim, não era um método fácil de ser introduzido naquela sociedade, na qual, todos os anos, milhões de pessoas morriam pela falta de saneamento básico, assim como pela ausência de remédios para tratar uma simples diarreia.

Eu segui nesse mundo estranho, mas, como era apenas um em meio a milhões de pessoas, sentia que o estranho era eu. Com essa impressão, cheguei a Dhaka, capital do país, com mais de 12 milhões de habitantes e 700 mil *rickshaws*, responsáveis pelo transporte dentro do caos daquela cidade. Se o país era muito povoado, a sua capital era algo inacreditável.

Havia gente por toda parte, quase todos pobres, mas, em sua maioria, felizes – o que era uma afronta ao conceito ocidental de relacionar riqueza à felicidade. Fiquei apenas alguns dias em Dhaka e, logo depois, voltei à Índia, justamente para o local de onde eu havia partido: Calcutá. Mais que parte de meu equipamento, nessa grande cidade indiana, eu também encontrei a peça que me faltava para consertar a bicicleta, que ainda seguia parada. Sentia-me melhor de saúde e, como nada mais me segurava ali, resolvi não perder muito tempo e arrumar tudo para seguir viagem.

As chuvas ficavam cada vez mais fortes e não colaboravam com minha viagem, deixando o caminho, que já não era fácil, ainda mais difícil de ser pedalado. De Calcutá, tracei minha rota rumo ao Nepal e segui por ela sem muitos desvios. Ao deixar a cidade, senti que havia deixado para trás um dos lugares mais feios em que já havia pisado. A estrada que eu teria pela frente era uma incógnita para mim. O mapa que eu havia conseguido era bom, mas não me dizia muito sobre o caminho, especialmente sobre as facilidades ou dificuldades que encontraria.

Logo nas primeiras pedaladas pela Índia, tudo começou a virar de ponta-cabeça. Tudo o que eu tinha vivido e aprendido até então já não me valia muito. Cidades pelo caminho costumavam ser pontos de apoio, mas, na Índia, não era assim. Os vilarejos geravam mais dor de cabeça que qualquer outra coisa, faziam que eu perdesse tempo e nunca era fácil encontrar algum lugar para comer ou beber — a não ser que eu estivesse buscando uma dor de barriga. A curiosidade dos indianos, que até poderia ser vista como algo interessante em meus primeiros dias no país, a essa altura, já não me agradava. Era impossível parar onde quer que fosse sem que um indiano se aproximasse, ficasse olhando, encostasse em mim e, depois, ficasse mexendo em minha bicicleta como se fosse uma nave espacial. Ali, eu era um alienígena.

Conforme pedalava pelo norte do país, rumo à cidade de Gaya, as chuvas caíam sem se preocupar com os estragos que causavam. Eu, que seguia rumo ao Nepal, cruzava justamente o território mais afetado pelas águas que transbordavam de todos os rios. A combinação entre enchentes e miséria não facilitava aquele caminho. Parei alguns dias em Bodhgaya, cidade famosa por ser o local no qual Buda atingiu a iluminação e uma das regiões mais pobres da Índia. Enquanto esperava o tempo melhorar, aproveitei para seguir os passos de Buda, numa tentativa de me acalmar um pouco. Bodhgaya era como uma ilha na Índia. E, toda vez que eu encontrava uma ilha de paz e tranquilidade em meu caminho, ficava nela por alguns dias para me recompor física, emocional e mentalmente. No caso da Índia, tais paradas eram necessárias.

Em Bodhgaya, fiquei hospedado em um templo budista butanês. Nenhum outro lugar poderia ser mais tranquilo. Os monges adoravam a minha história e me tratavam muito bem, deixando que eu entrasse em círculos reservados apenas para eles. Dentro do templo, eu encontrava a paz que buscava, mas, quando retornava às ruas da cidade, estava de volta à caótica Índia. As pessoas daquele país perseguiam qualquer forasteiro e não poupavam mentiras na hora de tentar arrancar algum dinheiro de quem visitava a região. Eu começava a entender porque Buda tinha ficado dentro de uma caverna durante seis anos.

Ao sair de Bodhgaya rumo à fronteira do Nepal, eu sabia que não teria dias fáceis durante esse trecho da viagem. As monções haviam castigado demais a região e me restava apenas escolher o caminho menos afetado pelas enchentes. Não tinha mais como esperar, tinha de arriscar. Tracei uma rota e fui em frente. Alguns dias depois, comecei a perceber que a água sempre estava ao meu lado. Inicialmente, parecia um enorme lago, mas, após alguns quilômetros, comecei a notar que telhados brotavam para fora desse, que agora parecia um grande mar.

Tudo estava alagado e as pessoas moravam à beira da estrada, que parecia ter sido construída acima do nível médio das casas. Após as chuvas, os indianos montavam suas barracas nas laterais da estrada e chamavam o acostamento de casa enquanto a água seguia alta. Por conta disso, faziam tudo na estrada. Cozinhavam, dormiam, conversavam, rezavam, caminhavam e cagavam. O que também fazia dessa estrada um imenso banheiro humano. Restou-me a tarefa de desviar de todos os montinhos marrons que eu encontrava pela frente.

O Ganges havia transbordado e todo o norte do país estava debaixo d'água. O tempo, que seguia nublado desde minha chegada à Índia, um dia, simplesmente, ficou azul e não voltou mais a ter nuvens. As chuvas pararam, mas ainda havia muita água naquela planície. Já sob céu aberto, tive meu último dia antes de entrar no Nepal. Finalmente, tudo estava alagado. Inclusive a estrada. Não me sobrou escolha a não ser entrar naquela água suja e seguir em frente. Respirei fundo, fechei a boca e fui, sabendo que aquilo acabaria em pouco tempo. Mas aquele dia foi longo.

Quarta-feira (22 de agosto de 2007)
Motihari - Birganj (Nepal) (77 km)

Estava animado para sair da Índia. Nada poderia ser pior do que aqui. Só o inferno, talvez, mas ele não estava na minha rota. O meu mapa mostrava apenas 50 quilômetros de distância entre a cidade onde eu estava e a fronteira nepalesa. Pensei que seria fácil. Imaginei uma estrada boa, na qual não levaria muito mais que três horas para estar no lado do Nepal. Estava até com planos de seguir mais para dentro do novo país ainda hoje.

Eu só não sabia o que estava por vir. Se houve um dia de pedalada que eu poderia transformar em desafio ou em *reality show* para a televisão, esse dia seria hoje.

O caminho já começou mal. Nem sequer havia saído de Motihari e não sabia direito para onde ir, tamanha a confusão das estradas indianas. Entrei numa cidade suja, na qual as ruas se resumiam a buracos sobre buracos e, em uma velocidade absurdamente baixa, segui em frente, até que fui obrigado a parar. Havia uma fila de caminhões esperando para fazer a travessia e um carro atolado dentro de um buraco, onde a pista virava rio.

Olhei aquilo. Não queria entrar naquela água suja logo pela manhã. Havia acabado de ver um velhinho ter uma diarreia danada a poucos metros dali na mesma água. Olhei bem. Estudei a situação. Todos entravam na água e diziam que eu teria de entrar caso quisesse chegar ao outro lado também. Pensei um pouco e tive de concordar. Não havia saída: eu tinha de entrar na água. Tirei minhas sapatilhas e meias e empurrei a bicicleta até o outro lado do rio/pista.

Limpei meus pés e os enxuguei antes de calçar as sapatilhas novamente. Pensei que havia passado o pior. Mas não sei por que pensei isso. Que absurdo! A brincadeira não havia nem começado.

A estrada seguia em condições horríveis e não demorou muito para novos pontos de alagamento surgirem em meu caminho. Fui atravessando e logo já estava com meus pés, sapatilhas e meias completamente en-charcados. Desse momento em diante, pelo menos, eu não tinha mais problema em molhá-los.

A partir de um ponto, não havia mais pista. Havia apenas um enor-me e gigantesco rio. Eu só sabia que a estrada estava ali por causas dos carros quebrados ao longo do caminho. Foram 7 quilômetros debaixo d'água. Em alguns trechos pedalando, em outros empurrando a bicicleta, já que a água estava tão alta que batia quase em meus joelhos. Eu nem ligava mais para nada e estava até gostando de pedalar na água, que estava refrescante. Difícil era encarar os buracos dentro dela, quase invisíveis do lado de fora, mas fatais para quem entrasse neles.

Quilômetros depois, eu consegui sair daquele imenso lago e pensei que os meus problemas haviam acabado. Mas a estrada continuava ruim, muito ruim, só não alagada como antes. Parecia que uma empreiteira do Camboja havia projetado as pistas do lugar. No entanto, em um certo ponto, ao perguntar sobre a fronteira do Nepal, descobri que estava no caminho errado e que teria de voltar 6 quilômetros.

Não me faltava mais nada. Ao voltar, encontrei um atalho. Uma estrada na qual não cabia nem um carro grande sequer. Parecia ser uma grande ciclovia, na realidade, mas alguns carros passavam por ali às vezes. Segui por esse caminho, passando por diversas vilas e descobrindo como uma pista pode se transformar no banheiro de milhares de pessoas. A Índia conseguia ser o país mais sujo do mundo mesmo. Quando eu terminei o caminho, estava de volta à pista principal.

A pista principal estava fechada para o trem passar. Avisaram--me, então, que não seria possível seguir pela estrada, porque estava completamente destruída. E se um indiano estava falando isso era porque a situação deveria estar bem ruim mesmo. O sujeito disse que eu teria de seguir pelos trilhos do trem por um trecho para entrar numa vila e só depois pegar outro caminho para voltar, então, à pista original, já em uma parte mais transitável.

Segui as coordenadas. Entrei na linha do trem e percebi como era difícil empurrar a pesada bicicleta pelos trilhos. Tinha de fazer um grande esforço a cada dormente, que era como um degrau para mim. Eu segui assim por três quilômetros, dando um passo de cada vez, suando debaixo de um sol escaldante e até mesmo atravessando duas pontes sobre os trilhos. Quando cheguei ao fim, estava exausto. Havia sido muito difícil empurrar a bicicleta por aquele terreno, mas tinha conseguido chegar ao vilarejo e, agora, poderia voltar para a estrada.

Só não sei se posso chamar aquilo de estrada. Foram mais 30 quilômetros da pior pista que eu já pedalei até hoje. Ganhou, inclusive, das estradas do Camboja. Buracos e mais buracos. Pedras pontudas e tijolos quebrados para tampá-los. Ao lado da pista, milhares de caminhões em fila, travados pelas condições da estrada.

Eu não tinha escolha. Estava difícil. Já havia percorrido mais de 50 quilômetros, mas ainda tinha chão pela frente e não iria desistir. Continuei parando algumas vezes, tamanha a dificuldade da pista, até que cheguei, já esgotado, a Raxaul, cidade indiana na fronteira com o Nepal. Precisava beber algo frio, já que minha água estava quente desde o começo do caminho. Sentei num bar e bebi uma garrafa de um litro e meio de suco de manga em menos de dois minutos. Agora estava pronto para seguir para a imigração.

Carimbei minha saída. Cruzei a ponte. Carimbei minha entrada e, finalmente, havia deixado a Índia. Pode parecer brincadeira, mas logo que eu cruzei a fronteira eu já podia ver diferenças. Não eram muito grandes ainda, mas já existiam. Tudo era mais limpo, não havia tanto lixo nas ruas, as pessoas não faziam mais uma competição para descobrir quem era o mais imundo de todos e até trocavam de roupa. Os olhos puxados estavam presentes de novo.

Senti uma espécie de alívio ao sair da Índia. Descobri que o melhor do país estava em sair dele. Era a melhor sensação do mundo. Qualquer lugar se torna o paraíso!

Nepal - Templo Swayambhunath, um dos mais importantes da capital nepalesa.

NEPAL

Nepal - Homem Santo em templo de Catmandu.

MONTANHAS E ALGO FORA DO LUGAR 17

Finalmente, eu estava no Nepal. Não havia cultivado, durante a viagem, nenhuma grande expectativa sobre esse país. Pelo o que eu já havia visto, esperava o pior. Até como forma de não me decepcionar. De qualquer maneira, sair da Índia já era um ato de grande prazer e satisfação. Era a segunda vez que saía do território indiano e novamente sentia que a beleza dele estava em deixá-lo para trás. O Nepal era pobre, mais pobre que a própria Índia – segundo estatísticas –, mas era bem diferente, o que até poderia ser tomado como um elogio.

Mais limpos, organizados e educados, os nepaleses conseguiam facilitar a minha estada em seu país. O clima mais frio e seco também ajudava e a paisagem, sempre montanhosa, deixava qualquer pedalada mais interessante e atrativa. Mesmo diante de uma clara melhoria de condições, meu último dia na Índia havia acabado comigo, fazendo-me pensar em descansar por um dia ou dois. Mesmo assim, resolvi não ficar parado e pedalar, ainda que pouco. Havia muitas montanhas pela frente.

Em meu primeiro dia de pedalada, saí dos 40 metros de altitude – a média do norte da Índia – e subi para os 660 metros. Pode parecer muito, mas, nesse estágio da viagem, eu já estava bem acostumado com subidas e descidas. O segundo dia foi mais intenso: saí próximo dos 600 metros para chegar a 2.550 metros de altitude e, depois, descer um pouco até Catmandu. Não tinha muitas possibilidades de parada no caminho, mesmo porque a distância era curta, porém muito montanhosa. Sabia que teria um desafio pela frente. Meu corpo ainda se recuperava lentamente dos dias de hospital em Calcutá e eu não tinha todo o alimento que precisava para encarar tal subida, mas teria de pedalar mesmo assim.

O tempo, que já estava mais frio, começou a esfriar ainda mais conforme eu subia. O corpo aquecido aguentava a brisa gelada que descia das montanhas, mas não me autorizava a realizar uma parada longa, sob o risco de esfriar demais. A subida acentuada e constante me impôs uma marcha lenta e desanimadora. Olhar o mapa não resolvia, pois, mesmo sabendo que Catmandu estava a 1.300 metros de altitude, eu sabia que, para chegar até lá, teria de atravessar uma cadeia de montanhas bem mais alta que isso. Havia escolhido uma estrada mais antiga e menos movimentada, que era muito pouco utilizada por veículos. Naquele momento, parecia ser a melhor escolha. A estrada se chamava Tribhuvan Highway, mas, mesmo assim, quase não havia informações sobre ela em meu mapa.

Segui com o GPS ligado, vendo que, quanto mais eu subia, mais sinuoso era o desenho que a estrada fazia pelas montanhas. As curvas eram tantas que chegavam a não fazer muito sentido quando eu olhava o traçado na tela do aparelho. As curvas de cotovelo pareciam me fazer pedalar em círculos e desanimavam. Quando cheguei aos 1.000 metros, com o corpo todo suado, percebi que não era mais possível ver nada ao meu redor em razão da densa neblina que havia se formado. Via, no máximo, 20 metros em qualquer direção. A estrada, que já estava quase sem asfalto, começou a ficar muito cansativa. Continuei pedalando, motivado pelo pensamento de que me faltava pouco.

Trazia três litros de água comigo e já começava a pensar se eles seriam suficientes para encarar o trajeto. Continuei subindo e cheguei aos 1.300 metros. Como não sabia exatamente até que altura teria de seguir, pensei que já deveria estar perto do topo, perto de Catmandu. Vi, então, uma *van* parada no lado contrário da pista, com muita fumaça saindo de seus freios. Automaticamente, eu entendi aquilo como uma má notícia. Significava que ela tinha usado muito o freio, logo, havia pegado muitas descidas. Para mim, que seguia na direção contrária, significava muitas subidas. Não deixei aquele pensamento me desmotivar e continuei em frente.

Segui para 1.400 metros, depois para 1.500 metros e não sabia mais aonde iria parar. Cheguei aos 2.000 metros e, quando olhava para cima, via apenas mais neblina e montanhas. Comi algumas bolachas nesse ponto e descansei um pouco. Porém, o vento frio que chegava a meu corpo molhado de suor não me deixava muito à vontade. Continuei pedalando, mas a subida não acabava. Cheguei, finalmente, aos 2.400 metros de altitude. Estava frio de verdade agora. Já havia bebido quase toda a água que eu trazia, deixando apenas um derradeiro gole de emergência, pois já não sabia aonde iria chegar.

Nessa altitude, resolvi parar mais uma vez. Minhas pernas e costas já estavam cansadas e eu tinha fome e sede. Já era meio da tarde e eu não havia chegado a lugar algum e nem passado por algum vilarejo ainda.

Encostei a bicicleta num degrau de concreto e me sentei nele. Não havia ninguém por perto e raramente passava algum veículo por ali. O frio que fazia já estava mais forte nesse momento e meu corpo ainda estava bem molhado. O pior é que, nessa hora, começou a chover e cada gota parecia uma pequena pedra de gelo sobre a minha pele.

Não tinha muito o que fazer. Já estava suado e muito molhado para colocar minha capa. Com a chuva gelada que chegou, eu comecei a sentir uma sensação estranha. Eu, que estava sentado, comecei a sentir minha pressão baixando, o que veio acompanhado de uma forte tontura. Fiquei parado, minhas mãos e pernas começaram a formigar. Não tinha a mínima ideia do que estava acontecendo, não sabia o que fazer e não tinha para onde correr no meio daquelas montanhas sem ninguém.

A situação foi piorando. Comecei a não sentir muito minhas mãos e, à medida que isso acontecia, fui perdendo o controle delas. Meus dedos foram se contraindo, com exceção do indicador que ficou completamente estendido e rígido. As mãos dobraram para dentro e eu não conseguia mais movimentá-las. Minha respiração ficou alterada e a musculatura do meu corpo foi se contraindo aos poucos. Minhas pernas dobraram, e a direita começou a ter cãibras. O pior é que eu não conseguia movimentá-la e a intensidade da cãibra só aumentava.

Senti um pouco de medo nesse momento. Pensei que estava tendo algum tipo de ataque ou, até mesmo, morrendo naquela montanha.

Se eu morresse, talvez nunca me encontrassem. Nem falar ou gritar eu conseguia direito, simplesmente não conseguia tomar fôlego. Fiquei travado por alguns minutos, escutando o som da minha respiração, pesada e aflita, enquanto as gotas de chuva caíam sobre mim e nas folhas ao meu redor. Pensava no que eu poderia fazer e se aquilo que eu estava tendo iria passar ou continuar. Não conseguia relaxar. Estava perdido e não havia o que fazer naquele local. Achei que poderia ser o fim da minha viagem e o meu também. Mesmo assim, não me arrependi em nenhum momento daquilo que estava fazendo. Morreria fazendo o que eu gostava.

Quando comecei a relaxar um pouco, passou uma caminhonete vazia na pista. Tentei gritar para o motorista, mas não saía som algum de minha boca. Tentei me movimentar, mas era como se eu não tivesse mais controle sobre meu corpo travado. Foi um momento desesperador. Minha última esperança passava por mim e eu não conseguia fazer nada.

A caminhonete passou por mim e parou alguns metros a frente, voltando de ré até onde eu estava sentado e imóvel. A janela do passageiro abriu e o sujeito falou alguma coisa em nepalês que eu não entendi. Tomei ar, me concentrei e, me esforçando muito, consegui dizer apenas a palavra *"H-o-s-p-i-t-a-l"*. Ele pareceu entender e gesticulou para eu colocar minha *bike* na caçamba de sua caminhonete. Eu apenas mostrei minhas mãos e braços paralíticos e, com muito esforço, consegui fazer que ele entendesse que teria de colocar tudo aquilo dentro da caçamba, já que eu não tinha condições de ajudá-lo. Debaixo de chuva, mostrei para ele cada alça dos alforjes, para que ele puxasse e sacasse a bolsa da bicicleta. Ele entendeu e jogou tudo dentro do carro.

Nessa hora minha barriga começou a doer também. Eu entrei na caminhonete, que estava mais quente, mas eu sentia que poderia vomitar a qualquer momento. O sujeito disse que estava indo a Catmandu. Diante da situação em que eu me encontrava, eu disse apenas *"Ok"*. Qualquer lugar seria bom. Segui quieto e contorcido no banco do passageiro.

A chuva se intensificou conforme o carro subia. O topo da montanha chegou muito rápido. Descobri que eu já estava quase lá. Dali, ele começou apenas a descer. As curvas do caminho não estavam me fazendo bem e eu apenas fechei os olhos para não vomitar no carro daquele senhor nepalês. Automaticamente, caí no sono. Quando acordei com os buracos da estrada, já conseguia movimentar meus braços e mãos, assim como falar. Estava me sentindo melhor. Já estava quase seco e olhei para o motorista que dirigia como um louco por aquela estrada. Disse que estava melhor com palavras e gestos. Ele concordou e me ofereceu um cigarro, que eu recusei. A estrada continuava com suas curvas e voltas, só que descendo. Fechei os olhos e deixei ele apenas dirigir debaixo de chuva e desviando dos inúmeros buracos do caminho. O tempo passou e, quando chegamos a Catmandu, as luzes da noite já começavam a se acender.

Estava perdido. Não tinha um mapa decente do Nepal, muito menos de Catmandu. O sujeito, então, parou o carro e disse que eu tinha de ir para outra direção, diferente da que ele tomaria. O lugar que ele me deixou não parecia ser muito amigável, mas eu não tive escolha. No acostamento de uma grande e suja avenida, eu coloquei minhas malas e bicicleta num canto para montá-la, sob os olhares de alguns adolescentes curiosos que, logo de cara, me ofereceram maconha. Percebi que minha situação não era das melhores. Brinquei com eles e todos nós rimos. Perguntei onde poderia conseguir algum hotel ou coisa do gênero, eles apontaram para uma rua. Segui para a direção indicada e, em pouco tempo, já estava perdido, a ponto de ter de pedir informações novamente.

Após tomar o rumo certo, pedalei ainda cerca de 5 quilômetros e cheguei à zona turística da cidade, que era bem diferente do local no qual estava antes. Vi turistas e aproveitei para perguntar a eles onde poderia encontrar um lugar para ficar. Com as informações que consegui, encontrei um confortável quarto, no qual eu entrei e não saí até o dia seguinte. Poucas vezes em minha vida um banho quente havia sido tão bom.

Índia - Por que eu não gosto da Índia?

Índia

TEMPO DE MUDANÇA

Nunca descobri o que realmente aconteceu comigo naquele dia. Ainda acho que foi mistura de estresse, esgotamento físico e má alimentação, somados à troca de ambiente e à rápida queda de temperatura nas montanhas. De toda forma, aquilo foi suficiente para me dar um grande susto. Após me acomodar num quarto de Catmandu, fiquei lá por mais de uma semana dando tempo para meu corpo se recuperar. Adotei práticas que fazia no Brasil, como jejum e ioga, e aproveitei meu tempo livre para conhecer a cidade e resolver assuntos burocráticos, como um novo visto para a Índia, para onde eu teria, inevitavelmente, de voltar.

Primeiro, fui cuidar do visto. Havia tirado meu primeiro em Kuala Lumpur, na Malásia, e sabia bem como era o processo. Lá, o público era basicamente de indianos visitando a família e empresários indo a negócios para a Índia, mas em Catmandu era bem diferente. A embaixada indiana parecia um hospício para estrangeiros. Havia exceções, mas grande parte das pessoas que formavam a enorme fila eram malucos em busca de um mestre espiritual. Era algo quase inacreditável, mas mulheres ocidentais estavam vestidas como indianas, até com o *bindi* na testa; homens vestidos como *hippies*, sempre com um toque indiano, seguravam seus *malas*, enquanto ficavam com os olhos semicerrados e repetindo mantras. O assunto mais comum da fila era sobre a busca do verdadeiro mestre. O mestre descoberto recentemente sempre parecia ser, finalmente, o verdadeiro.

Ficava um pouco espantado com cada pessoa que entrava na fila, cada qual com sua nova religião, seu novo mestre, sua nova busca pelo exótico. Passei a observar como os indianos viam aquilo. Ficava claro que eles não levavam tais pessoas a sério, ninguém poderia levar tais pessoas a sério, e isso me ajudava a entender o porquê de alguns indianos serem tão oportunistas e enganadores com os estrangeiros. Era simples: os estrangeiros queriam isso. Estavam lá para serem iludidos, para se acharem indianos, se vestirem como indianos, caminhar pela "terra de todas as religiões" e acreditar que o novo mestre traria a solução para seus problemas. Enfim, a Índia havia se tornado um produto de consumo como qualquer outro e conseguia atrair um grupo bem distinto de pessoas.

Após horas de filas na embaixada, saí de lá para a vida real das ruas de Catmandu, já com o novo visto em minhas mãos. Tinha tempo livre para ver os templos famosos da cidade, como o hindu Pashupatinath, o budista Boudhanath e os antigos templos de Patan. Após uma semana de caminhadas, visitas a templos e a ONGs do país, um grupo terrorista explodiu uma bomba perto, justamente, de onde eu estava hospedado. O atentado matou duas pessoas e deixou dezenas de feridos. Eu não tinha visto nada e, mesmo estando ao lado do local do atentado, apenas soube dele pela internet e, depois, vendo a cidade de luto.

Três dias depois da bomba, resolvi deixar Catmandu. Já havia ficado muito tempo nessa capital e era hora de seguir viagem. Pedalei para outra famosa cidade do país, Pokhara. Conhecida por seu belo lago, seus templos e por ser o ponto de partida para diversas trilhas e caminhadas pelas montanhas do Nepal, incluindo uma conhecida trilha que leva ao Annapurna, Pokhara era a segunda cidade mais visitada do país. Como era estação das chuvas, todas as trilhas estavam impróprias para qualquer tipo de caminhada. Isso frustrou meus planos de seguir para algumas daquelas montanhas, pois sabia que não iria ver nada além de nuvens entre os Himalaias.

Sem grandes motivos para permanecer mais tempo no Nepal, voltei à Índia, passando por Lumbini, local onde Buda teria nascido, que ficava na fronteira entre os dois países. Não precisei pedalar muito para já sentir na pele a Índia, mais uma vez. Veículos Tata, buzinas, vacas, búfalos, trânsito sem leis, bicicletas e motos chegando ao meu lado apenas para me observar por quilômetros e nada mais. Não levei muito tempo para perceber que minhas esperanças de que "desta vez seria melhor" não passavam de uma ilusão. Não havia como escapar, a Índia era a Índia, e ponto final. O calor extremo fazia meu termômetro tocar os 50 °C. Meu estoque de água ficava quente demais com o calor e, mesmo com muita sede, beber aquela água era quase inviável.

Cerca de 200 quilômetros depois da fronteira, eu cheguei a Varanasi, também conhecida como Benares, cidade com mais de 5.000 anos de história. Ela era considerada sagrada entre os hindus, que deviam visitar a cidade pelo menos uma vez na vida. Assim como se banhar nas águas sagradas do Ganges. O sonho de todo indiano é ser queimado em uma das fogueiras à beira do Ganges e ter seus restos mortais jogados nesse rio sagrado. E, como na Índia há centenas de milhões de hindus com o mesmo sonho, diariamente, em um processo ininterrupto, são queimados milhares de corpos à beira do Ganges.

Varanasi era muito interessante, sem dúvida, mas estava longe de ser agradável. O caos tomava conta de todo seu espaço. O trânsito simplesmente não fluía, havia indianos pilantras por toda parte, um cheiro de churrasco que vinha das fogueiras próximas ao Ganges e um cheiro de esgoto no rio, que era tão poluído quanto o Tietê, em São Paulo. Contudo, mesmo assim, as pessoas continuavam se banhando e bebendo sua água.

Sempre tinha uma sensação de que algo estava errado naquele local, ou em mim, por não entender tudo o que eu via e não ver a beleza naquilo, que alguns diziam ver. Eu me esforçava para tentar apreciar e sentir o que poderia haver de belo naquela paisagem, mas eu simplesmente não conseguia. Sempre que tentava, tinha meu plano frustrado por algum vendedor que tentava me empurrar o que quer que fosse ou por alguma pessoa que se dizia guia do local, por algum motorista de *rickshaw* que se prontificava a me levar a algum lugar mágico, algum búfalo desembestado vindo em minha direção, alguém cagando em minha frente, pelo cheiro de esgoto que me fazia enjoar ou pelas moscas que voavam de lixo em lixo e depois em minha cara.

Percorri a cidade toda, mas não via beleza naquilo. No próprio ritual do fogo – descrito como o ponto alto de Varanasi, por muitos –, não via nada além de uma estratégia para tirar o dinheiro dos forasteiros. Até quando fui ver as fogueiras que queimavam os corpos, em um lugar que, a princípio, deveria ser sagrado, apenas via indianos acendendo seus cigarros nas fogueiras, dormindo no chão, cachorros pegando os restos de algum corpo para se alimentar, indianos procurando algum metal valioso nas cinzas, fogueiras malfeitas, corpos mal queimados, restos boiando no rio, crianças brincando ao lado de uma perna ou cadáver mal queimado e turistas tirando fotos e achando tudo aquilo o máximo.

Estava viajando havia um ano e meio, mas parecia que algo tinha se despedaçado dentro de mim naquele país. Sentia que algo estava fora do lugar. Estava mudando e não sabia qual era a direção disso. Esse período na Índia me deixou ver um pouco mais claramente esse processo dentro de mim. Havia perdido uma inocência que me acompanhara durante um bom tempo e que me protegera de algumas conclusões. Perdia minhas proteções a cada nova pedalada. Era um tempo de mudanças. Eu podia ficar doente, morrer, nunca voltar, passar fome ou ser como qualquer pessoa ao meu redor, pois nada mais me separava de todas essas possibilidades. Os rótulos e as convenções ficavam por terra, e eu já não vestia a camisa do Brasil que levava comigo. Eu boiava pelo mundo como um cadáver de criança que era levado pela correnteza do Ganges.

Não sabia se isso era bom ou ruim, mas era parte da viagem. Eu estava longe de entender aquele processo de mudança e para onde ele me levava. Após alguns dias de Varanasi, o suficiente para conhecer bem toda a cidade, assim como para ter uma diarreia e me curar dela, segui para a cidade de Allahabad, onde um amigo de São Paulo morava há cerca de dois anos em um *ashram* – uma espécie de retiro espiritual indiano. Ninguém ainda o tinha visitado, e eu havia apenas trocado alguns *e-mails* com ele, quase sempre para dizer que iria atrasar mais que previa. Ele se chamava Rodrigo, eu o conhecia como Beavis, mas, na Índia, ele era apenas o Santosh.

Pedalei mais de 100 quilômetros e, após me perder ao tentar encontrar o local no qual ele vivia, consegui chegar ao que parecia ser o portão do *ashram*. Bati no portão e perguntei por Rodrigo, o indiano que me atendera apenas balançou a cabeça negativamente, fechando o portão. Disse, então: *"Santosh, Brazil"*. O indiano balançou sua cabeça da mesma forma que antes, mas, desta vez, abriu o portão para mim. Ele me pediu para entrar e esperar, enquanto foi atrás de meu amigo.

Chegou um sujeito com roupas largas, muito magro, com cabelos longos e uma barba maior que o cabelo. Esse era Santosh, o Rodrigo, o Beavis. Ele parecia muito tranquilo e ficou feliz em me ver, assim como eu fiquei muito contente ao vê-lo e, logo, começamos a conversar. Enquanto eu falava mal da Índia, ele me mostrava sua nova casa. Descobri que ele também teve dificuldades quando chegou ao país e que havia encontrado a paz apenas dentro de seu *ashram*. O local era mesmo muito agradável, silencioso e limpo. Tanto que eu nem me lembrava que estava na Índia enquanto estava lá.

Passei alguns dias com ele, meditando, me alimentando bem – sempre com as mãos e sem talheres –, conversando em português, acordando cedo, praticando ioga, caminhando até o Ganges, sentando debaixo de uma imensa árvore que havia no local e conhecendo a região. Aproveitei esse tempo de paz para conhecer os incríveis templos de Khajuraho, que não ficavam distantes de Allahabad. Passei um dia entre esses templos tântricos, decorados com cenas de sexo, que, mesmo sendo de uma civilização antiga, pareciam muito mais avançados que a civilização que habitava o local atualmente.

De Khajuraho voltei para Allahabad, onde passei mais alguns dias meditando com o mestre de meu amigo e sentindo os efeitos da paz e do silêncio que envolviam aquele *ashram*. Em poucos dias, me sentia totalmente recuperado, saudável e bem-disposto para seguir viagem. Despedi-me de meu amigo e agradeci por sua ajuda. Eu tinha de continuar viajando. Segui na direção de Agra, onde estava o Taj Mahal, e aproveitei para conhecer diversos lugares turísticos pelo caminho. Fui a Fatehpur Sikri, Jaipur e Pushkar, que seriam muito melhores caso os indianos não tentassem sempre tirar dinheiro dos visitantes. Nesses lugares, o quarto de hotel era também um refúgio contra a ganância dos locais.

Após essa fase de turista, segui para Delhi, onde tinha algumas missões:

✓ consertar minha bicicleta e meu computador;

✓ conseguir mapas e guias de viagem para os meus próximos países;

✓ tirar os vistos e obter informações sobre o Paquistão e o Irã, para onde eu iria logo em seguida.

E nada disso foi muito fácil. Meus diários mostram como foi minha chegada a Delhi:

Sábado (6 de outubro de 2007)
Kosi Kalan - Delhi (101 km)

Estava feliz com a hospedagem, mas, como nada é perfeito na Índia, logo descobri um pequeno problema: pulgas. Quando acordei tinha mais de 20 picadas em meus pés, as quais geravam uma coceira forte e ininterrupta. Bastava eu caminhar para sentir o comichão. Controlei-me, passei uma pomada, tomei o meu café da manhã e cai novamente na estrada, agora para chegar a Delhi.

A poluição continuava forte, cada vez mais intensa à medida que eu me aproximava de Delhi. Meus olhos já estavam completamente vermelhos e ardendo com tanta poluição. Pior que a poluição, só os indianos mesmo. Num determinado momento, eu parei a bicicleta para beber um pouco de água e observar os camelos que passavam ao meu lado no acostamento e, em questão de segundos, chegaram algumas pessoas para apenas me fitar com cara de curiosos. O problema é que, dessa vez, havia um garoto que não se contentou em olhar. Queria tocar em tudo, abrir minhas bolsas e tirar tudo do lugar. Para completar, quando me despedi do grupo de pessoas, ele segurou minha bicicleta, quase me fazendo cair.

Disse para ele soltar. Ele não soltou. Eu desci da bicicleta, peguei uma pedra no chão e disse que, se ele não soltasse, eu tacaria a pedra nele. Isso, falando pausadamente em inglês simples e fazendo mímicas. Ele entendeu, mas não gostou. De toda forma, soltou a bicicleta.

Livre, comecei a pedalar e ele novamente segurou a bicicleta. Tentei resistir, mas algo mais forte que eu fez que eu tacasse a pedra nele. Não queria feri-lo, mas apenas queria que ele soltasse a bicicleta de uma vez por todas. Eu havia jogado, com força, uma pedra do tamanho de uma mão fechada no peito do garoto, o que fez que ele fosse jogado para trás e parasse por alguns segundos. Ele soltou a bicicleta, mas ficou muito, mas muito nervoso.

Sobre a bicicleta, eu acelerei, enquanto via ele gritar e correr atrás de mim. Como estava de bicicleta, logo ele ficou para trás. Dei risada da cara dele enquanto me distanciava, mas depois fiquei com peso na consciência pelo o que eu tinha feito, ao mesmo tempo que pensava que o garoto também havia merecido.

Nunca havia me comportado daquela forma agressiva. Estava assustado comigo mesmo. De qualquer forma, nada de grave havia acontecido e eu estava a caminho de Delhi. Era melhor apenas pedalar.

Quando vi o trânsito ficando mais voraz, percebi que deveria estar perto da capital indiana. O trânsito era intenso, porém mais organizado que nas outras cidades pelas quais passei, mesmo assim, muito difícil para alguém com uma bicicleta carregada. Fiquei travado no congestionamento e, num determinado momento, fui empurrado por um *rickshaw*, bati meu bagageiro numa guia alta e ele rachou ao meio.

Apesar de ainda segurar meu alforje dianteiro esquerdo, o bagageiro balançava um pouco, o suficiente para me fazer pensar em como eu o consertaria. Seria arriscado demais continuar a viagem daquele jeito. Deixei para pensar nisso depois e segui para o endereço que eu tinha: um albergue na zona mais tranquila da cidade, Chanakyapuri, onde estão localizadas todas as embaixadas.

O albergue era grande, limpo e organizado. Tinha de haver algo de ruim, e havia mesmo: os funcionários. Logo na recepção, um sujeito me disse que o albergue estava cheio. Perguntei se poderia fazer uma reserva e ele disse que estava cheio para o mês todo. Perguntei se poderia fazer uma reserva para o mês que vem e ele respondeu que estava cheio para sempre. A típica educação indiana, que apenas fez que eu sentisse, mais uma vez, a vontade de surrar um indiano, mas resisti, e, na impossibilidade de me hospedar ali, eu tive de aceitar a resposta.

Quando saía do local, conheci um refugiado do Sudão que estava hospedado no albergue, e ele me deu uma dica: disse que aquele sujeito era assim mesmo e fazia isso com todos não indianos - vale lembrar que essa era uma hospedaria para estrangeiros. O jeito era eu esperar a chegada de outro recepcionista para fazer minha reserva. Como já era quase noite, e eu nem sabia que hora outro recepcionista chegaria, resolvi seguir para a zona da cidade mais famosa entre os turistas: Paharganj, que eu já imaginava como seria.

Demorei para conseguir encontrar o local, pois estava a cerca de 7 quilômetros de onde eu estava, mas após algumas perguntas, consegui chegar. Encontrei um lugar como eu imaginava: sujo, lotado e com muita buzina. Já que não tinha opção, procurei um hotel e, depois de algumas tentativas, encontrei um local para passar uma noite ou duas. Após me instalar e tomar um banho gelado, fui para as ruas da cidade, em que encontrei turistas que acabavam de pisar na Índia, todos gastando bastante, comprando tudo, comendo por centavos e dizendo que não ligam para a sujeira, porque vieram para a Índia atrás de respostas e de um sentido para a vida.

Cada maluco com sua loucura. Eu apenas desejei boa sorte para todos. Não queria ser o estraga-festa da viagem deles. Espero que eles encontrem respostas boas, pois a única que eu encontrei até agora continua me dizendo: saia deste país!

Domingo (7 de outubro de 2007)
Delhi - Nova Delhi

Pela manhã, fui logo para o albergue onde eu queria ficar para conversar com outro recepcionista e conseguir uma estadia de alguns dias, já que precisaria ficar na cidade por pelo menos uma semana, tempo necessário para eu obter os vistos do Paquistão e do Irã. Ao conversar com outra recepcionista - igualmente antipática, mas, pelo menos, não mentirosa - descobri que havia várias camas vagas e fiz o meu *check-in*, tendo de fazer um novo cartão de membro, pois o meu já havia vencido.

Chanakyapuri, o bairro onde eu me instalei agora, ao lado das embaixadas, é o lugar mais sereno que eu vi neste país e nem parece Índia, o que explicava o fato de eu gostar dele. Se retirassem os poucos indianos que havia por ali, seria perfeito, mas também já seria demais. Contentei-me com a conquista, que já havia sido grande, pois estar num local sem vacas, macacos e fezes na Índia já é um grande feito para este país.

Almocei num dos restaurantes da região e, depois, fui dar uma volta pelo local, que, à primeira vista, me agradou, parecia mais civilizada e com pessoas boas. Fora o conjunto de facilidades que ela oferece. Depois de conhecer melhor o local no qual eu teria de passar meus próximos dias, voltei para a hospedagem para buscar na internet as informações básicas sobre como eu tiraria o visto, arrumaria a bicicleta e daria jeito em mais uma série de coisas antes de seguir para o Paquistão, o que não iria acontecer tão cedo.

Tive de importar as peças para a bicicleta, entre elas, um novo bagageiro dianteiro, já que um *rickshaw* havia quebrado o que eu tinha. Também importei mapas e guias de viagem para meus próximos destinos. Tive de rodar um dia todo para encontrar um novo par de pneus para a bicicleta. Assim como fui diversas vezes às embaixadas do Brasil, do Paquistão e do Irã para providenciar a documentação necessária para conseguir os vistos e seguir viagem. Nada era fácil e nem muito barato, mas eram essenciais para que eu seguisse viajando. Ainda mais para onde estava indo. Nunca sabia onde encontraria uma bicicletaria boa, nem onde acharia uma livraria ou coisa do tipo em meus próximos países.

No total, fiquei mais de duas semanas em Delhi para conseguir fazer e receber tudo o que precisava. Foi uma parada longa, mas essencial para colocar tudo em ordem. Ao final de meus dias na capital indiana, estava com tudo pronto para seguir para países que ainda eram incógnitas para mim. Informações confiáveis sobre Paquistão e Irã pareciam ser muito raras. Ao sair de Delhi, passei por uma banca de jornal e vi que a capa da *Newsweek* daquela semana era justamente sobre o Paquistão, com o título: *"O país mais perigoso do mundo não é o Iraque, é o Paquistão!"*. E era para lá que eu seguia.

METRALHADORAS E HAXIXE

19

Em poucos dias, cruzei o estado indiano de Punjab, conhecido por ser território dos *sikhs*. Os adeptos dessa religião são conhecidos por nunca cortarem seus cabelos e barbas, assim como por usarem sempre um turbante na cabeça para guardar e esconder sua longa cabeleira. Punjab parecia mais organizado e civilizado que as outras regiões pelas quais eu havia passado no país, mas ainda era a Índia. Após apenas quatro dias de viagem, cheguei a Amritsar, cidade sagrada do povo *sikh* e onde está o Templo Dourado, local mais importante dessa religião e destino de peregrinação para milhões de pessoas.

O Templo Dourado era um lugar bastante especial. Ficava aberto 24 horas por dia, oferecendo abrigo e comida para todas as pessoas que visitavam o local, sem nenhum tipo de discriminação. Aproveitei meu último paradeiro na Índia para conhecer de perto essa religião. Hospedei-me no templo, numa área reservada a estrangeiros, e comi no imenso refeitório do complexo religioso. Eram três refeições por dia, sempre iguais: *chapati*, *dahl* e água. Para comer, todos ficavam sentados no chão, sobre grandes tapetes que eram estendidos e retirados conforme as pessoas chegavam e saíam. Lá, cada um esperava os voluntários passarem entregando o alimento.

O *dahl* passava numa bacia e, com uma concha, era colocado no prato de quem estava sentado. A água vinha dentro de um barril com rodas, cuja torneira era aberta quando o copo estava no lugar certo. Por fim, o *chapati* apenas era distribuído quando a pessoa estendia suas duas mãos à frente e olhava para o senhor que o entregava. Caso contrário, nada de *chapati* para aquela pessoa.

Fiquei apenas dois dias em Amritsar e, logo em seguida, pedalei para a única fronteira aberta entre a Índia e o Paquistão. Essa fronteira era um caso à parte. Achei que encontraria uma região tensa, com cercas eletrificadas, minas terrestres, câmeras, muitos guardas e grande controle, mas o que encontrei foi apenas um grande circo armado para um *show* diário ao melhor estilo dos filmes de Bollywood. Tratava-se da cerimônia de recolhimento das bandeiras dos dois países. Em cada lado da fronteira, havia arquibancadas. Tanto durante a abertura, quanto durante o fechamento dos portões, havia uma grande cerimônia com músicas e danças – especialmente no lado indiano. Era difícil de acreditar que toda aquela rivalidade era tratada daquela forma: com dança, música e festa. Mas, a essa altura de minha viagem, especialmente após os meses na Índia, eu não duvidava de mais nada. Apenas queria sair daquele país, nem que tivesse de dançar na fronteira para isso. No dia 30 de outubro de 2007, eu cruzei a fronteira.

Terça-feira (30 de outubro de 2007)
Amritsar - Lahore (61 km)

Já sabia que hoje seria o meu último dia na Índia e eu não tinha como negar a felicidade que isso me trazia. Ao mesmo tempo, não podia esconder a apreensão que eu tinha dentro de mim por estar seguindo para o Paquistão, uma terra que carrega tantas histórias e lendas. Se todas elas fossem verdade, eu já estaria morto antes mesmo de chegar à minha primeira cidade no país. De toda forma, precisava saber o que era verdade neste mundo feito de mentiras.

Despedi-me do Templo Dourado e do povo *sikh*. Despedi-me das hordas de turistas. Despedi-me dos *hippies* buscadores da felicidade. E, finalmente, subi na bicicleta. Antes de deixar a cidade, no entanto, eu me perdi pela última vez na Índia antes de encontrar o caminho. Pouco mais de uma hora depois de minha saída, já estava na fronteira, pronto para iniciar o processo de carimbos, de formulários e de horas de espera.

A organização do lado indiano não conseguia ser boa mesmo, assim como a educação dos funcionários. Depois de mais de uma hora de espera, eu consegui ganhar o cartão verde para cruzar a fronteira, mas, antes, fui trocar minhas rúpias indianas, que não valeriam nada no lado de lá. Depois da troca, tive, ainda, de assinar mais alguns papéis e, enfim, cruzei o portão.

Pensei que o lado paquistanês seria pior. Apenas pensei. Com toda a educação e um ótimo inglês, os policiais paquistaneses me indicaram para onde ir. Um soldado me indicou o que fazer e onde deixar a bicicleta. Preenchi o formulário e, depois de ter meu passaporte carimbado dentro do centro de imigração, que poderia ser de qualquer país desenvolvido, tamanha organização e limpeza, fui passar pela revista de bagagem, na qual os simpáticos policiais apenas perguntaram o que eu tinha e me deixaram passar sem abrir nenhuma de minhas malas.

Pronto, estava oficialmente no Paquistão e havia sido mais fácil que eu imaginava. Pedalei poucos metros para dentro do país e já via uma cultura diferente, um idioma diferente, trajes diferentes e rostos diferentes. Era uma diferença enorme, que não chegava ao outro lado por causa da pesada fronteira, que não deixava o caminho livre entre os dois países.

A estrada continuava boa, assim como era na Índia, mas quase não havia carros na pista e os poucos que transitavam por ali quase não buzinavam. Eles não eram excelentes motoristas, mas pelo menos não faziam questão de mostrar suas buzinas. Isso foi um grande alívio para mim. A poluição continuava pesada. Fiz uma breve parada perto de um posto de gasolina ao lado da pista e percebi que diversas pessoas tinham armas, em sua maioria, metralhadoras e escopetas.

Essa imagem, numa foto tendenciosa - como as que são colocadas nas revistas -, poderia indicar o início de uma guerra, mas a realidade é que até mesmo aquelas pessoas que levavam armas eram simpáticas e educadas. Era uma cena peculiar e, de certa forma, estranha também. De toda forma, não fiquei ali para ver como eles usavam suas armas e segui em frente, na direção de Lahore, a segunda maior cidade do país.

Conforme eu me aproximava da cidade, o trânsito ficava cada vez mais caótico, mas, mesmo assim, sem buzinas. Ao entrar na cidade, eu sabia que seria bom ligar para o número de telefone que tinham me dado, mas, para isso, seria bom conseguir um telefone. Como eu já previa, não havia telefones públicos, e a melhor saída seria comprar um novo *chip* telefônico para mim e já ter um número paquistanês também.

Estava perdido em Lahore e não tinha a menor ideia de que direção eu tinha de tomar. Assim, resolvi apenas procurar uma loja de celular. Em meio à confusão das ruas, foi um pouco difícil me deslocar de um lugar para o outro, mas num tempo menor que eu previa, eu já tinha meu número de celular do Paquistão, por uma quantia equivalente a 6 reais. Com o telefone aparentemente funcionando, eu resolvi ligar para o número que eu tinha e - sem me surpreender - descobri que o número estava desligado.

Era hora de mudar os planos. Seria bom eu ir para algum hotel da cidade. Segui, então, para um hotel que é uma instituição na cidade, e creio que 90% dos turistas ocidentais fiquem nele quando estão em Lahore. Anotei o nome da rua e fui perguntando pelo caminho. Ao contrário da Índia, as pessoas aqui me informavam com todo o carinho e pareciam realmente preocupadas comigo. Fiquei feliz com isso, mesmo quando eu não entendia nada da informação que eles estavam me dando em *urdu* (o idioma local).

Em pouco tempo e depois de poucas ruas, cheguei ao local, que, à primeira vista, não parecia nada agradável. Localizado numa rua pequena e suja, com apenas uma pequena porta que dizia o nome do hotel: "Regale Internet Inn". Depois da pequena porta, havia um jogo de escadas que levava para o segundo andar do prédio. Assim, deixei a bicicleta no lado de fora e subi para conferir o lugar.

Os quartos estavam cheios e só havia algumas camas no dormitório. Isso não era um problema para mim, o mais difícil mesmo foi levar a bicicleta e os alforjes para cima. Depois, foi tudo tranquilo. Conheci o dono do local, Malik, e fui, aos poucos, conhecendo todos os hóspedes e, até mesmo, os moradores do local, gente que já estava no Paquistão há meses. Quando arrumava minhas coisas no quarto para seis pessoas, conheci um casal canadense e mais três viajantes da Islândia, o que é realmente difícil de ver, já que esse país tem apenas 300 mil habitantes.

Com os islandeses, eu saí para comer. Eles eram muito simpáticos e, naquele momento, já estavam há mais de um mês no Paquistão. Eles não estavam apenas viajando, mas, sim, à procura de outro lugar para viver, já que a Islândia parecia não os agradar. Tudo indicava que eles não sairiam mais do Paquistão e, nesse momento, eles estavam escolhendo um lugar para montar uma casa.

Depois de tanto tempo de Índia, o Paquistão parecia um milagre em meu caminho. Limpo (comparado com a Índia), sem buzinas, com pessoas educadas e, até mesmo, com carne de vaca! Era tudo o que eu queria. Podia até mesmo comer sem me preocupar como na Índia, onde não me lembro de ter comido algum prato sem um cabelo, um mosquito ou algo que eu não consegui identificar. Parecia que meu caminho estava mudando, e para melhor.

À primeira vista, o Paquistão era tão pobre quanto a Índia, mas havia algo de diferente no olhar das pessoas e na atmosfera de lá. Talvez fosse a religião, mas não dava para saber ainda. O importante é que os paquistaneses eram educados e muito mais limpos que os indianos. Eu pedalava pelas ruas de Lahore com uma tranquilidade que eu não tinha na Índia.

Em minha primeira refeição paquistanesa, me sentia muito bem, como se estivesse num bar de frente para o mar comendo algo delicioso e tomando uma cerveja. O alívio de deixar a Índia era tão grande que transformava até o Paquistão num paraíso. Em Lahore, eu podia sentar numa mesa na calçada – o que não existia na Índia –, comer sem ser incomodado por hordas de mendigos famintos, sem me preocupar em ter uma diarreia logo em seguida e caminhar pelas ruas sem ser parado por motoristas de todos os tipos. Enfim, eu me sentia em casa no Paquistão, graças à Índia. Mais que isso, a hospedagem na qual eu estava era um dos lugares mais interessantes que eu já havia conhecido.

Sábado (3 de novembro de 2007)
Lahore - Islamabad - Caminho para as montanhas do norte

Eu, que me sentia em casa na hospedagem onde estava, passei a reparar num ponto interessante: quanto o Paquistão é diferente da Índia. Mesmo estando tão próximos, há inúmeras diferenças entre os dois países, inclusive em relação aos seus visitantes. Aqui, ninguém vem em busca de mestre, atrás de resposta ou como marinheiro de primeira viagem; aqui, só chega quem sabe viajar e, especialmente, aqueles que não acreditam em tudo o que a imprensa diz, porque os que acreditam têm medo até mesmo de pensar no nome deste país.

Todos os estrangeiros que eu conheci aqui tinham uma história incrível para contar. Havia gente viajando de bicicleta, de moto, de carro e até de parapente, assim como pessoas vindo de países como Afeganistão e Iraque. Não havia como negar que as histórias que eram contadas na hospedagem eram as melhores que eu já havia ouvido. Além disso, havia uma grande troca de informações entre os viajantes, que quase sempre seguiam em direções opostas, mas se ajudavam.

Como havia gostado do Paquistão e encontrado um bom lugar para me hospedar, resolvi abrir um parênteses em minha rota, deixando a bicicleta para trás por alguns dias e seguindo para o extremo norte do país, próximo à China, ao Afeganistão e ao Tajiquistão, pela Karakoram Highway, uma das estradas mais famosas do planeta. Com trechos que já foram da Rota da Seda, a Karakoram é a estrada pavimentada mais alta do mundo, considerada por muitos a "Oitava Maravilha do Mundo", por suas belezas e dificuldades de acesso.

Com apenas uma mochila nas costas, subi num ônibus e segui para o norte do país rumo às altas cadeias de montanhas daquela região. No caminho, descobri que o então presidente do Paquistão, Pervez Musharraf, havia acabado de decretar estado de emergência em todo o país, o que parecia o início do caos para quem acompanhava a política do país do lado de fora – como os meus pais, no caso. Mas para quem estava lá dentro, como eu, isso não alterava nada e, caso houvesse alguma mudança, apenas iria me beneficiar, pois aumentava o poder do governo, justamente quem me protegia nas áreas de risco.

De qualquer forma, no norte do Paquistão, onde eu estava, o estado de emergência não chegava. A região parecia um país à parte do restante. O idioma, as pessoas, a religião, o clima, as roupas, tudo era diferente. Naquela região era possível se sentir em outra parte do mundo, longe de qualquer conflito ou problema que estivesse acontecendo no Paquistão. Passei quase uma semana entre as altas montanhas do norte do país, dividindo meu tempo entre caminhadas, alimentos quentes e lareiras.

Nesse período, descobri um dos lugares mais bonitos do mundo, com montanhas que pareciam ter sido desenhadas e pessoas muito acolhedoras e simpáticas. Mas, como essa região apenas representava um desvio em minha rota, logo tive de voltar para Lahore, passando por Islamabad, a capital do Paquistão.

Ao contrário das montanhas, Islamabad já mostrava os efeitos do estado de emergência declarado há poucos dias. Um feriado havia sido decretado de última hora e a cidade estava quase toda fechada. Foi difícil encontrar um lugar para passar a noite, assim como ir embora da cidade. Ao pegar um táxi para a rodoviária, logo pela manhã, deparei-me com um enorme congestionamento nas ruas da capital. Nenhum carro andava. Como vi que a rodoviária estava perto, disse ao motorista do táxi que iria caminhando e, assim, descobri o motivo da confusão. Haviam acabado de matar dois sujeitos na estrada, como acerto de contas. Foi tudo o que eu soube.

O clima estava esquentando no Paquistão e, quando cheguei a Lahore, vi que boa parte dos turistas que estavam na cidade já tinham ido embora com receio de que algo pior acontecesse. Eu havia acabado de chegar e ainda teria de atravessar o país de bicicleta. Ao sair pelas ruas, sempre me deparava com jornalistas de grandes agências de notícias reunidos em frente ao tribunal, armados com suas câmeras e à espera de alguma manifestação de violência. Uma semana depois, as fotos desses jornalistas já estavam nas capas de diversas revistas ao redor do mundo.

Metralhadoras e barreiras começaram a fazer parte da paisagem das cidades e era possível ver policiais e soldados armados por toda parte. A tensão entre os paquistaneses só não era maior em razão do costume de fumar haxixe. Como o álcool era algo proibido pela religião muçulmana e também muito difícil de se conseguir, mesmo sendo estrangeiro, todos os homens fumavam haxixe como se fosse cigarro.

Entre um cigarro de haxixe e metralhadoras prontas para disparar, eu concluí que era melhor começar a pedalar o quanto antes para não esperar aquela bomba-relógio explodir enquanto eu estivesse no país. O risco parecia não ser iminente – mesmo com Benazir Bhutto na cidade e inúmeras mensagens de grupos terroristas dizendo que iriam matá-la num atentado à bomba – mas meu tempo era curto, o caminho era longo e o inverno se aproximava rapidamente, com dias que ficavam progressivamente mais curtos. No dia 13 de novembro de 2007, deixei Lahore com o objetivo de chegar a Quetta, uma cidade tribal já próxima ao Afeganistão, e ao Irã o mais rápido possível.

Segui para o sul, pedalando cerca de 100 quilômetros por dia e recebendo a ajuda de paquistaneses, que frequentemente convidavam para que eu me hospedasse em suas casas. Enquanto estava no estado de Punjab, considerado seguro, tudo estava tranquilo, mas, assim que deixei essa parte do país, fui obrigado a ter escolta 24 horas por dia comigo. Geralmente, dois policiais me seguiam montados numa motocicleta, cada um com sua AK-47. Quando eles estavam sem paciência, obrigavam-me a colocar a bicicleta dentro da caminhonete da polícia para me levar até outro posto policial de beira de estrada. Quando estavam generosos, liberavam-me para pedalar sozinho – o que era raro.

Assim, sempre próximo de policiais e metralhadoras, eu segui Paquistão adentro, passando por ruínas de milhares de anos, por vilarejos miseráveis, acampando em postos de gasolina, hospedando-me na casa das pessoas e conhecendo zonas tribais nas quais imperava a lei do mais forte e o governo era considerado um inimigo.

Entre algumas pequenas dificuldades sempre contornáveis, fui seguindo em frente, sabendo que em pouco tempo eu chegaria a Quetta, onde teria um verdadeiro desafio: pedalar mais de 600 quilômetros por uma estrada praticamente deserta, para chegar até a fronteira do Irã. Sabia que, com a altitude e o frio que fazia naquela região, isso seria uma tarefa bastante difícil.

Tudo corria bem até eu me hospedar na cidade de Sukkur, quando fui obrigado a tomar o café da manhã do hotel – o que eu evitava fazer normalmente. Como a cidade toda estava fechada nesse dia, uma sexta-feira, tive de abrir uma exceção. Tomei o café, que me pareceu normal, e retornei à estrada logo cedo. Porém, logo em seguida, comecei a não me sentir bem. O diário do dia 24 de novembro de 2007 conta bem o que aconteceu.

Sábado (24 de novembro de 2007)
Sukkur - Shikarpur (44 km)

Em pouco mais de uma hora de pedalada, comecei a sentir uma forte dor no estômago e não sabia o que era. Achei que poderia ser pelo café que eu havia tomado, mas, à medida que a dor foi crescendo, eu percebi que, se fosse o café, ele deveria estar estragado.

A dor foi se tornando tão intensa que eu já não conseguia pedalar direito. Fui obrigado a parar a bicicleta na beira da pista, sentar no chão e apenas ficar parado. Percebi que eu tinha um grande problema. Quando levantei, senti forte tontura e ânsia de vômito. Achei melhor colocar para fora aquilo que estava me fazendo mal e vomitei, mas não tanto quanto eu esperava e, aparentemente, longe do necessário também.

Subi na bicicleta mais uma vez e, com a velocidade extremamente baixa, segui em frente. Quando cheguei a uma bifurcação não sinalizada na estrada, resolvi parar num posto de gasolina e perguntar qual era o caminho para Jacobabad, cidade na qual eu queria chegar. Eles disseram que era o caminho da direita. Perguntei se tinham água. Eles, então, perceberam que eu não estava bem e disseram que iriam me trazer algo para beber. Sentei numa cadeira e esperei.

Quando a água chegou, eu tomei boa parte da garrafa em um gole só e depois deitei numa cama suja que eles haviam trazido para mim. Acabei dormindo e, quando levantei, minha ânsia estava ainda mais forte, assim como as dores que eu sentia no estômago. Era hora de vomitar. Levantei e desta vez, vomitei tudo ou quase tudo que tinha dentro de mim. Mas, com o vômito, veio também a diarreia. Nesse momento, tive de admitir que eu não chegaria a Jacobabad hoje. Teria de ficar em Shikarpur e seguir viagem apenas na manhã seguinte.

Perguntei se havia algum hotel na cidade e eles disseram que sim, porém, como turista, eu era obrigado a ser escoltado nesta cidade. Assim, ligaram para a polícia, que chegou em pouco tempo e me conduziu até a delegacia da pequena localidade. Na delegacia, que mais parecia um mercado de peixe, eu preenchi algumas folhas com meus dados e, depois, tive de esperar um policial chegar para me conduzir até o hotel, a 50 metros dali.

Devo confessar que aquilo não era nada agradável. Eu não podia ir a lugar algum sem os policiais, e eles eram chatos. O hotel era uma porcaria, sujo, e os policiais ficavam a cada cinco minutos batendo em minha porta ou entrando em meu quarto. Um deles até arrombou a porta do meu quarto, pensando que um grito que ele havia escutado viera de dentro dele. Em resumo, a noite não foi fácil.

Eu não tinha apetite algum e me contentei com algumas tangerinas e bananas para guardar minhas energias para conseguir deixar a cidade ainda amanhã.

O dia seguinte não foi menos difícil. Logo pela manhã, os policiais me acordaram batendo na porta do meu quarto sem parar e, depois, conduziram-me à direção de Quetta. Consegui, ainda, pedalar alguns quilômetros, o que, em razão de minha saúde, foi algo sacrificante. O fim das minhas energias coincidiu com o início do estado do Baluchistão. Era uma região tribal do Paquistão, onde o governo não tinha poder sobre as cidades nem sobre sua população. Nesse estado, eu era obrigado a ser escoltado o tempo todo. Até Quetta, viajei quase sempre dentro de uma caminhonete da polícia local que era trocada a cada dez quilômetros, pois cada grupo policial tinha sua jurisdição específica.

Após trocar de caminhonete sete vezes em cerca de 50 quilômetros, percebi que aquilo não me levaria a lugar algum e tentei conversar com os policiais sobre alguma alternativa. Como vi que eles não me deixariam em nenhuma cidade pelo caminho e muito menos me deixariam pedalar, pedi para que me levassem até alguma rodoviária na qual eu pudesse tomar um ônibus para Quetta. Após algum tempo, eles pararam num movimentado vilarejo, em meio a um mercado, justamente onde havia um ônibus velho seguindo para o meu destino. Os policiais me ajudaram a subir a bicicleta e a bagagem para o topo do ônibus e, quando fui procurar um lugar dentro do veículo, descobri que também teria de ir lá em cima. Sentei no teto do ônibus e aproveitei a vista durante os quase 300 quilômetros que me separavam de Quetta. A estrada era deserta e até os vilarejos que estavam em meu mapa não passavam de agrupamentos empoeirados de casas. Não havia quase nada naquela parte do país.

Cheguei a Quetta no início da noite, quando o frio começava a ficar muito forte, especialmente para quem viajava no teto do ônibus. Encontrei facilmente uma hospedagem e saí para comer em um restaurante indicado no guia que eu carregava. A refeição estava ótima e me ajudou a descobrir o que eu provavelmente havia pego no café da manhã uns dias antes: um parasita chamado *Giardia lamblia*. Eu me sentia muito mal e, além de uma forte disenteria, também vomitava e arrotava algo que tinha cheiro de ovo podre. Com isso, fiz um autodiagnóstico e procurei na internet qual seria o tratamento para a giárdia. Fui à farmácia e comprei uma quantidade cavalar de tinidazol, que parecia ser o antibiótico certo para esse tipo de infecção. Tomei a dose recomendada e, depois, fui tomando probióticos para recompor minha flora intestinal, que, a essa altura, já estava danificada tanto pelos parasitas quanto pelos antibióticos que eu era forçado a tomar.

Havia tomado o remédio certo, pois, no dia seguinte, já me sentia muito melhor e com mais energia. O problema é que meu visto estava prestes a acabar e eu teria de ir a uma delegacia para renová-lo. Quando fui fazer isso, tive de falar meus planos para a polícia; esta logo grudou em mim e disse que eu não poderia pedalar pela estrada que eu queria e que o melhor a fazer seria tomar um ônibus até a fronteira do Irã. Não tive escolhas, sempre acompanhado por um policial, fui obrigado a subir num ônibus noturno para atravessar os 600 quilômetros que separavam Quetta da fronteira iraniana. Dentro de um ônibus frio e desconfortável, eu vi o deserto passar por mim em uma escura noite estrelada. Os buracos da estrada não me deixavam dormir e fizeram aquela fria noite ficar mais longa que deveria ser.

Irã - Mesquita de espelhos em Esfahan.

Irã - Parado em frente a uma casa de arquitetura iraniana tradicional.

MUDANÇA DE PLANOS

Mesmo com todas as adversidades, quando o dia amanhecia, o ônibus parou em seu destino final. A viagem não havia sido fácil, mas o resto daquele dia não seria menos difícil.

Quarta-feira (28 de novembro de 2007)
Taftan (Paquistão) - Zahedan (Irã)

Eu havia conseguido finalmente dormir no ônibus, que parecia estar numa espécie de *rally* até a fronteira com o Irã, e foi exatamente nesse momento que o veículo parou definitivamente. Eram quase 6 horas da manhã e ainda estava escuro no meio do nada em que me encontrava. Havia apenas um restaurante vazio aberto, à espera dos viajantes com destino ao Irã. Os passageiros pegaram suas malas e correram para dentro da simples casa, para fugir da temperatura negativa.

Até esse momento, eu não havia tido nenhum contratempo, mesmo sabendo que estava bastante propenso a ser surpreendido quando pegasse minha bicicleta que viajara no topo do ônibus sem muitos cuidados - apesar de minhas reclamações e brigas para que tomassem o máximo cuidado possível com ela. Minhas malas desceram primeiro e pareciam estar intactas. Até aí, tudo bem. Foi, então, a vez da bicicleta, que, dessa vez, desceu machucada. A pintura tinha sido raspada de forma profunda, quase amassando o quadro.

Não pude acreditar naquilo. Mesmo depois de ter orientado todos do ônibus a tomarem cuidado com a bicicleta e não colocarem nada sobre ela, parecia que eles haviam feito exatamente o contrário. Era com tristeza que eu olhava o estrago. Nesse momento, começou uma discussão entre mim, os funcionários do ônibus e mais algumas pessoas que vieram comprar a briga, tanto do meu lado quanto contra mim.

Obviamente, a discussão não resultou em nada e a minha bicicleta continuou com a marca do descaso desta parte do mundo. Entrei no restaurante, levei minha bagagem, mas, não confiando na comida local - afinal, estava traumatizado -, comi as tangerinas que trazia comigo desde Quetta. Em pouco tempo, o dia nasceu e mostrou a paisagem incrível da região, de cadeias de montanhas pontiagudas que cresciam de ambos os lados da paisagem. Subi, então, na bicicleta e fui dar uma volta pela área, para a que seria minha última pedalada no Paquistão.

O relógio marcava 7 horas, e a fronteira só abriria às 9h30 da manhã. Enquanto esperava, fui conhecer a cidade de Taftan, que já tinham definido para mim como o "inferno em plena Terra". Esse povoado não era assim tão horrível, mas estava longe de ser classificado como bonito. Era cheio de casas de barro mal-acabadas, sujeira e pilhas de ferro velho, que pareciam alimentar a maior indústria local. Taftan não era um local para se passar mais que algumas horas. Foi em meio a esse cenário que eu conheci pessoas que moravam ali e me contavam histórias dos traficantes do Afeganistão e da polícia iraniana, fazendo parecer que o Paquistão era apenas uma inocente vítima na mão de seus vizinhos.

Após algumas histórias e da boa hospitalidade paquistanesa, olhei o relógio e me dirigi à fronteira para carimbar minha saída do país. Esse processo foi mais rápido que eu previa. Com o sinal verde para deixar o Paquistão, eu cruzei a linha divisória. O outro lado, o iraniano, não poderia me passar uma melhor impressão num primeiro momento.

A fronteira iraniana era organizada, limpa e moderna, decorada exclusivamente com fotografias do Aiatolá Khomeini, que parecia ser uma espécie de deus naquele local. Essa foi minha primeira impressão, que não estava errada, mas, é claro, que não podia ser tomada como uma verdade de todo o Irã. Passado o primeiro contato, teve início o que seria um dos meus maiores pesadelos desta viagem. Logo que pisei no lado iraniano da fronteira, um soldado se aproximou de mim, pediu meu passaporte e mandou que eu o acompanhasse. Ele falava apenas em persa comigo, de forma direta e fria - o que era o oposto do lado paquistanês, diga-se de passagem. Sem entender muito bem, fiz o que ele disse.

Pensei que tudo seria fácil e simples, mas ainda estava longe de saber o que estava por vir. Ele me pediu para conversar com outro soldado, mas nenhum deles falava inglês - e nem qualquer outro idioma além do persa. Apesar de não entender nada do que eles diziam, percebi que alguma coisa não estava normal. Pouco tempo depois, eu descobri que não teria meu passaporte devolvido tão cedo, pois teria de esperar um soldado chegar até onde eu estava para me escoltar até a cidade de Zahedan, a cerca de 90 quilômetros da fronteira.

Achei que não haveria problema algum naquilo e que, logo, poderia pedalar até a cidade, sendo acompanhado por uma metralhadora ambulante, como acorria no Paquistão. Quando o soldado chegou, não me cumprimentou e apenas disse algumas palavras em persa. Disse que não entendia e ele já começou a perder a paciência. Já um pouco preocupado com a minha situação, procurei alguém que pudesse traduzir o que ele dizia para mim. Encontrei um taxista.

Em resumo: o soldado não tinha nenhum veículo para me acompanhar ou me conduzir até Zahedan e desejava que eu fizesse tudo da forma mais rápida possível. Ele queria que eu tomasse um táxi e fosse para a cidade com ele. Eu, em contrapartida, não queria pagar um táxi. Preferia tomar um ônibus e, se possível, deixar o soldado tomando um café na fronteira. Mas isso não era possível. Não havia nenhum ônibus público no local, apenas fretados, que prontamente se recusaram a me levar. Os táxis, por sua vez, projetados para levar de quatro a cinco pessoas, não comportavam mais que minha bagagem, minha bicicleta, um soldado e eu.

A situação começou a ficar mais delicada, pois estava percebendo que teria de pagar um táxi sozinho até Zahedan, o que me custaria em torno de 35 reais. Não era nenhuma fortuna, mas apenas dinheiro jogado fora. Depois de muita discussão e de perceber que eu estava dando murro em ponta de faca, paguei um táxi para me levar até Zahedan. Eu ainda não sabia o que era a força militar do Irã e não estava nada contente com a situação, mas não tive saída alguma.

Em menos de dez minutos de estrada, o táxi parou para que fosse feita a troca de soldados para me escoltar até Zahedan. Essa simples troca levou mais de uma hora por simples descaso dos militares. Eu já começava a perceber que os militares iranianos acreditavam ser os donos do mundo - ou, pelo menos, desta parte do mundo. Eles vinham dar risada da minha cara e falar algumas bobagens em persa, o que apenas me fazia questionar o que aconteceria comigo dali à frente.

Feita a troca, o táxi seguiu por mais 30 minutos e parou em outro posto policial. Mais uma hora, soldados, piadas e risadas em persa e o táxi seguiu para Zahedan. A cidade me pareceu bastante atrativa à primeira vista, se comparada aos padrões do Subcontinente Indiano (Bangladesh, Índia, Nepal e Paquistão). Parecia que eu tinha acabado de voltar ao mundo civilizado. Ruas largas, limpas, carros dirigindo tranquilamente e nada de buzinas. Essa rápida mudança fez o Irã até parecer monótono e entediante num primeiro momento, mas os soldados que estavam comigo já se preparavam para deixar minha vida muito mais emocionante.

O táxi parou numa espécie de delegacia e, ainda sem entender nada do que estava acontecendo e do que falavam à minha volta, fui obrigado a permanecer dentro do carro. Quando já não aguentava mais aquele teatro, resolvi sair e começar a montar minha bicicleta, sob os olhares desconfiados dos garotos de 18 anos que seguravam enormes metralhadoras. Nesse momento, parou outro táxi atrás de mim e dele saiu uma mulher que havia se hospedado no mesmo lugar que eu em Lahore, no Paquistão. Entre os hóspedes daquele hotel, ela era conhecida como "a francesa louca" - e eu sabia que a chegada dela não seria boa para mim.

Eu não estava errado. Ela demorou uns dez minutos para me reconhecer, mas, quando conseguiu, gritou de alegria, abraçou-me e me deu dois beijos, como nós fazemos no Brasil para cumprimentar uma pessoa do sexo oposto. O problema é que, aqui, no Irã, uma demonstração de afeto como essa é algo inconcebível. Ainda mais pelo fato de uma mulher estar tocando um homem em público. Os soldados não podiam acreditar no que estavam vendo.

Os taxistas foram embora e nos deixaram com os militares, que não falavam e não entendiam nada além de persa. Esse foi o problema. Eles passaram a pensar que eu estava viajando junto com a francesa louca e, pior, que ela era minha mãe. Pois, essa era a única explicação lógica para uma mulher mais velha encostar em um homem no meio da rua, pelo menos, na cabeça de um iraniano xiita. E, sim, ela tinha idade para ser minha mãe.

Os soldados pediram para que ela entrasse no veículo e me obrigaram a colocar as malas dela no carro da polícia. Já estava sem paciência e recusei a ordem, falando para o soldado fazer isso e tirando um sarro da cara dele. Acho que não fiz muito bem. Ele veio em minha direção para me bater, o que só não aconteceu porque os outros soldados o seguraram. A situação estava bastante delicada, e eu já me perguntava o que aconteceria comigo no Irã.

Com a louca no carro, eu fui obrigado a segui-los até um destino que ninguém sabia, exceto os soldados. Eu pensava que me levariam para um hotel, a louca pensava que a levariam para o terminal de ônibus, mas corretos estavam apenas os militares, que nos levaram para outra delegacia. Ali, deixaram-nos num pátio isolado, impedindo qualquer um de chegar perto, privando-nos de qualquer comunicação com o mundo exterior. Aquilo não estava certo, e eu não conseguia entender mais nada do que estava acontecendo. Já achava que eles iriam nos prender, e um processo kafkiano teria início.

Nessa delegacia, a francesa louca, que estava falando um monte de bobagens para quem quisesse ouvir, acendeu um cigarro - algo proibido naquele local - e me mostrou alguns pedaços de haxixe dentro de sua caixa de fósforos, enquanto dava risada e mostrava o seu dedo do meio para o policial da porta. Eu percebi que estava perdido com aquela mulher ao meu lado e, se nada fosse feito, eu acabaria na cadeia, assim como ela. Sem saber o que fazer, resolvi ficar quieto e me afastar da francesa para não piorar a minha situação.

Depois de mais de uma hora de isolamento, alguns policiais chegaram e, sem falar nada de inglês, conseguiram entender a muito custo que eu e a francesa não estávamos juntos e que ela não era minha mãe. Obrigaram-me a segui-los mais uma vez, e a escolta policial foi alterada três vezes durante o curto caminho, fazendo-me esperar, dentro do carro, enquanto eu via a francesa gritar com os policiais e soldados. Finalmente, o veículo policial parou em frente a um hotel, eles devolveram meu passaporte e se despediram de mim.

Eu entrei no hotel, e a única coisa que me disseram é que estava cheio. Tanta dor de cabeça com a polícia para nada. Agora, estava perdido nas ruas de Zahedan. Fui atrás de uma hospedagem barata e os lugares que encontrei não aceitavam estrangeiros. Depois de muito pedalar, havia encontrado apenas hotéis que eu não poderia pagar de tão caros.

Já perdendo as esperanças de conseguir um lugar para passar a noite, segui para uma delegacia de polícia, mas não do mesmo tipo daquelas que tinham me "protegido". Creio que esses eram policiais municipais ou algo do tipo. Eles ficaram de me ajudar e o máximo que conseguiram foi negociar um preço melhor num dos hotéis da cidade. Sem opções e percebendo que eu não conseguiria nada melhor que aquilo, aceitei a oferta e fui para o hotel que havia me aceitado.

Quando entrei nele, começava a fazer um forte frio na rua e já era noite - que, aqui no Irã, nesta época do ano, começa pouco depois das 4 horas da tarde. Confesso que estava desanimado e um pouco assustado com os acontecimentos de hoje. Assim, decidi começar a pedalar amanhã mesmo na direção da Turquia, meu próximo país. Entrei no hotel e tomei um banho quente. Depois, saí para comer e descobri que, àquela hora, a cidade de Zahedan não tinha nada para ser visto além de algumas lojas de celular e frutas.

Naquela noite, descobri que havia um forte preconceito dos iranianos contra os paquistaneses e os afegãos, especialmente naquela parte do país. Aprendi que a barba longa estava associada a esses povos e achei que seria melhor aparar a minha, o que eu não fazia há mais de três meses. No dia seguinte, ao deixar a hospedagem para seguir viagem, notei que os iranianos do hotel estavam sendo muito agradáveis comigo, muito mais que no dia anterior. Achei estranho e logo percebi que aquilo não passava de um truque para que eu permanecesse lá até a polícia chegar.

Com a polícia no hotel, a falta de educação venceu mais uma vez. Os policiais não ligavam para o que eu dizia e apenas me tratavam muito mal, não se importando com nada. Sem escolhas e sob o risco de apanhar, fui obrigado a colocar minha bicicleta num carro estacionado em frente ao hotel onde estava hospedado e ir até a rodoviária de Zahedan.

Na rodoviária, para minha surpresa, encontrei outro ciclista, um coreano de 48 anos de idade chamado Hossun. Ele também vinha do Paquistão e enfrentava os mesmos problemas que eu. Creio que, por ser asiático, a receptividade dos iranianos com ele era ainda pior. Isso fez que ele pensasse em deixar o país da forma mais rápida possível. De toda forma, naquele dia seguimos de ônibus para a cidade de Kerman, como havia ordenado o policial, pois somente de lá em diante poderíamos pedalar sem muitos problemas.

Como descobri depois, toda aquela região na qual eu estava era parte da rota dos traficantes de ópio do Afeganistão. Em anos anteriores, aconteceram muitos casos de pessoas mortas por esses traficantes que não respeitavam nenhuma lei e eram fortemente caçados pelo exército iraniano. Embarcar no veículo não foi o último episódio dessa novela. Após sair de Zahedan, o ônibus parou em inúmeros postos policiais; depois, entrou numa enorme fila de veículos e ficou praticamente parado nela por cerca de duas horas, até chegar a nossa vez de passar pelo pente fino dos policiais. Todos foram obrigados a descer do ônibus, que foi revistado enquanto os passageiros viam a polícia furar suas bolsas com facas em busca de algo que eu só fui descobrir depois: armas e ópio.

Após essa série de revistas, já era noite e o ônibus seguiu viagem sem parar muitas vezes. Pela janela eu olhava a paisagem desse local completamente desconhecido para mim. Via o deserto e algumas pequenas cidades pelo caminho. Num determinado momento, vi as luzes de uma grande cidade não muito distante da estrada. Tive uma boa sensação, notava que estava voltando ao mundo civilizado. Havia passado meses sem ver tantas luzes acesas num só lugar. Países como Mianmar, Bangladesh, Índia, Nepal e Paquistão eram tão miseráveis que mal forneciam energia elétrica para seu povo. Quem quisesse ter esse luxo deveria ter um gerador de energia próprio em casa ou em seu negócio. Por isso, iluminação pública era algo simplesmente inexistente nesses países.

No Irã, era diferente. Apesar da péssima receptividade em minha chegada ao país, eu via um país desenvolvido e organizado, o que se confirmava a cada quilômetro que eu avançava naquele território. Minha situação estava melhorando, mas ainda era cedo para concluir qualquer coisa.

Às 2 horas da manhã, o motorista parou o ônibus num ponto escuro da estrada, chamou Hossun e eu para fora, tirou nossas bicicletas e bolsas e apenas apontou em uma direção igualmente escura. Disse apenas: *"Kerman!"*. A temperatura era próxima de 0 °C e, quando somada ao forte vento, às incertezas e à escuridão ao nosso redor, fazia a sensação térmica ser negativa.

Olhei para o coreano ao meu lado, que estava tão perdido quanto eu, e decidimos seguir na direção indicada pelo motorista do ônibus. Pedalamos por cerca de 30 minutos até chegar a uma área mais habitada da cidade. Estávamos perdidos, sem mapas e não conseguíamos entender nada em persa, o único idioma presente nas placas e até nos números. Por sorte, cruzamos com alguns policiais no caminho – estes eram policiais de verdade – que nos conduziram até uma pequena hospedagem no centro da cidade. Após acordarmos o dono do local, ocupamos um pequeno quarto e cada um dormiu em sua cama embaixo de três cobertores. Aparentemente, estávamos livres.

Logo o coreano foi embora da cidade, e eu fiquei mais um pouco em Kerman, conhecendo a região e descobrindo que o ópio era o maior problema do Irã. A polícia se preocupava em proibir a venda de álcool, mas era impotente em relação ao ópio, que parecia chegar por todos os lados. Nesses meus primeiros dias no país, visitei a cidade de Bam, que havia sido completamente arrasada por um terremoto alguns anos antes, e descobri uma cidade destruída, ainda em ruínas, com pessoas vivendo em contêineres. Muitas seringas e agulhas estavam espalhadas por todos os cantos da cidade, o que obrigava qualquer um a caminhar olhando para o chão para desviar de uma possível espetada. Após Bam, resolvi deixar Kerman pedalando e, logo em minha primeira parada, em Rafsanjan, conheci, por acaso, um fazendeiro de pistache chamado Abdullah, que me recebeu como um filho em sua casa.

Ele me mostrou toda a região próxima à sua cidade e, após provar o melhor da hospitalidade iraniana, fui a Shiraz e às ruínas de Persépolis e de Pasárgada, que davam uma ideia do que havia sido o Império Persa no passado. Após alguns dias por um Irã muito mais agradável que aquele que eu havia visto em minha chegada ao país, despedi-me de Abdullah e segui para Yazd, cidade em meio ao deserto iraniano e centro do zoroastrismo no país. O caminho até lá foi em pleno deserto, acompanhado pelo frio e por muitas montanhas.

Yazd era grande, maior e mais bonita que eu esperava, com imensas mesquitas, praças e construções de milhares de anos de idade. Sua cidade velha parecia ter saído de um conto de Italo Calvino, com segredos a cada esquina. Hospedei-me num conhecido hotel na cidade, o Silk Road Hotel, famoso entre turistas e viajantes por ter quartos confortáveis e dormitórios muito baratos.

Nesse hotel, encontrei viajantes de diversos cantos do mundo e ali todos se sentiam em casa. Encontrei David, um espanhol que havia conhecido rapidamente nas montanhas do Paquistão e que voltaria a rever diversas vezes durante minha jornada. Conheci Camilo, um italiano que iria me acompanhar por um pequeno trecho da viagem. Encontrei Luís, um brasileiro que morava em Dubai e que virou um grande amigo. Também conheci um esloveno que foi preso por um dia por simplesmente sair com uma garota iraniana – ela ficou presa por mais de uma semana – e um alemão que me contou que o forte frio já havia fechado a fronteira do Irã com a Turquia, onde já havia mais de um metro de neve.

Aquele hotel mudou o rumo de minha viagem. Meu próximo destino era a Turquia e, com a informação sobre a fronteira, percebi que seria melhor procurar um plano B para meu roteiro. Não havia cogitado aquela hipótese e não adiantaria tentar burlar a fronteira com algum tipo de transporte, porque o frio me seguiria Turquia adentro e inviabilizaria minha pedalada pelo país. Tinha de pensar em alguma alternativa rapidamente.

Diariamente, eu ia ao café que dispunha de acesso à internet e pesquisava informações sobre a possibilidade de um novo roteiro. Não iria voltar ao Paquistão, muito menos ir ao Afeganistão naquele inverno. O Iraque também não era uma alternativa viável, caso quisesse terminar a viagem vivo, e a Turquia havia se tornado inviável em razão do frio. Assim, restava-me apenas uma possibilidade: aproveitar o inverno da Península Arábica, tomando um barco para os Emirados Árabes para, dali, percorrer Omã e Iêmen, de onde eu poderia seguir num barco para a África e seguir viajando.

Como o itinerário que buscava fazer era incomum, todas as informações que eu encontrava eram confusas e nenhum guia ou página na internet era capaz de me fornecer dados com precisão. Sem muitas outras opções, achei que o trajeto pelos países árabes era possível e valeria a tentativa. Mudei meu roteiro em Yazd, não pedalaria mais para a Turquia por causa do inverno. Antes de iniciá-lo, no entanto, teria de ir para Teerã, capital iraniana, conseguir os vistos de que precisava para os Emirados Árabes e o Iêmen. Ainda não sabia se conseguiria, mas tinha de tentar.

Assim, com a decisão tomada, anunciei no hotel que não iria mais para a Turquia, mas, sim, para Dubai e, depois, para outros países árabes. Minha mudança de rota conseguiu atrair a atenção de certas pessoas e algumas delas resolveram ir comigo por aquele novo caminho. Camilo e David estavam decididos a comprar uma bicicleta e a seguir viagem ao meu lado pelos próximos meses. Isso era uma notícia ótima, pois, àquela altura de minha viagem, eu já estava cansado de viajar sozinho. Não pensava em desistir, nem em voltar para casa, mas estava fatigado de encarar o mundo de forma tão solitária.

Animado com a notícia, segui para Teerã, no pico do inverno, e fui direto à embaixada brasileira no país. Ao chegar e dizer que eu precisava de ajuda para tirar um novo passaporte e um visto para os Emirados Árabes, fui identificado como o "brasileiro desaparecido". Não entendi muito bem o que aquilo significava, mas o secretário ligou para o diplomata, que, por sua vez, telefonou para o embaixador para comunicar a minha presença. Achei que não deveria ser algo bom e iria me custar alguma coisa, mas estava errado. Conheci o diplomata e o embaixador brasileiros no Irã e, numa curta conversa, eles me explicaram toda a situação.

Eu havia sido dado como desaparecido pelo governo brasileiro após mais de duas semanas sem conseguir me comunicar com o Brasil. Meus pais ligaram para o Itamaraty em busca de informações, mas não havia qualquer registro sobre mim. Daí, o Itamaraty me deu como desaparecido e informou diversas embaixadas sobre o ocorrido.

Como eu não estava mais desaparecido, acabei conversando com o embaixador e com o diplomata brasileiros em Teerã por algum tempo. Após alguns dias na capital iraniana, descobri que havia escolhido uma péssima data para entrar com o pedido de visto para os países árabes. Eles estavam prestes a dar início a um feriado de quase uma semana. Até hoje eu não descobri que feriado tão prolongado era esse, mas ele me fez esperar sete dias para descobrir que tais vistos eram muito difíceis de conseguir.

Com uma semana de espera, resolvi conhecer algumas cidades iranianas durante o período. Fui a Qom, centro religioso do país e cidade do Aiatolá Khomeini; conheci Isfahan, famosa pela beleza de suas mesquitas e praças; e visitei Kashan, supostamente a cidade dos três Reis Magos que visitaram Jesus em seu nascimento. A ida a esses lugares me mostrou um Irã muito religioso, que não se preocupava com muitas coisas além de Alá. Depois desse giro pelo país, voltei à Teerã, dessa vez, para conseguir os vistos que precisava. Com a ajuda do embaixador brasileiro, consegui o visto dos Emirados Árabes, que era o mais difícil. Entretanto, deixei a cidade sem meu visto iemenita. Diante dessa frustração, o convite do embaixador para passar o Natal em sua casa me animou muito. Como não há Natal em países muçulmanos, ter a possibilidade de comemorar essa data em território brasileiro já me deixava bastante feliz.

Fui à casa do embaixador no início da noite do dia 24 de dezembro. Como aquela residência não era território iraniano, mas, sim, brasileiro, vi coisas que eu não esperava. Todos os tipos de bebidas alcoólicas, uma leitoa assada na mesa, uma cozinheira baiana na cozinha, pessoas bêbadas tocando bossa nova e iranianas de minissaia dançando na festa. Demorei a acreditar naquilo, mas notei que aquele povo tinha uma vida dentro de casa e outra fora. Em algum local particular, tudo era permitido. Já nas ruas, era necessário seguir as rígidas leis do país. Fiquei até tarde nessa festa e, depois, pedi uma carona ao motorista do embaixador, já que seria impossível chegar ao meu hotel sozinho naquela hora da madrugada.

Voltei a Yazd com parte de minha missão cumprida. Tinha o visto mais difícil de conseguir, para os Emirados Árabes e, estando lá, poderia tirar os dos outros países. Foi sorte conhecer o Luís, que estava hospedado no mesmo hotel que eu. Ele estava viajando pelo Irã com um amigo e, depois de conversarmos, me convidou para ficar hospedado em sua casa em Dubai. Diante de minhas mudanças de planos, aquele convite era muito bem-vindo. Em poucos dias, daria início ao meu novo roteiro e estava feliz com a companhia que havia conseguido. Camilo, o italiano, havia comprado uma bicicleta para seguir viagem comigo; e David, o espanhol, decidira seguir a mesma rota, mas sem bicicleta, nos encontrando pelo caminho da forma que conseguisse.

No dia 29 de dezembro, quando o frio era capaz de congelar as extremidades de meu corpo em pouco tempo, eu deixei Yazd montado em minha bicicleta. Usava praticamente toda a roupa de frio que eu tinha e teria de voltar pelo mesmo caminho que havia tomado para chegar à cidade. Pedalei ainda sozinho, pois Camilo e David estavam organizando uma festa de ano-novo no hotel, em um país no qual o ano não muda no final do dia 31 de dezembro. Queria muito ficar e aproveitar com eles, mas tive de partir, pois meu visto já chegava ao fim e não queria ter dores de cabeça durante minha saída do Irã.

Pelo mesmo caminho, cheguei novamente à casa de Abdullah, em Rafsanjan, e, depois, atravessei uma cadeia de montanhas rumo a Sirjan, uma cidade pobre no meio do deserto, na qual passei meu aniversário e a "virada" de ano num pequeno dormitório que dividi com um mendigo local. Não havia muito o que fazer naquela cidade, ainda mais levando em conta que aquela data não era nada para eles senão mais uma segunda-feira comum.

Tentei entrar na internet no único *cyber* café da cidade, mas ele estava com problemas, e as tentativas de me comunicar com alguém conhecido foram frustradas. O novo dia nascia, mas o ano ainda parecia ser o mesmo para mim.

Nos dias seguintes, pedalei no limite de minha resistência e fui me hospedando onde podia pelo caminho. Conforme avançava, aproximava-me mais do litoral iraniano e de uma temperatura mais agradável. A cidade de Bandar Abbas foi meu ponto final no país. A maior cidade litorânea do Irã já parecia outro país: pobre, desorganizada, quente, úmida e com uma grande população de imigrantes dos países árabes que, quase sempre, viviam do comércio no grande mercado negro local. Bandar Abbas era a maior cidade portuária do Irã, continha o maior porto do país e também era um grande centro de tráfico, de contrabando, de prostituição e de uso de drogas.

Quando cheguei lá, tinha ainda a missão de encontrar Camilo e David, que eu nem sabia se já estavam na cidade, assim como de comprar minha passagem de barco para Dubai. Olhei meu celular e meus *e-mails*, mas não havia nenhuma mensagem deles. Quando fui procurar um lugar para me hospedar, logo no primeiro que entrei, já vi a bicicleta de Camilo parada na recepção. Ele não estava no momento, mas o encontrei em pouco tempo, com David, e descobri que eles também não estavam hospedados naquele hotel, mas apenas haviam deixado suas coisas na recepção para irem me procurar pelas ruas de Bandar Abbas.

Foi ótimo revê-los, mas, antes de qualquer comemoração, achei mais prudente comprarmos as passagens do barco para Dubai, já que a saída da embarcação estava marcada para dali a dois dias, justamente quando o meu visto iraniano iria expirar. Compramos os bilhetes e, no porto mesmo, descobrimos que poderíamos pegar uma balsa para Ormuz, uma famosa ilha do litoral iraniano. Pensando em economizar com os gastos com hospedagem, fomos a Ormuz e acampamos numa praia deserta da ilha, que tinha somente um vilarejo de gente muito simples e um grande deserto.

Após um dia tranquilo de frente para o mar, voltamos para Bandar Abbas, onde deixamos tudo pronto para ir embora do Irã na manhã do dia seguinte. O barco partiria às 7 horas da manhã e teríamos de acordar cedo para chegar na hora.

SOZINHO NAS ARÁBIAS

21

Contando o atraso do barco, a longa viagem e a demora na fila da imigração de Dubai, entramos nos Emirados Árabes Unidos apenas às 21 horas de 5 de janeiro de 2008, após 14 horas de viagem. Tínhamos passado o dia todo no barco, mas, pelo menos, havíamos conseguido chegar onde queríamos. Ainda perdidos e sem saber aonde ir, tentamos ligar para o Luís, mas não conseguimos falar com ele. Não nos restavam muitas possibilidades a não ser buscar um lugar barato para ficar em Dubai naquela noite. Na verdade, não havia muita escolha, havia apenas um: o Albergue da Juventude e ele nem era assim tão barato. Como David ainda estava sem bicicleta, combinamos de nos encontrar diretamente lá.

Segui com Camilo, pedalando pelas largas ruas da cidade, que ainda nos causavam um grande choque.

Domingo (6 de janeiro de 2008)
Dubai

Tudo era novo para nós. Talvez mais para mim que para Camilo. Cores, carros, gente. Enfim, um mundo novo. Como tínhamos fome, paramos em um grande supermercado no caminho. Não sabia qual tinha sido a última vez que tinha visto um daquele tamanho. Acho que foi em Cingapura ou na Malásia. Depois disso, só aqui.

Perdemo-nos diante de tantas possibilidades de sabores e cores. Compramos pão, queijo e alguns doces. Sentamos no chão, no lado de fora do supermercado, e comemos. Chegávamos a Dubai em estado bruto depois do Irã e de dias no deserto frio. Não estávamos preparados para uma metrópole e, aparentemente, ainda chocávamos as pessoas à nossa volta.

Depois do nosso jantar improvisado, seguimos para o albergue. Estávamos impressionados com o número de diferentes nacionalidades que víamos nas ruas. De toda forma, estávamos nos sentindo bem ao ver mulheres sem véu na cabeça e gente mostrando as pernas. Parecia um mundo mais livre. Diante dessa felicidade instantânea, paramos num bar para tomar algo - desde que sem álcool, pois ainda estávamos em um país muçulmano - e fumar um narguilé, que aqui eles chamam apenas de *shisha* .

Depois de tantos desvios pelo caminho, chegamos ao albergue por volta de 1 hora da manhã. Procuramos David e logo percebemos que ficar gratuitamente ali, como tínhamos pensado, não seria fácil. Não era possível acampar e havia câmeras por todo o prédio. Estava disposto a pagar uma diária no albergue, mas me assustei quando cheguei à recepção e percebi que, para isso, teria de desembolsar 75 dirrãs por uma noite e depois mais outros 80 dirrãs para renovar minha carteira de membro, já que havia perdido a minha no Paquistão. Tudo sairia por volta de 90 reais, apenas para passar uma noite em um quarto com mais quatro pessoas.

Recusei-me a pagar aquilo e resolvi dormir na rua. David, que já estava hospedado, falou sobre um campo de futebol ao lado do albergue e fomos para lá. No local, encontramos uma área coberta, uma espécie de varanda, onde não havia ninguém. Para falar a verdade, o local estava até abandonado. Quando já nos arrumávamos para dormir, chegou alguém para dizer que não era permitido ficar ali. Saímos para evitar confusão, tentamos entrar no albergue novamente, vimos que só arranjaríamos problemas e, depois, voltamos para o campo de futebol, onde passamos a noite sem sermos perturbados por ninguém.

Assim, começavam nossos dias árabes.

Esse foi apenas o primeiro dia nos países árabes. No dia seguinte, conseguimos falar com Luís e ele liberou sua casa para nos hospedarmos por um tempo. Ele morava em uma casa de frente para o mar, próximo ao famoso hotel Burj Al Arab, e a dividia com algumas outras pessoas, cada uma de um país diferente. Dubai parecia um parque de diversões, mas como não era bem o que procurávamos, comecei a acelerar o processo de retirada de meu novo passaporte para não atrasar nossa viagem.

Tudo parecia correr bem em Dubai, até que quatro dias após nossa chegada à cidade tivemos uma desagradável surpresa. Quando Camilo e eu estávamos num pequeno mercado perto da casa de Luís, paramos nossas bicicletas em frente a um supermercado para fazer compras. Como estávamos em Dubai – que parecia ser um lugar muito seguro – e não demoraríamos, não trancamos as bicicletas, deixando-as encostadas uma ao lado da outra. Quando saímos, entretanto, encontramos apenas uma delas, a minha.

Demoramos a entender e a acreditar naquilo. Procuramos por toda a parte, perguntamos para o indiano dono do mercado, mas a bicicleta tinha mesmo sumido e ninguém parecia tê-la visto. Aos poucos, vimos que o que parecia ser uma brincadeira, tinha sido, na realidade, um furto. Subi em minha bicicleta e rodei a região, mas como não tínhamos nenhuma referência, eu não sabia por onde procurar e acabei não achando nada. Chamamos o Luís, que nos ajudou a procurar a bicicleta com seu carro, mas seguimos sem encontrar coisa alguma. Por fim, seguimos para a delegacia mais próxima, basicamente para os árabes darem risada da nossa cara e ganharmos uma carona de volta para a casa de Luís, como mostra este trecho do diário:

Quarta-feira (9 de janeiro de 2008)
Dubai

Seguimos para a delegacia e, mais uma vez, os policiais apenas mostraram descaso em relação ao roubo da bicicleta. Um deles até perguntou se queríamos abrir uma ocorrência, que, segundo o policial, já nascia morta, tendo em vista que não tínhamos nenhum dado do ladrão nem aonde a bicicleta havia ido. Mesmo assim, fizemos a ocorrência, nem que fosse apenas para desencargo de consciência. O curioso foi que, enquanto prestávamos a queixa, David cruzou sua perna e o policial, já nervoso, disse que era proibido cruzar as pernas e o mandou descruzar imediatamente. Descobri ali mais um costume árabe e comecei a pensar que talvez fosse hora de ir embora, pois além de não nos ajudarem, era possível que tais policiais ainda nos criassem problemas.

Na saída, os policiais se dispuseram a nos levar de volta para onde estávamos hospedados. Eles, então, nos levaram até o estacionamento e nos pediram para entrar numa BMW nova, que ainda tinha plástico nos bancos. Quando entramos, disseram que era o primeiro dia daquele carro na delegacia. Ele parecia feliz em pegar o carro novo e logo nos mostrou o porquê. O policial que dirigia apenas faltou fazer manobras radicais com o carro, de resto fez tudo, especialmente correr e não respeitar nenhuma lei de trânsito.

Ele se divertia ao ver os *flashs* dos radares piscarem para ele. Era policial e, como ele mesmo dizia, não aconteceria nada. Após chegar a 160 km/h numa avenida de Dubai, ele nos deixou na frente do supermercado, conforme havíamos pedido. A polícia foi embora e nós apenas engolimos a seco o roubo da bicicleta. Camilo estava confuso. Eu também. Sem uma bicicleta, a viagem dele mudava bastante e, agora, ele não sabia mais para onde ir.

Eu podia ver a desilusão nos olhos de Camilo e eu a entendia tão bem quanto ele. Tanto trabalho, tantos dias, tantas escolhas abandonadas pela bicicleta, tantos sonhos que sumiram com aquelas rodas. O impacto do roubo não havia sido pequeno, não foi apenas uma bicicleta que sumiu, mas foi todo um destino que começou a ganhar novas formas a partir daquele momento. Exceto o meu destino, que parecia querer me ver seguir pelo mundo sozinho, sem companhia.

Após o furto da bicicleta, os meus planos de viajar com alguém foram para o espaço. Camilo havia mudado de ideia e, como ganhara uma passagem de sua namorada italiana para a Índia, resolveu seguir para lá e continuar viajando pela região. David, que já não estava viajando sobre duas rodas, decidiu deixar logo Dubai e ir para Omã, levando Camilo com ele, que ainda voltaria a Dubai para voar para a Índia. Enquanto isso, fui providenciando toda a papelada necessária para tirar um novo passaporte, já que o meu não tinha mais folhas livres e, sem isso, não conseguiria seguir viajando. Ainda mais para onde eu estava indo.

Nos dias seguintes, Camilo e David foram embora e eu fui à embaixada brasileira, em Abu Dhabi, para entrar com o pedido do novo documento. Quanto mais conhecia aquele país, mais sentia que havia algo de errado ali. Dubai parecia uma grande maquete de luxo, mas com muitas falhas. Nada que era público funcionava na cidade: quase não havia transporte público, telefones públicos inexistiam, as ruas não eram projetadas para pedestres, muito menos para bicicletas, apenas para carros. Era uma cidade para máquinas e não para pessoas.

Já Abu Dhabi parecia mais humana e menos artificial que Dubai, que, ironicamente, era o sonho de consumo de muita gente. Na capital dos Emirados Árabes, consegui entrar com o pedido de um novo passaporte e verifiquei o que precisaria para obter o visto iemenita, que teve de ficar para outro dia, já que os órgãos públicos de países árabes geralmente encerravam seus expedientes às 14 horas. Voltei para Dubai e aguardei alguns dias para, então, retornar a Abu Dhabi.

Resolvi fazer isso justamente no dia 15 de janeiro, um dia em que todas as cidades da região entraram em estado de calamidade pública. Nesse dia, fazia frio e chovia muito em Dubai, o que era algo bem incomum para uma cidade localizada no meio de um deserto quente. Camilo já havia voltado de Omã e tinha sua passagem para a Índia marcada justamente para a manhã daquele mesmo dia. Luís, Camilo e eu acordamos às 4 horas da manhã para irmos até o aeroporto e, depois, até a rodoviária, na qual eu pegaria um ônibus para Abu Dhabi.

A chuva era tão forte que parte da casa de Luís já estava alagada e com goteiras. Quando saímos para a rua, não víamos o asfalto, mas apenas um rio que se formara em frente à casa. Chegar até o carro foi o começo da aventura, que apenas se intensificou à medida que íamos para o aeroporto. Ruas alagadas, carros batidos, veículos boiando e sendo levados pela água. Tudo isso debaixo de uma forte chuva e uma grande escuridão, que era quebrada apenas pelos faróis dos veículos que se arriscavam dentro daquela tempestade. Nossa sorte estava no fato de Luís ter um carro mais alto e forte, o que nos salvou em diversos momentos e impediu de ficarmos parados em algum ponto da estrada.

Chegamos ao aeroporto a tempo. Nos despedimos de Camilo, que ficou esperando a chuva diminuir para que seu avião conseguisse levantar voo, e, depois, voltamos. Isso foi outro desafio, mas como Luís tomou um caminho alternativo, conseguimos chegar com mais facilidade à rodoviária, para seguir em direção a Abu Dhabi e colocar um ponto final em todo aquele processo burocrático que travava minha viagem. Na capital dos Emirados, consegui meu visto para o Iêmen, passei na embaixada brasileira e, já com meu novo passaporte, retornei à rodoviária de Abu Dhabi, contente por ter resolvido tudo tão rapidamente. Naquele momento, queria apenas voltar à casa de Luís e esperar a chuva passar.

Optei por tomar uma grande *van* em vez de um miniônibus para Dubai, já que parecia que ela sairia antes. Entrei no veículo, que tinha apenas um passageiro, e esperei. Tanto que até dormi. Levou cerca de uma hora até que a *van* estivesse cheia e pronta para seguir para Dubai. O motorista paquistanês entrou no veículo já mal-humorado; os outros passageiros, todos indianos, falaram alguma coisa para ele em um idioma que eu não conhecia e ele seguiu viagem. Eu permaneci num sono leve durante todo o trajeto, e o motorista e os passageiros foram conversando sobre algo que eu não fazia ideia. Notei, entretanto, que o tom da conversa estava se elevando. Aparentemente, os passageiros pediam para que o motorista não corresse tanto. Estava chovendo muito, a estrada tinha diversas poças de água, e o motorista acelerava como se estivesse em uma competição.

Segui dormindo e ouvindo uma música tranquila que embalava meu sono, quando senti a *van* entrando em uma grande poça de água. Ela jogou para um lado, depois para o outro, derrapou, perdeu o controle e, finalmente, capotou em plena estrada. Foi tudo muito rápido e só me lembro do veículo parando próximo ao acostamento, dentro de uma parte alagada do asfalto. Quando o veículo parou, comecei a entender o que havia acontecido. Ouvia gritos e via pessoas desesperadas para sair dali. Notei que eu estava justamente na lateral da van que estava colada no asfalto, dentro de uma poça de água que era uma mistura de água suja, cacos de vidro, plástico, metal retorcido e sangue de algumas pessoas que tinham se ferido.

Mas eu estava vivo, assim como todos da *van*. Percebi isso no mesmo instante em que todos se desesperavam e brigavam para sair do veículo. Sem conseguir abrir a porta da *van*, que havia travado com o acidente, todos passaram a brigar para sair pelas minúsculas janelas do veículo, mesmo que para isso precisassem pisar sobre alguém. Eu, que estava próximo do chão, fui um dos que foram pisados. Já sem paciência com a situação, joguei um sujeito para o lado e me livrei do pisoteamento. Procurei a bolsa que continha meu passaporte e meus vistos e peguei minha câmera fotográfica, que parecia ter sobrevivido ao acidente apesar de estar completamente molhada.

Saí da *van* por uma das minúsculas janelas também. Não sei como, apenas saí. Chovia muito, mas para mim não fazia diferença alguma já que estava dentro de uma poça de água suja antes. Percebi que estava coberto de terra até a cara e completamente ensopado. As pessoas à minha volta choravam e gritavam. A polícia e diversos outros carros logo pararam próximos à *van* e, nesse momento, eu olhei para mim mesmo para contabilizar o estrago. Minha perna doía, mas apenas pelo impacto. Minha jaqueta estava rasgada, olhei para dentro e vi que meu ombro e braço esquerdos estavam sangrando, mas nada muito grave. Havia tido sorte, especialmente por ser um dos que estavam no lado do veículo que ficou virado para o chão.

Fora meus pequenos ferimentos, havia perdido uma blusa, um iPod e a câmera fotográfica parecia ter ficado inutilizada também. Isso, somado ao descaso dos policiais, me deixou muito bravo e me fez seguir para a delegacia para abrir um inquérito contra o motorista e tentar reaver, pelo menos, minhas perdas materiais, assim como ter alguma garantia caso eu passasse mal em razão do acidente. Entretanto, naquele dia, nada foi fácil. Depois de três caronas e de caminhar debaixo de chuva, frio e dentro de poças de lama, consegui chegar à delegacia, que ficava no meio do nada. Creio, foi a pior coisa que eu fiz naquele dia. Na delegacia, constatei que aquele país não era civilizado. Podia ser rico, mas estava longe de ser justo e civilizado.

Quem tinha direitos naquele país eram apenas os árabes. Fora eles, ninguém. Assim, todos os árabes que chegavam à delegacia, mesmo culpados de algum acidente, logo eram inocentados, e a culpa recaía sobre o envolvido que não fosse árabe, sendo culpado ou não. Como eu não era árabe, percebi que não conseguiria nada naquele local além de dores de cabeça e ver policiais se cumprimentando com beijos na boca, por mais estranho que aquilo pudesse parecer. Após apenas perder tempo na delegacia, Luís chegou e me ajudou a manter a cabeça fria e a voltar a Dubai sem mais problemas.

Nos dias seguintes, eu pude sentir os efeitos do acidente em meu corpo. Estava todo dolorido e eu percebi que teria de ficar em Dubai por mais alguns dias até me sentir bem para voltar a pedalar. No total, fiquei quase três semanas em Dubai. Após esse conturbado período, consegui deixar a cidade me sentindo muito bem, com a bicicleta em perfeito estado e com os equipamentos renovados depois do acidente, mesmo tendo de arcar com o prejuízo sozinho.

No final de janeiro de 2008, entrei em Omã. Estava bem fisicamente, mas começava a apresentar sinais de cansaço mental e emocional. Estava cansado de viajar sozinho e de ter de superar todos os problemas de meu caminho de forma solitária. No início da viagem, isso não parecia um problema, pelo contrário, era uma incrível experiência, mas, nesse momento, começava a ter um peso maior. Queria uma companhia, qualquer uma. Poderia ser homem, mulher, cachorro, gato, papagaio, lagarto. Enfim, sentia que precisava dividir tudo aquilo com alguém, e o fato de seguir sozinho e em silêncio era o que mais me cansava naquele momento. E, justamente naquela parte da viagem, eu estava prestes a entrar em diversos desertos e ficar isolado do mundo por diversos dias.

Não havia escolha. Eu não pensava em voltar ou em desistir. Estava disposto a seguir até o fim, mas sabia que quanto mais eu continuasse viajando daquela forma, mais me tornaria uma pessoa dura e distante das outras. Esse era o preço real da solidão. Mesmo assim, segui para Omã. Pedalar quase sempre me revigorava e me dava mais força para seguir em frente. Pedalar era preciso.

Os dias de sol e belas paisagens que peguei até a capital de Omã, Mascate, ajudaram-me a retomar um bom ritmo de pedalada e a me animar com o que estava por vir. Aquela injeção de ânimo era justamente o que eu precisava para seguir em frente.

A ausência de locais turísticos e os elevados preços desses países faziam que eu dormisse em qualquer lugar. Acampava na beira da estrada, dividia espaço em acampamentos no deserto, dormia na casa dos outros, em corpos de bombeiros ou em grandes mesquitas. Tomava banho onde os muçulmanos se lavavam, pedia um banho na casa dos moradores locais ou me lavava no mar e depois apenas tirava o sal da pele. Assim, conseguia avançar cerca de 100 quilômetros por dia em direção ao Iêmen e à África. Ainda ficava apreensivo ao pensar no continente africano, pois sentia como se estivesse pedalando para a parte mais desafiadora da minha viagem. Sabia que se já estava cansado e longe de tudo nos países árabes, na África, isso seria levado ao limite. Mesmo assim, seguia em frente, lidando com um dia de cada vez e tentando não antecipar as possíveis dificuldades do futuro.

Após dormir por alguns dias em mesquitas e provar da hospitalidade dos omanis, que me recebiam bem em suas casas, cheguei a Mascate, capital e maior cidade de Omã. Em meu primeiro dia nessa grande cidade, concluí que não havia hospedagens baratas por ali, teria de recorrer a alguma forma alternativa de estadia. Pedalava pela cidade buscando entender onde eu estava e como poderia me virar. Concluí que teria de acampar, provavelmente em uma mesquita. Assim, bastaria encontrar uma mesquita 24 horas e um lugar para tomar um banho, pois ainda estava suado e sujo.

Enquanto passava por um bairro de grandes casas, vi uma pessoa dentro de uma das maiores residências e resolvi apenas pedir um banho. Sabia que poderia negar, mas tinha de arriscar, caso contrário continuaria sujo. Para a minha surpresa, não só me deixaram tomar um banho, como também me convidaram a passar uma noite naquela residência. A casa era enorme e luxuosa, com muitos empregados, que me trataram muito bem naquele dia. Apenas naquele dia. Logo na manhã do dia seguinte, ao tentar prolongar minha estada naquele palacete, fui obrigado a deixar a casa. Não entendi bem aquela mudança repentina de tratamento, mas fui embora satisfeito com a ajuda que tinham me dado.

Esse tipo de tratamento se repetiu algumas vezes em Omã. A população local me convidava para passar um dia em suas casas, mas logo no dia seguinte inventavam uma desculpa esfarrapada para me mandar embora.

O Corão dizia que o viajante deveria ser tratado como um deus e que o bom muçulmano deveria oferecer abrigo ao viajante sempre que possível. Creio que, por isso, aquela gente me ajudava com uma noite de sono. Sentiam que precisavam cumprir esse preceito do Corão, mas assim que haviam feito isso, me mandavam embora, já que o livro sagrado não falava nada sobre a quantidade de noites. Assim, entre um convite e outro, por vezes, eu era obrigado a dormir na rua. Nesse ponto de minha viagem, dormir na rua não era algo que me assustava, mesmo assim, raramente me proporcionava uma noite tranquila e revigorante de sono.

Após alguns dias dormindo onde podia em Mascate, recebi um *e-mail* de David, que já havia passado pela cidade, e descobri que Tilen, um esloveno que havíamos conhecido no Irã e que viajava em um grande caminhão, estava na cidade consertando seu veículo após um acidente. Logo liguei para ele e combinamos de nos encontrar. Descobri que Tilen havia tombado seu caminhão e que agora estava numa oficina mecânica arrumando todo o veículo para, então, seguir viagem para o Iêmen, justamente para onde eu iria.

Como não tinha onde ficar na cidade e já havia tido problemas com a polícia após dormir em algumas mesquitas, aceitei o convite de Tilen e fui dormir na oficina mecânica onde estavam ele, seu caminhão e os mecânicos indianos responsáveis pelo conserto do veículo. Estava contente em conseguir um lugar para passar alguns dias e, após quase uma semana na oficina, aceitei o convite de Tilen para cruzar um pedaço do deserto com ele, a bordo de seu caminhão já reformado. Seria uma ótima oportunidade de entrar no deserto, ver paisagens intocadas e animais selvagens. Dessa forma, chegaria a regiões onde a bicicleta não conseguia atingir.

Da data em que encontrei Tilen, o caminhão ainda levou mais cinco dias para ficar pronto. Tempo suficiente para conhecermos toda a região na qual estávamos, um bairro habitado somente por indianos em Mascate, e para que Uros, outro esloveno, chegasse à cidade para se juntar a nós nessa viagem pelo deserto. Uros era um caso à parte. Ele tinha acabado de deixar a Eslovênia e queria ficar numa bolha, com medo de ser contaminado por alguma bactéria mortífera dos países bárbaros. Por conta disso, ele havia desenvolvido uma espécie de paranoia, não encostava em nada, usava álcool em gel o tempo todo e nem escovava os dentes, pois qualquer contato com água local poderia ser fatal. Em vez disso, fazia gargarejo com um pouco do uísque que havia trazido em sua mala. Ninguém gostava daquelas atitudes e já esperávamos o pior durante a viagem pelo deserto.

Quando o caminhão ficou pronto e finalmente fomos para a estrada, as tensões começaram a surgir entre Tilen e Uros. O deserto não era fácil e todas as vezes que entrávamos numa região mais arenosa, o caminhão atolava e pedia longos procedimentos para ser retirado da areia. A viagem acabou sendo mais longa que esperávamos, mais cansativa e, no final, acabamos não vendo animal selvagem algum. Após alguns dias no deserto, quando voltamos à civilização na cidade de Salalah, ao sul de Omã, quase fronteira com o Iêmen, notamos que nós mesmos havíamos nos tornados os animais selvagens. Uros tinha virado neurótico com higiene e já não falava mais com ninguém. Tilen estava uma pilha de nervos e, após ser fechado por um carro no trânsito de Salalah, sacou um grande machado para matar o motorista "culpado". Eu já não sabia mais o que fazer e achava que a melhor ideia era mesmo seguir sozinho.

David, que nos esperava em Salalah havia alguns dias, surpreendeu-se com as pessoas que viu saindo do caminhão. O clima havia ficado tenso naquele veículo, mas, logo, os ânimos se acalmaram. Tilen viu que estava errado, Uros desistiu de seguir viajando conosco, e eu decidi voltar a pedalar solitariamente. David, por fim, entrou no caminhão para seguir até o Iêmen com Tilen. Despedimo-nos mais uma vez e cada um seguiu o seu rumo, na mesma direção.

Já sozinho, descansei durante alguns dias em Salalah, uma cidade litorânea muito peculiar. Apesar de ser desértica para mim, um brasileiro, para as pessoas de Omã, aquela era a região mais verde do país e, durante uma determinada época do ano, atraía milhares de turistas para suas praias, para ver as diferentes tonalidades de verde que se espalhavam pela cidade. A vegetação era tão rara naquele país desértico que era a maior atração para quem vivia no deserto.

Como não havia muito que fazer em Salalah, a não ser descansar, segui logo em direção ao Iêmen, cuja fronteira não estava longe dali. Ainda assim, sabia que teria um duro caminho pela frente nos próximos dias. Logo após deixar Salalah, em minha primeira parada, acampei em frente ao mar, usando um restaurante próximo à estrada como local para tomar banho e me alimentar. O dia seguinte foi mais desafiador.

Terça-feira (12 de fevereiro de 2008)
Al Mughsail - Hawf (104 km)

Até hoje, desde que sai de Salalah, tudo havia corrido muito bem. Mas já imaginava que a situação iria piorar um pouco à medida que eu fosse me aproximando do Iêmen. Tilen havia me enviado uma mensagem dizendo que o caminho era feito de subidas, descidas e mais subidas até a fronteira do país. Sabia que seria um dia difícil, mas não imaginava que começaria tão cedo.

Já tinha tudo o que precisava para partir, incluindo água e comida; assim, desmontei minha barraca e arrumei tudo para deixar o quiosque no qual estava acampado e seguir para o Iêmen. Por volta das 8 horas da manhã, eu já caía na estrada. E, por volta das 8h02 da manhã, já subia minha primeira montanha. O dia começou quente, e a estrada, com uma desanimadora subida. Não era o começo que eu queria, mas era o que eu tinha. Reduzi a marcha e segui em frente, sofrendo para fazer esta bicicleta de 50 quilos (considerando a bagagem) seguir estrada acima.

Quando cheguei a cerca de 250 metros de altitude pensei: "Ah, agora já são 250 metros a menos para subir". Depois desse inocente pensamento, eu desci 250 metros e voltei ao nível do mar. Pior que isso, a descida era tão íngreme que eu nem podia aproveitá-la porque tinha de ir freando constantemente e com muita cautela, caso contrário, não conseguiria parar depois. Não era um terreno que eu chamaria de agradável, mas segui em frente pela estrada, na qual quase não passavam veículos.

Veio, então, a subida fatal. Não tive nem tempo de respirar direito e fui obrigado a reduzir a marcha novamente para encarar a íngreme montanha. Subi 100 metros. Depois, mais 100. Cheguei a 300, 500 e 800 metros de altitude. Já prestes a cair de cansaço, desci um pouco da bicicleta para empurrá-la, respirei fundo e voltei a pedalar. Próximo aos 1.000 metros, eu cheguei a uma espécie de planície e consegui relaxar um pouco, desenvolvendo uma velocidade acima de seis ou sete quilômetros por hora. Cheguei até um pequeno vilarejo no meio do caminho, comprei mais água, sentei um pouco e, depois, segui em frente.

O caminho seguiu praticamente plano, com pequenas subidas e descidas - pequenas se comparadas às anteriores, pelo menos - até que eu me aproximei da fronteira. As subidas, então, voltaram, e eu sofri um pouco mais. Já estava cansado e com fome, mas tinha de terminar o que havia começado. A bicicleta estava com um raio quebrado, mas eu continuei em frente mesmo assim. O freio começava a fazer um ruído diferente, mas eu não parei.

Só parei na fronteira. Era o fim de Omã, e eu estava a 1.100 metros de altitude. Pelo menos, o calor não era tanto no alto dessa montanha. Os policiais foram amigos e carimbaram meu passaporte enquanto eu arrumava a bicicleta para seguir em direção ao Iêmen. Ao olhar o lado de lá da fronteira, eu vi apenas uma estrada de terra malfeita, com ainda mais subidas. Era uma visão desanimadora, mas não tinha escolha, não poderia passar a noite na fronteira. Ou melhor, esse era meu plano inicial: dormir entre os dois países. Porém, ao chegar lá, percebi que não era o tipo de lugar para se pousar uma noite, nem mesmo algumas horas. Não havia simplesmente nada além de policiais por ali.

Quando terminei de arrumar a bicicleta, um policial veio me trazer o passaporte já carimbado com a saída do país. Era mesmo o fim de Omã. Montei, então, na bicicleta e cruzei o portão. Entrei num espaço neutro e, poucos metros à frente, eu vi uma placa dizendo: "*Welcome to Yemen*". Tirei uma foto dela. Como ninguém me disse nada, nem o soldado com uma metralhadora que estava à minha frente, eu segui para a casa de controle.

Em poucos metros, muita coisa já havia mudado. A estrutura invejável de Omã já não existia mais. O que havia era apenas uma casa pequena, com um soldado magro portando uma metralhadora velha e três sujeitos sentados, trajando saiote e panos na cabeça. Estes últimos eram do governo e se encarregaram de tratar da minha entrada no país. Parecia que eles nunca haviam visto um brasileiro naquela fronteira, pois simplesmente não sabiam o que fazer com meu passaporte.

Depois de 30 minutos, durante os quais eles procuravam algum papel e depois, tentavam ligar para alguém, porém, sem sucesso, fui liberado para entrar no país. Agora, sim, eu estava no Iêmen. Comecei a descida, mas logo tive de parar numa outra casa, dessa vez, maior. Era o setor que cuidava dos veículos e dos seguros obrigatórios destes. Pediram-me para parar, checaram minha bicicleta para ver se havia algum motor e, como não encontraram nada, me liberaram em seguida.

Todos foram muito amistosos e simpáticos até esse momento, e já estava tendo uma boa impressão do país. Segui um pouco à frente e encontrei uma série de iemenitas, todos me cumprimentaram e sorriram. O local era pobre, mas as pessoas, felizes, o que me alegrava. Naquele momento, olhei para baixo e vi uma descida sinuosa de cerca de 1.000 metros até o mar. Seria fácil descer, mas teria de frear bastante, caso contrário, passaria reto na primeira curva. Sentia-me como um caminhão carregado, que era obrigado a ir a 5 km/h para não perder o controle na ladeira.

Desci lentamente e, depois de alguns minutos já estava em Hawf, um vilarejo pobre e completamente diferente daquilo que eu via em Omã. As pessoas tinham um aspecto mais duro, sofrido e algumas ainda carregavam a famosa faca curvada na cintura, a *jambia*. Pensei que eles não me receberiam bem, mas estava completamente enganado. Essas pessoas foram simplesmente as mais amáveis que eu já havia encontrado em todos os países árabes. Com a maior simpatia, logo me ajudaram a trocar parte do meu dinheiro e, depois, me deram garrafas de água para minha sobrevivência.

Sabia que não tinha condições de chegar muito longe hoje, então, segui um pouco mais pela costa. Quando vi que a praia e o vilarejo já iriam acabar, parei, retornei e resolvi procurar um lugar para acampar ainda em Hawf. Logo que parei a bicicleta, chamei a atenção de um grupo de homens, que se aproximou de mim. Ninguém falava inglês e este simples ciclista tampouco falava árabe. Assim, a conversa foi difícil - como de costume -, mas conseguimos nos comunicar.

Disse que acamparia por ali e iria para o mar tomar um banho. Eles ficaram felizes em saber que eu passaria a noite no vilarejo. Um deles me conduziu até o mar e me ajudou durante meu banho, dizendo que ponto do mar era bom para mim e para eu não ir muito fundo, pois havia uma forte correnteza. O mar estava repleto de algas e o banho não foi dos mais limpos e fáceis que eu tive - mesmo porque o sabonete que tinha em minhas mãos virou uma espécie de sebo logo que tocou a água salgada. Entretanto, mais difícil que o banho foi me trocar e secar, já que aqui não é muito bom ficar apenas de cueca. Ainda mais quando há 20 pessoas te observando.

Acabado meu banho, voltei para onde havia encontrado os sujeitos e logo um deles disse que eu poderia dormir em sua casa esta noite. Aceitei o convite, mas, antes, esperei que ele fosse para a mesquita rezar. Ali era o nome do sujeito. Ele era de Omã e falava um pouco de inglês, o que facilitou nossa comunicação. Ele tinha família no lêmen e parecia que visitava o país quase toda semana. Ali me conduziu a uma casa, não de sua família, mas a uma espécie de casa abandonada. Ela era simples, feita de barro e quase sem acabamento algum, mesmo assim eu fiquei bem instalado nela.

Diversas pessoas foram me visitar durante a noite e me trouxeram até um jantar, que, pela primeira vez, era algo árabe de verdade. Comi bastante, conversamos na medida do possível e, depois, fiquei sozinho, pouco antes de o motor que gerava a energia elétrica do vilarejo parar de funcionar. Sem luz e diante da escuridão que se formou, o sono chegou rapidamente para mim, neste vilarejo que parecia ter saído de cinco séculos atrás. E assim, começavam meus dias de lêmen.

A paisagem que me acompanhou durante os dias seguintes foi de um deserto plano, cuja imagem ficava borrada e parecia evaporar quando eu mirava meu olhar no horizonte. Apenas o mapa me mostrava o que havia à frente e não era muito: apenas poucos vilarejos, uns morros e muitos quilômetros até chegar a uma cidade.

Todos os dias, eu colocava diversos litros de água na bicicleta pela manhã e pedalava sob um sol escaldante, que parecia me queimar de baixo para cima. Quase não suava de tão seco que era o ar. O céu azul, a paisagem praticamente plana e a simpatia das pessoas me faziam seguir em frente contente com o local no qual eu estava. Quando parava em algum vilarejo, apenas via homens, e estes, quase sempre, me ofereciam um abrigo para passar a noite, a melhor comida que tinham, ligavam os motores que sugavam a água da terra para alimentar suas árvores de tâmaras, deixavam-me tomar banho debaixo da cachoeira que se formava, davam-me as direções e diziam-me o que fazer. Estava longe de tudo e, mesmo assim, sentia-me em casa em meio àquele povo árabe.

Definitivamente, eu não ligava tanto para a paisagem e a riqueza dos países – esses fatores me influenciavam também, sem dúvida –, mas estava mais interessado nas pessoas e em como elas tratavam as outras pessoas. Para mim, um país não era feito apenas de paisagens, estradas e cidades, mas, especialmente, de pessoas. Elas eram as responsáveis pela cultura, costumes, tradições, leis e tudo o que envolvia a vida em sociedade. No caso do Iêmen, o país era pobre, o mais pobre entre os países árabes, e, mesmo assim, sua população era muito educada e hospitaleira. Pelo menos com os homens.

Já tinha uma semana de Iêmen quando percebi que, desde que cruzara a fronteira até aquele momento, não havia visto nenhuma mulher. Já fazia um bom tempo que eu não me aproximava muito de uma, na verdade. Havia feito alguns cálculos e constatado que, durante o período de quase um ano, o mais perto que eu havia chegado de uma mulher havia sido um aperto de mão – sem contar os beijos no rosto com os quais a francesa louca me presenteou no Irã. Minha situação não estava fácil, mas eu parecia bastante adaptado à vida árida em que eu estava inserido naquela parte do mundo. Como quase não via mulheres e, quando via sempre estavam cobertas por camadas de véus, o meu instinto ficava relativamente adormecido. Mesmo assim, percebi que algo estava errado naquela parte do mundo, pois não havia mulher alguma em nenhum dos locais pelos quais passava.

Nem coberta, nem descoberta, nem com véus, nem com olhos à mostra, nem nada. Havia apenas homens. De saia, mas, ainda assim, homens.

Quando percebi isso, primeiro, questionei-me sobre onde estavam as mulheres daquele local e, com isso, entendi bastante a respeito daquela sociedade. Havia duas vidas distintas no mundo árabe, uma dentro de casa e outra fora. Uma vida privada e outra pública. As mulheres ficavam restritas a essa vida privada e seu universo era praticamente dentro de suas casas e nas de parentes. Não podiam sair às ruas sem estarem acompanhadas de um homem de sua família, caso contrário, seriam malvistas e malfaladas em sua sociedade. Tendo em vista esses costumes, as mulheres preferiam respeitar as regras sociais da vida pública e aproveitar a vida privada, mesmo porque dentro de sua casa, ela é quem mandava. Por baixo da burca, havia mais que eu podia imaginar. Aquele traje fantasmagórico escondia muitas joias, perfume, maquiagem e roupas sensuais, que não podiam ser vistos por ninguém, exceto pelos membros da família. Esse lado, o da vida privada de cada árabe, era praticamente um assunto banido das rodas de conversa.

Os homens árabes não fugiam à regra dessa dicotomia existencial. Na rua, eram machões: cultivavam bigodes, faziam cara feia, carregavam facas, pistolas e metralhadoras, fumavam cigarros, mascavam *qat* – a droga local – e podiam fazer o que bem entendessem, pois eram homens. Mas, dentro de casa, quase sempre se submetiam às regras das mulheres, quando casados. Quando solteiros, na impossibilidade de arcar com os gastos de um casamento, o que incluía um dote à família da noiva, soltavam-se com seus amigos homens mesmo, desde que em um lugar privado. Não é possível generalizar, mas, dentro da vida privada de um árabe, aparentemente, tudo podia acontecer. Enquanto nas ruas, aos olhares de todos, rígidos padrões deviam ser seguidos.

Eu não tinha fácil acesso à vida privada daquelas pessoas, mesmo porque, se eu tivesse, ela não seria assim tão privada. No entanto, conforme conhecia aquela parte do mundo, percebi que tal dicotomia era uma realidade. A natureza humana parecia ser a mesma em todo o mundo e era capaz de se moldar e contornar todas as restrições e regras impostas pelas sociedades para dar vazão aos seus instintos. Em outras palavras, cada povo se virava como podia e, no Iêmen, um dos países mais rígidos do mundo, não era diferente.

Em meus diários, escrevi as primeiras impressões do contato com esse mundo novo.

Quarta-feira (13 de fevereiro de 2008)
Hawf - Al Ghaydah (94 km)

Mais curioso que a cidade eram as pessoas que nela viviam. Todos muçulmanos e árabes, obviamente, mas com algo que eu não havia visto muito em meus países anteriores. Tudo por aqui era rústico, bruto, ríspido. Muitas dessas características são compartilhadas pelos países pobres, mas aqui havia algo especial. Não vi uma mulher pelas ruas. Nenhuma. E os homens, que constituíam toda a população das ruas, usavam turbantes, saiotes (um sarongue, como os indonésios) e - havia mais um detalhe - a metralhadora.

Pobreza, turbante e saiote eu já havia visto antes, mas metralhadora como símbolo de masculinidade ainda não. No Paquistão, havia muita arma, mas não tão descaradamente como aqui. Senti que havia uma espécie de um culto à arma no Iêmen. Árabes, em seus trajes característicos, adornados com um cinto de bala (tipo Lampião) e uma metralhadora a tiracolo. Tudo de uma forma bastante natural, como se a metralhadora fosse um colar de prata. Para comer, a metralhadora ficava em pé, apoiada na mesa; para sentar, metralhadora no colo. Enfim, a metralhadora sempre caía bem em todas as situações.

Como eu não tinha uma, apenas cumprimentava cada um desses homens e ficava quieto. As armas possivelmente eram o que mais chamava a atenção de qualquer visitante, mas havia outras peculiaridades. Por exemplo: comer. Homem que é homem come com a mão. Mão mesmo, não com os dedos. Como um macaco, os sujeitos mais brutos pegavam o alimento e o metiam na boca, sem se preocupar se estava bonito ou se metade do arroz ficaria pendurado na barba muçulmana. Como eles tinham uma metralhadora, quem diria a eles que não era assim que se comia? E eles também não precisavam se preocupar se havia alguma mulher olhando, pois, aqui, mulheres não saem às ruas e, mesmo que saíssem, aqui, mulher não se conquista, se compra. Isso mesmo, se compra. Por algo como 20 mil reais para um modelo mais simples. E, claro, quanto mais equipado, consequentemente, mais caro.

Só voltei a ver uma mulher pelas ruas cerca de uma semana depois de entrar no Iêmen, na cidade de Al Mukalla, a maior daquela parte do país. Mesmo assim, sempre debaixo de uma burca negra que não mostrava nem um milímetro de pele, nem mesmo os olhos. Tanto que, se a mulher estivesse parada, não era possível saber se ela estava de frente ou de costas, já que, além de todo o corpo coberto, elas também usavam luvas e meias negras. Não era possível ver nem mesmo a unha de uma mulher dessas.

De Al Mukalla, segui para o interior do país. Uma área restrita, mantida em estado de alerta, pois haviam matado um grupo de turistas espanhóis havia pouco tempo. Mesmo assim, fui para as cidades de Saywun, Tarim e Shibam. Esta última conhecida como "Manhattan do deserto", pois tinha alguns dos prédios mais antigos do mundo, datados do século XVI. Eram construções de barro, de 5 a 11 andares, que continuavam sendo habitadas normalmente. Uma visão impressionante, uma cidade com diversos prédios, quase colados uns nos outros, cercados por uma imensidão de areia. O Iêmen não tinha apenas um dos povos mais hospitaleiros do mundo, mas também lugares únicos, como eu nunca havia visto antes.

Quando voltei a Al Mukalla para continuar seguindo pelo litoral iemenita até Áden, passei a contar com a companhia da polícia e do exército local. Os iemenitas, no entanto, eram tão simpáticos que mesmo os policiais mais durões me tratavam muito bem. Dessa maneira, quase nunca era obrigado a colocar minha bicicleta em um carro policial e conseguia seguir pedalando, apenas com uma escolta policial atrás de mim. Ter uma escolta comigo não era algo muito agradável, mas era melhor que deixar de pedalar. Foi entre uma escolta e outra que eu consegui chegar até Áden, onde reencontrei o espanhol David e me hospedei na casa do italiano Manuel, que era diretor de uma ONG também italiana no Iêmen.

Estava gostando muito do Iêmen, a ponto de dizer que era um dos países que eu mais havia gostado de visitar. A África já estava bastante próxima e, mesmo assim, seguia como uma incógnita para mim. Poucos haviam ido para lá, e os que tinham estado em países africanos nem sempre diziam coisas boas. Estava cada vez mais difícil abandonar um local agradável para seguir para onde eu sabia que problemas me esperavam. Não havia escolha, teria de ir. Mas eu ainda podia adiar minha chegada ao continente africano. Com David e Sonoko, uma japonesa que conheci no Irã, eu segui para Sana, capital do Iêmen, para passar alguns dias na cidade.

Sana era um desses lugares mágicos do mundo, onde o tempo parecia ter parado e as pessoas viviam segundo suas tradições e ideologias. Centenas de mesquitas, centenas de minaretes, cidade fortificada, mulheres cobertas até os olhos, homens trajando saias e facas na cintura, toneladas de tâmaras, chás e especiarias por toda parte, camelos girando moinhos de farinha, comida muito boa e um dos povos mais hospitaleiros do mundo. Não havia como não gostar daquele lugar. A cidade velha de Sana parecia um labirinto. Muitas vezes, eu caminhava nela até me perder, para, então, após um tempo, encontrar o caminho de volta.

Depois de passar alguns dias em Sana, dentro de um quarto que parecia uma caverna, e de conhecer boa parte da cidade e da montanhosa região, percebi que era hora de voltar a Áden e subir novamente em minha bicicleta rumo aos confins do Iêmen para, enfim, procurar um barco que estivesse indo para a costa africana e nele embarcar. Despedi-me de David e Sonoko mais uma vez. Apenas voltaria a encontrá-lo na Espanha, em sua casa em Alicante. Ela eu não veria mais.

Manuel morava em frente ao porto de Áden, o que facilitava a obtenção de informações sobre barcos partindo em direção à África. Mesmo assim, não conseguia muita coisa. O máximo que consegui foi descobrir que dali alguns dias um barco sairia do portuário vilarejo de Moca – local que também batizou o café –, localizada a cerca de 300 quilômetros de Áden. Não tinha muito tempo, precisava correr para pegar aquele barco. Com o vento a meu favor, consegui pedalar essa distância em apenas dois dias.

Fiz somente uma parada entre Áden e Moca. Após pedalar durante todo o dia, em meio à vastidão árida do deserto, encontrei um pequeno restaurante e, nele, consegui abrigo para aquela noite. No dia seguinte, cheguei a Moca, onde consegui tomar um barco para a África. Mas não foram dias fáceis.

Domingo (16 de março de 2008)
Humayrah - Moca (152 km)

A noite seria perfeita, se não fosse um dos sons mais altos que eu já ouvira começar a soar ao lado de onde eu estava dormindo, por volta das 3 horas da manhã. Ainda no pedaço de espuma no qual eu estava dormindo, eu via luzes do lado de fora. Quase não havia vozes, mas existia uma máquina, pelo menos uma, que fazia um som alto, massivo e me lembrava algo grande sendo destruído.

Mas por que às 3 horas da manhã? O que havia de errado com essa gente? Pensei que, se houvesse algo de errado, alguém iria dizer para que parassem. Assim, resolvi esperar um pouco mais. O tempo passou, mas o som não parou. Uma hora depois, o barulho ainda estava lá, ao meu lado, como se mil picaretas batessem na parede ao lado da minha cabeça. Não dava para dormir com isso. E eu bem que tentei. Procurei pensar em algo diferente, tentei colocar aquele som dentro de um sonho, mas logo descobri que ele era hediondo demais para entrar em qualquer sonho.

Busquei, então, meus protetores de ouvido. Eles me salvariam. Tentei em vão. Nem eles serviram dessa vez. O som era tão alto que era capaz de atravessar a espuma dos meus protetores auriculares. Estava difícil mesmo, por isso, decidi ir ver de onde vinha esse incansável barulho. Abri a porta e vi, logo à minha frente, a não mais que cinco metros de mim, uma máquina de uns dois metros de altura sendo alimentada por imensos blocos de gelo, que entravam nela como blocos, eram estraçalhados e saíam dela em pequenos pedaços.

Quase simultaneamente à abertura da porta, os três homens que trabalhavam alimentando a máquina olharam para mim. Lembro que falei alguns palavrões em português - não precisava falar em inglês porque eles não entenderiam de qualquer forma, e não há melhor forma de xingar que em sua língua materna. Depois, disse que aquela não era hora de quebrar gelo. Eles não entenderam nada e apenas continuaram moendo cada imenso bloco de gelo como se nada tivesse acontecido. Eu coloquei de volta meus protetores de ouvido e voltei para a cama, e, por incrível que pareça, consegui dormir.

Acordei tarde, em consequência do gelo. Tomei um café da manhã no restaurante do dono da casa na qual estava e arrumei tudo o que eu tinha para deixar o local. Saí por volta das 11 horas da manhã, despedindo-me de todos e seguindo em frente, sempre empurrado pelo vento. Em pouco tempo, eu cheguei a Bab-el-Mandab, que seria a minha parada original para hoje, já que havia possibilidade de eu poder tomar um barco para Djibuti dali mesmo.

Mais rápido que chegar a essa cidade foi descobrir que eu não conseguiria um barco para o continente africano tão facilmente daquele local. Para isso, seria melhor que eu seguisse até Moca, que também não estava longe. Eu poderia passar uma noite em Bab-el-Mandab ou seguir para Moca ainda hoje e tentar ganhar tempo. Comi algo que encontrei numa venda ao lado da estrada e subi na bicicleta novamente.

Tudo estaria perfeito, se eu não tivesse um raio quebrado da minha roda traseira. Apenas um raio quebrado, entretanto, não faria muita diferença em minha pedalada e me permitiria seguir assim mesmo. O problema foi quando mais um raio se quebrou. Com a roda começando a ficar empenada, percebi que tinha um problema e o certo seria parar a bicicleta e consertar a roda. Tentei seguir em frente, mesmo com os dois raios quebrados. Em pouco tempo, veio o terceiro, que, finalmente, deixou a roda em um estado lamentável. Sabia que daria trabalho trocar aqueles raios e alinhar minha roda no meio do deserto, mas continuar não era mais possível.

Fui obrigado a parar. Tirei todos os alforjes da bicicleta, coloquei as rodas para cima e comecei o trabalho que iria me tomar tempo. O vento soprava forte, tanto que eu achava que iria tirar minhas bolsas do lugar. Juntei todas elas, apenas por precaução, e comecei a troca. Quando tinha os três raios já trocados, me faltava ainda alinhar a roda. Nesse tempo que fiquei arrumando a bicicleta, creio que todos os veículos que passaram pela estrada pararam para me oferecer ajuda. Como o que poderia ser feito eu já estava fazendo, apenas agradecia cada pessoa que parava e continuava meu trabalho.

Um sujeito até começou a pegar minhas bolsas e colocar em seu carro, dizendo que me levaria até Moca, mas eu tive de insistir que queria pedalar. Com o vento que eu tinha atrás de mim, pedalar era mais que um transporte ou esporte, era, especialmente, um grande prazer. E eu precisava desse prazer para continuar seguindo em frente e subir em um barco em direção à África.

Com a bicicleta já pronta, voltei a pedalar em alta velocidade, sempre beirando os 40 km/h. Do meu lado esquerdo, eu via o mar bastante perto. A água era a mesma de sempre, mas o nome já era diferente. Agora, eu estava de frente para o Mar Vermelho e eu sabia que do outro lado daquele mar, na outra margem, não muito longe de mim, já estava a África. Uma ponte seria perfeita, creio que 20 quilômetros já seriam suficientes, e, com o vento que fazia, eu percorreria essa ponte imaginária em cerca de meia hora.

Infelizmente, não havia ponte alguma (apesar dos boatos de que os sauditas já tinham esse plano em mente e quase tudo pronto para começar as obras), e eu teria de fazer esse trajeto num barco. Isso me custaria muita dor de cabeça, um pouco de dinheiro e, aproximadamente, 15 horas. Como não havia nenhuma outra opção além do barco, eu continuava seguindo para Moca, onde cheguei pouco depois que o Sol entrou no mar.

A cidade não era nada agradável. Um desses lugares sem leis, onde nem mulher se vê na rua. Um mundo de homens e para homens. Quase tudo na cidade caía aos pedaços, e a única coisa que salvava era o mar, que continuava absurdamente azul. Para a minha sorte, logo que entrei na cidade, dois sujeitos montados numa pequena moto chegaram até mim e disseram: *"Safina Djibuti?"* ("Barco Djibuti?"). Isso me mostrou que, finalmente, eu estava no lugar certo.

Conversei com esses sujeitos, depois com mais gente, e logo descobri que seria bom ir ao porto da cidade logo pela manhã de amanhã se eu quisesse deixar o país o mais rápido possível.

Segunda-feira (17 de março de 2008)
Moca - Barco no porto de Moca

Coloquei o despertador para pouco antes das 7 horas da manhã e, logo que acordei, fui em direção ao porto da cidade. Ainda não tinha uma noção clara de onde ele ficava, pois havia chegado à cidade quando a noite começava e não tive tempo para conhecer o lugar. Lembrava apenas de ter visto alguns barcos pela costa, que era o que não faltava por aqui. Subi, então, na bicicleta e parti em busca do local.

Incrivelmente, o curto trajeto de ir até o porto da cidade me custou um bom tempo, pois, agora, o vento, que ontem me trouxera até a cidade, estava contra mim, me freando e me jogando de um lado para o outro. Quando alcancei a praia - o que já tinha dado um bom trabalho -, descobri que os barcos que eu procurava não estavam ali, mas, sim, em outra parte da cidade, muito mais à frente. Para eu chegar até esse local teria de pedalar pelo barro e contra o vento - eu apenas não sabia que a poucos metros dali havia uma bela pista de asfalto.

Somente quando eu já tinha barro em meus pés e pernas e já não aguentava mais o vento contra mim é que eu cheguei à entrada do porto. O encarregado do local disse que um barco sairia hoje e que eu deveria voltar em torno das 3 horas da tarde para falar com a imigração e acertar os papéis. Esta era uma boa notícia: eu realmente poderia deixar o país ainda hoje. Voltei para o hotel, dormi mais algumas horas e saí do meu confortável quarto imaginando que em pouco tempo eu já estaria no mar.

Fui a um restaurante da cidade, num em que os mendigos e os pescadores comiam, e fiz minha última refeição iemenita. Dali, segui para o porto mais uma vez, imaginando que seria bom chegar um pouco mais cedo para já começar a acertar toda a papelada da viagem. No entanto, eu tinha me esquecido de que aqui as coisas não funcionam assim. Depois do almoço é hora de mascar *qat* e isso toma horas, cerca de quatro horas para ser mais preciso - uma verdadeira *siesta* -, e, durante esse tempo, nada acontece. A não ser *qat*.

Quando cheguei ao porto, descobri que tudo estava fechado, inclusive a imigração. Sentei-me com os sujeitos da portaria que já estavam com uma grande bola de qat na lateral da boca e fiquei ali por algumas horas esperando a imigração abrir suas portas. Isso estava programado para as 4 horas da tarde, mas só aconteceu quase uma hora depois, pois, como um policial me disse, "*Aqui no lêmen, nós não seguimos a pontualidade britânica*". Ele estava certo.

Quando a imigração abriu suas portas, foi fácil. Os funcionários levaram almofadas e colchonetes para dentro de uma sala suja, sentaram-se no chão e, lentamente, começaram a trabalhar, pegando o passaporte de cada um e pedindo cerca de 45 reais para aqueles que iriam realizar a viagem até Djibuti. Dali, eu segui para o barco. Ou, pelo menos, tentei.

No meio do caminho, a alfândega me parou e disse que precisava de um papel para a minha bicicleta. Como eu não tinha, tive de voltar para a imigração apenas para descobrir que eles também não tinham o tal papel. Ironicamente, eu teria de ir à guarita, na qual eu havia ficado mais de três horas esperando, para pegá-lo. Consegui o papel e voltei à alfândega. Eles abriram algumas de minhas malas e depois começaram a colher uma série de cinco assinaturas que precisavam ser dadas na ordem certa e pelas pessoas certas. É claro que aqui no Iêmen isso era quase impossível.

Tentei colher todas até que eu perdi a paciência com aquela brincadeira. Falei para darem uma assinatura qualquer naquele papel para que eu fosse viajar. Isso funcionou bem. Um minuto depois, um sujeito que tinha uma grande metralhadora ao lado de sua cadeira assinou o papel e eu fui para a embarcação.

Quando cheguei ao barco, ele já estava todo carregado e as pessoas que iriam viajar permaneciam no lado de fora esperando tudo ficar pronto. Era um barco velho, de madeira, nem grande nem pequeno, feito apenas para carregar mercadorias, e não pessoas. Não havia local para acomodar os passageiros, mas, mesmo assim, seis ou sete pessoas esperavam para embarcar naquele barco. Eu era uma delas.

Subi a bordo com bicicleta e malas e, depois, coloquei tudo na parte mais elevada da embarcação, onde não haveria problemas em deixar meu equipamento, nem de colocarem algo pesado sobre ele. Um velhinho me ajudou com duas de minhas bolsas e, depois, começou a pedir dinheiro para mim, de forma que, mais uma vez, perdi a paciência e disse que se ele não parasse eu iria bater nele - sim, há situações que me levam para o limite da razão. Mas, pelo menos, o velho parou.

Quando o dia acabava e todos ainda esperavam no lado de fora do barco, eu calculava que a viagem começaria por volta das 7 horas da noite. Às 7 horas da noite, nós estávamos no barco, que ainda permanecia parado. Às 9 horas, continuávamos no mesmo lugar, mas foi nessa hora que a imigração trouxe nossos passaportes e os entregou ao capitão do barco. Imaginamos que sairíamos imediatamente depois disso, mas nos enganamos novamente. A tripulação, todos indianos, com cara de pirata, continuava apenas assistindo a filmes de Bollywood na pequena televisão do capitão.

Logo descobri que eles estavam esperando o mar acalmar para então sair. Ficamos esperando. Esperamos até que o sono chegou e pelo chão fomos nos jogando, ao lado de grandes baratas e famílias de ratos - que compunham a verdadeira tripulação do barco. Não era um local agradável para se deitar, mas, pior que isso, era o vento forte que chegava a cada pessoa. Tão forte que não era possível dormir com ele.

Sem muitas saídas, começamos a entrar em sacos plásticos, desses azuis que cobrem o barco. Não era muito confortável, muito menos higiênico, mas pelo menos estávamos protegidos do vento.

Terça-feira (18 de março de 2008)
Ainda no barco, mas já a caminho de Djibuti

Não era possível dormir muito bem sobre um chão de madeira, embalado por um plástico azul e estando entre baratas e ratos. Mesmo assim, foi melhor que nada. Quando parecia que já nos acostumávamos ao desconforto do barco, o capitão decidiu começar a viagem. Isso às 3h30 da manhã. Todos acordaram, e a tripulação começou uma correria para soltar o barco e colocá-lo no rumo certo.

Quando saímos de Moca, percebemos que o mar não estava fácil mesmo. As ondas e o vento seguravam e balançavam o barco. O movimento era tanto que todos ficaram enjoados em pouco tempo - exceto a tripulação. Eu até pensei que iria vomitar no início, mas me deitei no chão e dormi, assim como todos os outros passageiros. O Sol saiu, e o mar continuava agitado. O dia foi passando lentamente, e o mar sempre agitado.

Por volta do meio-dia, eu vi Bab-el-Mandab no lado esquerdo do barco, o lugar por onde eu havia passado dois dias antes. Falei com alguns tripulantes, e eles disseram que este era o ponto crítico. Eles chegariam até a última ponta de terra do lêmen e, se vissem que o mar aberto estava muito agitado, iriam parar naquele último porto e esperar. A viagem não estava fácil.

Chegamos até o último ponto de terra, e o capitão informou à tripulação que continuaríamos em frente. As ondas não eram pequenas, e o barco sofreu na travessia do Golfo de Áden, mas, aos poucos, foi seguindo em frente até que, no final do dia, já trocava a bandeira dianteira, colocando a de Djibuti no lugar da bandeira do lêmen. Isso animou a todos, mas sabíamos que ainda teríamos muito mar pela frente.

A noite chegou, o mar acalmou, o ventou enfraqueceu, e a viagem ficou muito mais fácil. Já víamos no horizonte as luzes de Djibuti, mas teríamos mais uma noite no barco ainda. Quando tudo parecia tranquilo, por volta da meia-noite, o barco se enroscou numa grande linha de pesca e teve de parar para se livrar dela antes de seguir em frente. Eu decidi dormir, pois estava cansado. Só sei que, por volta da 1 hora da manhã, nós paramos em águas calmas, já bastante próximos do porto de Djibuti.

Djibuti - Um dos lugares mais quentes do mundo.

DJIBUTI

Djibuti - Um dia na casa da população local.

PEDRAS VOADORAS

Logo que o Sol se levantou no horizonte, a tripulação acordou e tratou de levantar a âncora que segurava o barco na calma baía de Djibuti. Pouco tempo depois, a embarcação atracou, e dezenas de pessoas se aproximaram da embarcação para descarregar tudo o que havia ali dentro. Estava feliz por ter acabado aquela aventura marítima, mas logo percebi que a viagem de barco não havia sido nada. A verdadeira aventura começava naquele momento.

Mesmo descendo minhas bolsas sozinho, por diversas vezes, as pessoas que estavam no solo tentavam pegá-las de minha mão como se fossem ajudar, mas, logo em seguida, pediam dinheiro. O problema é que essas pessoas não tinham aquele jeito asiático de pedir, um jeito humilde e, por vezes, chato. Esses sujeitos me olhavam como se fossem me matar, caso eu não desse o que eles estavam pedindo.

Queriam 10 dólares somente porque um deles havia me ajudado com algumas bolsas. Tentei negociar, dizendo que não tinha dinheiro e coisas do tipo, mas a situação estava difícil. Eles ficavam cada vez mais agressivos, e eu começava a me dar conta do problema que teria pela frente. Para a minha sorte, um inspetor do porto chegou naquele momento onde eu estava e disse que eu poderia ir embora sem pagar nada. Aliviado por ter escapado daquela armadilha, eu segui para a imigração para, então, receber meu passaporte de volta, o que eu não tinha desde que havia entrado no barco para Djibuti. Na imigração, no entanto, vi que teria ainda mais problemas. Era assim que a África dava boas-vindas a quem a visitava. Tive saudades dos países árabes nesse momento.

Os homens da imigração eram arrogantes e mal-educados. Não pareciam saber muito da burocracia local, mas se achavam superiores pelo simples fato de estarem no comando da situação. Com meu passaporte em mãos e falando apenas francês – idioma que eu não falava –, eles pareciam comentar sobre mim enquanto eu esperava o desfecho daquela novela. A encenação não demorou a começar. Eles passaram a me dizer que eu tinha um problema em meu visto e que não poderia entrar no país. A velha história de sempre. A única solução para aquele grande problema seria pagar 30 dólares.

O meu visto estava perfeito, não tinha problema algum, mas aqueles sujeitos não se importavam com isso. Eles queriam apenas meu dinheiro e, como tinham meu passaporte e estavam no comando da situação, não havia muito o que eu poderia fazer. A princípio, relutei em pagar e pensei que esperar seria o suficiente para que eles me liberassem em pouco tempo. Porém, depois de duas horas e de ter aguentado a constante pressão daqueles funcionários sobre mim, eu resolvi pagar o que eles queriam e sair dali o mais rápido possível.

Paguei o valor para um dos sujeitos que, sem falar nada, colocou o dinheiro no bolso de sua camiseta, acendeu um cigarro e saiu andando pela porta da frente. Outro sujeito foi até a sala na qual eu esperava, me entregou o passaporte e disse que agora estava tudo bem. O grande problema havia sido resolvido. Olhei o passaporte e vi que estava absolutamente igual, não havia carimbo nem nada. Pensei em perguntar, mas sabia que aquilo só me causaria mais problemas. Quando saí da imigração, não estava nada feliz. Nem havia pisado no país e já estava sendo recebido assim, como apenas uma nota de dinheiro ambulante. Estava, também, surpreso com a agressividade daquelas pessoas, aquilo era algo inédito para mim.

Tudo indicava que meus próximos dias não seriam tão fáceis. E eu não estava errado.

Ao sair do porto, deparei-me com uma enorme pobreza e uma cidade desestruturada e feia. Aquela era a capital de Djibuti, que também se chamava Djibuti, e uma das promessas da África. Alguns até diziam que era a

Dubai africana. Logo vi que tais boatos não passavam de uma piada e que eu teria de tomar muito cuidado para não ser roubado naquele local. Minha primeira missão foi ir atrás da embaixada da Etiópia para já providenciar o visto para meu país seguinte. Depois, iria atrás de um hotel para passar a noite.

Infelizmente, nada era muito fácil naquela cidade. A embaixada etíope foi fácil de encontrar, mas o visto não veio com tanta facilidade. Mesmo assim, o meu maior problema ainda era encontrar um hotel para passar a noite.

Apesar de pequeno e pobre, tudo era muito caro em Djibuti. O país era novo e não tinha cara de uma nação independente, mas, sim, de colônia. Tudo o que era "bom" era muito caro, pois era feito apenas para os franceses, que viviam como sanguessugas no país. Para a população, restava o lixo e as esmolas que os franceses produziam, assim como uma vida praticamente tribal nas favelas da cidade. Procurar um hotel não era fácil, pois qualquer quarto, por mais vagabundo e sujo que fosse, não saía por menos de 50 dólares a noite. Rodei a cidade atrás de uma hospedagem mais barata, mas ela parecia não existir. Havia um centro que tinha cara de colônia, rodeado por um cinturão de favelas em que a presença de uma pessoa branca não era aconselhada. Sem muitas possibilidades, acabei rachando um quarto com um viajante japonês que havia vindo no barco comigo desde o Iêmen.

Havia encontrado a solução para aquele dia, mas sabia que o meu maior problema seriam os próximos dias. O japonês foi logo na manhã seguinte em direção à Somália, e nunca mais tive notícias dele. Não sei por que ele queria ir para lá, mas, como eu também não sabia o que estava fazendo naquele fim de mundo, não alimentei essa questão.

Havia outro problema: com o início de um feriado que duraria três dias, eu não tinha como sacar dinheiro no único banco do país inteiro e estava sem nada, nem mesmo para pagar um hotel. Para piorar, nenhum lugar aceitava cartões de crédito. Isso era uma quinta-feira, e o banco só voltaria a abrir no domingo. Não adiantava nada já sair pedalando, porque tinha um grande deserto pela frente e não havia caixas eletrônicos na Etiópia. Estava em xeque e o melhor que poderia fazer seria esperar até domingo naquele país. A maior dificuldade, porém, estava justamente em esperar o domingo chegar. Como aguardar tanto tempo, sem dinheiro e em uma cidade violenta como aquela?

Deixei minha bicicleta no hotel e fui buscar uma conexão de internet, na esperança de encontrar alguma solução. Não achei nada, a não ser a conexão de internet mais lenta do mundo, e logo fui obrigado a retornar ao hotel onde eu estava. Tentei negociar mais uma diária a um preço melhor ou mesmo acampar no teto do hotel, onde os empregados do local dormiam, mas começava a descobrir que, em Djibuti, a má educação das pessoas impedia qualquer negociação. O racismo também atrapalhava, mas, dessa vez, não era do homem branco contra o negro. Era o contrário. Eu era discriminado pelo simples fato de ser branco.

Mesmo com todos esses problemas e com a noite se aproximando rapidamente, fui a outro hotel, na esperança de conseguir negociar alguma coisa. Mais uma vez, consegui apenas me decepcionar com as pessoas daquele país e descobri que estava com sérios problemas. Quando eu saía desse hotel, o sujeito com quem eu havia conversado me perguntou qual era minha religião. Achei a pergunta estranha e, para evitar maiores explicações, respondi, por aproximação: "Católico". Ele, então, me aconselhou a ir à igreja da cidade, na qual o padre poderia me ajudar de alguma forma. E lá fui eu.

Quinta-feira (20 de março de 2008)
Djibuti

Quando cheguei à igreja, vi que estava acontecendo algo especial. Havia muita gente no local, quase todos brancos - para minha surpresa -, franceses. Ainda perdido e sem saber quem procurar, fui ajudado por um garoto negro, que falava apenas francês. Ele me levou até o padre, numa grande sala, na qual todos pareciam orar em frente a uma imagem estilizada de Jesus pregando para as pessoas. O padre estava à paisana, mas o garoto o reconheceu e falou alguma coisa para ele, que sorriu para mim e, mostrando muita atenção e muito interesse, chamou-me para um lugar especial, que logo descobri ser o confessionário.

Assim que tive a chance, falei para o padre que não estava ali para me confessar - acho que com o que eu tenho passado, meus pecados já estão pagos até meus 60 anos de idade -, mas, sim, para pedir ajuda. Ele continuou atencioso e me ouviu. Após conhecer a minha história, disse que teria de falar com o bispo, que também não estava longe. Encontramos o bispo, um italiano com aparência amiga, e o padre contou minha história a ele, que veio falar comigo. O bispo, basicamente, disse-me que eu não poderia ficar na igreja. Em razão de um caso recente - ele não entrou em detalhes -, ninguém mais estava autorizado a se hospedar naquele local. A situação era complicada. Mas o que eu poderia fazer? O bispo então disse que poderia me ajudar me pagando um hotel.

Achei que seria demais e recusei tal ajuda, mas ele insistiu e, como minha situação não era das melhores, acabei aceitando. Ele, então, deu uma quantia de dinheiro para um garoto de sua confiança e disse para que o pequeno me levasse a um hotel qualquer. O garoto era um refugiado da Somália, apenas um dos milhares que existem aqui e entram em Djibuti todos os dias. Ele era educado, muito simpático e tentou ao máximo estabelecer uma comunicação comigo apesar da barreira inglês--francês que existia entre nós.

Vi que o garoto não sabia de nenhum hotel e eu acabei levando-o de volta ao hotel onde eu havia estado há pouco tempo, do sujeito que me indicou a igreja. No local, descobri que o padre havia dado quase 100 dólares para o garoto e que, mesmo assim, essa boa quantia me conseguiria comprar apenas duas noites, mesmo no hotel mais barato da cidade. Sem muitas opções, fiquei ali mesmo, agradeci o garoto e negociei com o sujeito da recepção, que me deu duas noites de hospedagem e outra de acampamento, no estacionamento do hotel. Assim, teria o tempo que precisava para esperar o banco abrir e sacar o dinheiro para continuar a viagem.

Mesmo hospedado em um local e apenas aguardando o domingo chegar para deixar o país, os dias de espera não foram muito fáceis. Quanto mais conhecia o país e a realidade daquele continente, mais me preocupava com meus próximos dias. Estava cada vez mais tenso e estressado por toda aquela situação e simplesmente não conseguia reverter esses sentimentos, que haviam surgido antes mesmo de eu entrar naquele continente. Os dias passaram e, logo, o domingo, data certa para a minha partida, chegou.

Domingo (23 de março de 2008)
Djibuti - Ali Sabieh (96 km)
Nove pedras jogadas em mim: dois acertos (uma na minha bicicleta e outra em minhas costas)

Acordei cedo, porque já sabia que o banco abriria suas portas às 7h30 da manhã. Logo fui pegar o dinheiro de que precisaria para encarar os meus próximos países, todos sem um caixa eletrônico e sem a possibilidade de sacar qualquer valor, independentemente da moeda. Assim, tinha de levar uma reserva comigo, caso contrário teria de pedir esmolas e, nesses países, creio que não conseguiria muita coisa. No banco, a transação foi indolor. Saquei o que precisava com meu cartão de crédito, sob taxas não muito amigas, mas ciente de que aquela era a única opção que me restava.

Do banco, eu fui ao supermercado dos franceses e comprei algumas poucas coisas para meu caminho até a Etiópia. O trajeto que teria de fazer ainda era uma incógnita para mim pela falta de informação que eu tinha. Após o supermercado, voltei para o meu quarto e logo desci com minhas bolsas para encarar o forte sol e as longas estradas do país. Encontrar o caminho para a pista não foi difícil, pois creio que não havia dois caminhos, mas apenas uma estrada saindo da cidade.

Logo que deixei o centro de Djibuti, me deparei com a miséria generalizada mais uma vez. Todos me olhavam com uma expressão que já fazia parte dos meus dias desde minha chegada à África. Traduzido em palavras - e em português do Brasil -, expressaria algo como: "*Você tem sorte de ainda estar vivo, alemão!*". Esse olhar, apesar de comum, não me agradava nem um pouco e eu ainda não havia me acostumado com ele - achava que nunca me acostumaria, na realidade. Agora, minha situação parecia piorar gradativamente, porque eu estava saindo da cidade, o único local em que parecia haver um pouco mais de "ordem", e estava entrando em um território novo para mim. Logo eu descobriria que esta nova região era uma terra de ninguém. E, em terra de ninguém, a lei do mais forte é a que impera.

Senti que era muito vulnerável nas estradas de Djibuti. Passando pelas favelas, os adultos me olhavam com o tal olhar e as crianças gritavam e corriam em minha direção para pedir dinheiro. Quando eu dizia "Não", ou apenas não dizia nada, elas pegavam pedras e tacavam em mim. Na verdade, a primeira coisa que faziam ao me ver era pegar uma pedra e somente depois corriam, o que me fez concluir que elas queriam mesmo era tacar pedra em mim, independentemente da resposta que eu daria.

Esse clima instável e relativamente arriscado gerou em mim algumas emoções não muito boas, que são difíceis de traduzir em palavras. Acho que seriam melhor definidas como medo e apreensão. E nada pior do que esses dois sentimentos para se pedalar e viajar sozinho por um lugar novo. A estrada já não estava sendo fácil, pois não tinha acostamento, contava com diversas subidas e o sol era suficiente para fritar ovos no asfalto. De toda forma, eram as pessoas que criavam a maior dificuldade em meu caminho.

Segui em frente, às vezes, desviando das crianças que corriam atrás de mim e tentavam agarrar a bicicleta, depois escapando das pedras que voavam em minha direção e ainda fugindo dos olhares suspeitos que me seguiam. As subidas eram onde tudo ficava mais difícil, pois, com a bicicleta carregada, eu não tinha muita velocidade e nem mobilidade. Conclusão: era quando eu ficava mais exposto. Foi justamente numa subida que quatro garotos pegaram suas pedras, correram para perto de mim e as tacaram. Uma delas acertou minha bicicleta.

Nesse momento, eu perdi a paciência. Parei a bicicleta com a intenção de pegá-los - mesmo sabendo que eu não faria nada, pois qualquer ato do tipo seria minha sentença de morte naquele local. Como já esperava, os garotos apenas correram o mais rápido que puderam para longe. Covardes! Sentindo-me impotente diante de todo o cenário que me cercava, eu voltei à bicicleta e continuei em frente, subindo.

Quando saí dos limites das favelas, a minha situação melhorou e as pedras pararam de voar em minha direção. Até os olhares melhoraram. De sentença de morte, eles voltaram às habituais curiosidade e admiração. Logo descobri que, apesar de oficialmente ainda estar dentro de Djibuti e não estar muito longe da capital do país, era como se eu não estivesse mais em Djibuti, mas na Etiópia. Ninguém mais falava francês, e nem mesmo o dinheiro era mais o franco de Djibuti. Agora, o dinheiro etíope era o mais usado.

Ficou ainda mais claro que Djibuti era uma farsa, apenas uma colônia francesa. E, como na maioria das colônias, boa apenas para o colonizador (e para os amigos dos colonizadores), e não para o colonizado. Eu seguia para o interior do país, onde o relevo já estava mais plano, porém o calor parecia algo inédito para mim. Sob o sol, o termômetro que eu levo comigo já estava em seu máximo: 60 °C; à sombra, a temperatura marcada era de 42 °C. Era um calor difícil de suportar, seco, sem sombra e quase sem um local para comprar água e descansar pelo caminho.

Não estava sendo fácil seguir viagem. A água das duas garrafas que eu tinha comigo já estava tão quente quanto um chá. Eu não havia me preparado para um calor desses e estava sofrendo com isso. Tentar beber aquela água quente era a garantia de dor de barriga e isso me fazia preferir passar sede.

Entretanto, ficar sem beber água não foi uma boa ideia. Depois de algumas horas de estrada de asfalto e um difícil trecho de estrada de terra - ou melhor, de estrada de pó -, eu estava com muita sede e precisava de algo para beber. Quando finalmente encontrei um restaurante à beira da estrada, percebi que meu estado não era nada bom. Estava visivelmente desidratado e sofrendo de insolação, fraco, com dor de cabeça, com a boca seca e um pouco de tontura. Acho que até minha aparência não estava boa, pois o sujeito da casa que vendia água logo me ofereceu uma cadeira para sentar e descansar.

Com um pouco de água gelada, tudo melhorou. Em pouco tempo, eu já me sentia melhor, não completamente bem, mas melhor que antes. Justamente nesse ponto do caminho, a estrada se dividia: para a direita, ela seguia com asfalto, dando uma volta um pouco maior até a capital etiope, Adis Abeba; para a esquerda, o que parecia um atalho, era um caminho quase sem cidades e sem asfalto. Eu tinha planos de tomar a segunda opção e tinha tudo certo para isso, mas começava a mudar de ideia à medida que consultava a população local.

Para completar, conheci alguns caminhoneiros etiopes que me alertaram sobre o caminho, dizendo que: quase não havia cidades, mas apenas pequenos vilarejos não muito amigáveis; a estrada era horrível, com pedras soltas e terra, e seguia quase sem veículos; tinha muitas montanhas; e, para concluir, eu ainda correria o risco de ser atacado por hienas. Apesar de hienas normalmente não atacarem seres humanos, um sujeito me contou que aquele caminho era comum entre refugiados que seguiam para Djibuti. Alguns deles morriam no caminho e as hienas comiam os corpos sem vida. Por isso, elas agora conheciam o gosto da carne humana e por vezes atacavam pessoas.

Depois de tantos argumentos contra aquele caminho, aquela alternativa já não me atraia mais. De toda forma, eu ainda queria passar a noite em Ali Sabieh, um vilarejo que ficava próximo da bifurcação na qual eu estava. Era a chance de conseguir um lugar para dormir e algo para comer. Eu precisava disso. Subi na bicicleta e segui na direção do vilarejo, pensando que ele estaria a apenas 5 ou 6 quilômetros de distância.

O caminho era feito de muitas subidas e vento contra, o que fez minha velocidade ser reduzida absurdamente. Outro problema foi que a distância não era assim tão curta, mas pelo menos o dobro do que eu pensava, algo em torno de 15 quilômetros. O resultado disso foi que eu só cheguei à pequena Ali Sabieh quando já havia escurecido. Era uma noite sem lua, completamente escura. A cidade não tinha luzes e, à medida que fui me aproximando das casas, tinha de tomar cuidado para não atingir alguém caminhando pela estrada.

Quando cheguei à primeira bifurcação daquele caminho, parei para pedir informações para um sujeito de aparência amiga. Nesse mesmo instante, um grupo de garotos logo se aproximou de mim. O sujeito me explicou onde ficava a hospedagem e pediu a um dos garotos que me levasse até lá. Todos me acompanharam, e em pouco tempo eu já estava caminhando por pequenos corredores dentro de uma favela labiríntica, que não fazia nenhum sentido para mim. A hospedagem que eu buscava estava ali.

Quando finalmente cheguei, as pessoas da hospedagem olharam com espanto para mim. Um deles parecia ter usado alguma droga, pois seus olhos quase saltavam das órbitas. No hotel, também não foi fácil. Dois sujeitos que haviam entrado no grupo de garotos enquanto eles me levavam até o hotel não saíam do meu lado, tudo porque eles queriam o dinheiro pelo serviço de "guia" que eles haviam me prestado. Pode parecer piada, mas é verdade! Um deles tinha cara de subnutrido e o outro parecia o Puff Daddy - e acho que ele sabia disso, pois estava usando um sobretudo branco e óculos escuros redondos, estilo John Lennon. Este último era o mais engraçado; pena que ele também era o mais pegajoso dos dois e me olhava com cara de quem iria me matar se eu não desse a grana que ele queria.

Levou algum tempo, mas eu consegui me livrar dos dois "guias oficiais" sem pagar nada. Mas isso foi só o começo. Na hospedagem, entrei num quarto do tamanho de uma caixa de sapatos, deixei minhas coisas e logo fui para o banho. Lembrei, então, que estava na África e, aqui, água é artigo de luxo, por isso, nada de ducha. Eles me deram um balde com água e uma lata, e foi o suficiente para que eu me lavasse.

Comer também não foi fácil. Perguntei sobre algum lugar, e logo apareceu alguém para ser meu "guia" até o restaurante. Eu devia estar na cidade com mais guias do mundo. De toda forma, esse garoto parecia ser boa gente e, realmente, foi amigável. Levou-me até uma espécie de refeitório público, no qual havia a possibilidade de escolher entre dois pratos, um de feijão com pão e outro de carne moída com pão, ambos custando algo em torno de 1 real. Escolhi o de feijão, e ele era bom o bastante para que eu pensasse em pedir outro, mas sabia que isso poderia chamar a atenção das pessoas, pois veriam que eu tinha dinheiro a ponto de comer dois pratos daqueles, e isso já afetaria o delicado equilíbrio daquela sociedade.

Contentei-me com apenas um prato de feijão e um pão velho e, depois, fui embora. No caminho de volta, subitamente, uma pedra grande atingiu minhas costas. A pancada foi forte e me jogou para frente com o impacto. Eu olhei para trás, procurando quem havia jogado a pedra, mas não encontrei o culpado. O garoto que me acompanhava questionou as pessoas que estavam por perto sobre quem havia feito aquilo, porém ninguém assumiu o ato. Não seria bom que eu ficasse andando pela cidade mesmo. Voltei, então, para meu quarto e deixei a noite acabar, pensando em como eu faria para aguentar mais uma série de dias como o de hoje.

Ao acordar no dia seguinte, havia decidido não seguir pela estrada de terra. Os caminhoneiros haviam me convencido e as pedras também. Achei melhor e mais seguro seguir pelo caminho asfaltado e mais conhecido. Assim, depois de um café da manhã de feijão amassado com pão – o mesmo prato do dia anterior –, eu subi na bicicleta para voltar para a estrada principal. No entanto, antes que eu pudesse dar a primeira pedalada, tive uma amarga surpresa: os meus dois "guias" do dia anterior estavam me esperando para que eu pagasse o que devia a eles pelo serviço prestado. Eles não trabalhavam de graça, meu amigo, ainda mais para um homem branco.

O Puff Daddy estava com a mesma roupa, mas o subnutrido havia colocado uma roupa social, creio que na tentativa de parecer um profissional da área de turismo. Não sei qual era a intenção deles, mas sentia que estava em perigo com aqueles dois me acompanhando pela favela. Quando disse que ia embora, eles resolveram me levar até a estrada. Sem escolha, segui os dois pelos estreitos corredores daquela cidade-favela. As ruas logo ficaram desertas e, no meio do caminho, numa área na qual não havia ninguém, eles pararam e começaram a pedir o dinheiro de uma forma mais agressiva. Foi difícil convencer os dois que eu não tinha dinheiro – e realmente não tinha –, pois logo iria deixar Djibuti e não compensava trocar meu dinheiro naquela zona tribal. No final das contas, juntei algumas moedas e dei cerca de 1 real para cada um. Tudo ficou bem e eles foram embora.

Ali Sabieh havia sido uma experiência forte e difícil. Somente depois eu iria descobrir que o vilarejo era composto basicamente de somalis que buscavam refúgio no país vizinho. Isso explicava muita coisa, especialmente o racismo e o comportamento agressivo com os estrangeiros. Ao deixar a cidade, fiquei aliviado por não seguir pela estrada de terra que ficava justamente ao lado da fronteira da Somália e teria sido a pior opção naquele momento.

Quando voltei à estrada principal, tudo ficou mais fácil. Havia me preparado melhor para aquele caminho, com mais água e envolvendo cada garrafa num tecido molhado, para que a bebida não fervesse durante o trajeto. A estrada não tinha muitos altos e baixos, e o vento estava me ajudando, ainda que timidamente. O caminho estava muito mais fácil que no dia anterior, sem dúvidas. Nem crianças armadas com pedras me esperavam à beira da estrada. Pelo contrário, as pessoas pareciam muito mais amigas.

Naquele dia, passei por alguns vilarejos e por diversas tribos do povo afar, que vivia em casas no formato de iglus, feitas com galhos e couro de animais. Cada casa não tinha mais que um metro e meio de altura por dois metros de largura, o que dava a impressão de ser apenas um forno naquele deserto escaldante.

Cada uma dessas pequenas "ocas" era destinada a uma família inteira. Enquanto pedalava, ficava pensando sobre como eles aguentavam ficar ali dentro, especialmente durante o dia, quando o calor podia chegar a extremos 46 °C naquela planície, um dos lugares mais quentes do mundo. De qualquer forma, com todas as dificuldades que aquele povo passava, isso deveria ser apenas um detalhe para eles.

Pedalei mais de 100 quilômetros debaixo de um sol extremamente quente até chegar ao último vilarejo de Djibuti, a alguns quilômetros da fronteira da Etiópia. Yoboki era o nome do local. Era apenas um vilarejo miserável e empoeirado de beira de estrada, sem nada além de algumas casas de folhas de zinco e "ocas" afares. Nada de hospedagem ou restaurante. Para a minha sorte, ali havia uma pequena venda na qual eu podia comprar água.

Quando entrei na venda, disse que iria passar uma noite na cidade, e logo uma mulher me conduziu até sua casa, dizendo que eu poderia dormir nela. A casa era um barraco, levantado de qualquer forma, com telhas de zinco, retalhos de madeira, papelões e alguns tecidos velhos. Creio que mais de 20 pessoas viviam nela. Não era fácil de contar, pois a cada momento chegava gente nova à casa e havia um fluxo muito grande de pessoas no local. De toda forma, havia muita gente, todos dormindo pelo chão, junto das cabras, ovelhas, gatos e das respectivas fezes desses animais.

Nesse barraco, creio que três ou quatro famílias viviam juntas. Cada marido com sua mulher e mais sua ninhada de crianças. Eu não entendia quem era a mulher de quem, apenas sabia que eles eram afares, parte djibutianos, parte etíopes, mas, ainda assim, afares. Eu conseguia me comunicar apenas com os etíopes, que falavam inglês, mas com os de Djibuti, o diálogo não fluía muito bem, pois eles apenas falavam francês e faziam mímica, o que, depois de um tempo, cansa, além de nem sempre ser a forma mais eficiente de comunicar o que se quer.

Apesar de muito pobres, eles fizeram o possível para me receber da melhor forma, me dando o melhor e mais limpo pedaço de chão, colocando minha bicicleta num local seguro – ao meu lado –, fazendo-me um prato de macarrão e até me oferecendo um balde d'água para um banho, o qual eu recusei por educação, pois nem água para beber eles tinham direito. Num determinado momento, parecia que eles estavam oferecendo a garota mais bonita da família para mim – acho que eles estavam mesmo –, mas eu não dei muita atenção para aquilo, simplesmente fiquei quieto e baixei a cabeça para evitar algum problema.

De toda forma, a garota, com seus 20 e poucos anos de idade, vestia apenas um pedaço de pano fino, que ia dos ombros às canelas – sem roupa de baixo –, e ficava olhando para mim sem parar, a ponto de me deixar sem graça. Achei que teria problemas inclusive, já que, na África, tudo é motivo para um problema, mas nada aconteceu. Quando a garota começou a chegar mais perto, como já era noite, eu apenas disse que iria dormir e dei um sorriso sem graça para acabar com aquela situação.

Eu tentei dormir cedo, mas foi difícil. O calor que fazia era algo absurdo, e o barraco tinha apenas três paredes, levantadas com gravetos e retalhos de zinco, que quase não permitiam nenhuma forma, natural ou artificial, de ventilação. Além do calor insuportável, havia os mosquitos e pernilongos que não perdoavam e faziam que eu me cobrisse com qualquer coisa na tentativa de me proteger. Felizmente, o vento seco do deserto soprava em alguns momentos e ajudava a me refrescar e a espantar os insetos. Aos poucos eu entendia o porquê de aquele local já ter sido chamado de Vale do Inferno no passado.

O dia seguinte me levou até a fronteira da Etiópia e um pouco além, já para dentro do país e para longe de Djibuti, que havia sido um dos menores e mais difíceis países pelos quais eu já havia passado em toda minha viagem. Entrar na Etiópia me aliviou muito, mas, até chegar à fronteira, eu tive minha última surpresa.

Terça-feira (25 de março de 2008)
Yoboki - Serdo (93 km)

Foi hoje que eu encontrei os sujeitos mais agressivos que eu já cruzei pelo meu caminho. Eram três homens, creio que com seus 30 anos de idade, que estavam caminhando pela estrada e pedindo qualquer coisa para quem passasse. Pediam para caminhões, milhares de caminhões, e para mim. Os caminhões não paravam e nem davam nada para eles. Eu também não tinha nenhuma pretensão de parar nem de dar algo, mas nem tudo funciona de forma simples por estas estradas. Especialmente quando se está sozinho e sobre uma bicicleta no meio do deserto.

Eles já haviam me avistado de longe e, conforme fui me aproximando, posicionaram-se para fechar o meu caminho. A princípio, até cheguei a acreditar que fosse uma brincadeira - de mau gosto -, mas logo percebi que não. Já próximo a eles, tentei desviar dos três, mas eles se reposicionaram para continuar à minha frente e impedir minha passagem. Segui pedalando, acelerei e, já próximo dos três africanos, tentei desviar num movimento brusco e arriscado. Tudo para não parar no meio do deserto com aqueles sujeitos. Mas o inesperado aconteceu. Um dos sujeitos resolveu me agarrar quando eu passava.

Ele tinha uma mão que parecia uma lixa grossa e, com ela, segurou meu braço direito a ponto de quase me fazer cair da bicicleta. Eu consegui tirar a mão dele de mim e, logo que fiz isso, ele partiu para minha bagagem. Percebendo que, se eu parasse a bicicleta, teria mais problemas, eu apenas pedalei ainda mais forte. Desespero, meu amigo, desespero. Foi um momento muito tenso, mas consegui escapar daqueles sujeitos.

Somente quando já havia tomado uma boa distância deles é que me senti seguro e aliviado. Aquele episódio havia me abalado. O perigo tinha passado muito perto dessa vez, mas, por sorte - que sempre me acompanha -, estava inteiro, vivo e sobre minha bicicleta.

Um caminhoneiro que havia visto a cena de minha fuga, aproximou-se e chegou ao meu lado. Ele disse que eu deveria tomar cuidado com essa gente, pois muitas vezes eles andavam armados e roubavam as pessoas que passavam pela estrada, quando não as matavam, já que no deserto não há lei. Vi que tive sorte por ter escapado dessa, mas ainda havia um grande pesar em minha cabeça. Sabia que teria algumas centenas de quilômetros de deserto pela frente e, se eles fossem como esses, eu não tinha certeza se teria sorte o suficiente para escapar ileso de todos os ataques e sair vivo da África.

Depois de mais 20 quilômetros, eu cheguei ao precário vilarejo de Galafi, onde ficava a fronteira entre os dois países. Encontrei os postos de imigração para carimbar minha saída. Para variar, no lado de Djibuti, as pessoas continuavam muito mal-educadas, e eu fiz o possível para evitar qualquer problema. O sujeito que pegou meu passaporte logo começou a fazer perguntas sem sentido e disse que meu visto não estava valendo mais e que eu teria problemas. Ah, os velhos problemas de sempre!

Já sem muita paciência com algumas pessoas deste país, eu tentei manter a calma e explicar minha situação para o sujeito, pois não estava disposto a alimentar a corrupção de Djibuti mais uma vez. O oficial pareceu entender o que eu dizia e carimbou meu passaporte, mas ainda com meu documento em suas mãos, ele me pediu a nota fiscal da bicicleta. Inacreditável! Eu olhei para ele, sorri e disse: "*Meu amigo, isto é uma bicicleta, e não um carro ou uma moto*". Todos riram, então. Acho que ele nem entendeu o que eu havia dito, mas pelo menos me entregou o passaporte e isso bastava para que eu deixasse o país.

Segui em frente sem conseguir ver onde estava a fronteira etiope ainda. Apenas 5 quilômetros depois de ter meu passaporte carimbado é que eu encontrei a fronteira da Etiópia. Logo que cheguei, já senti outro tipo de tratamento, nada absurdamente diferente, mas as pessoas eram mais educadas e não pareciam querer me matar ou me roubar com o olhar. Foi um alívio perceber isso. Sem problemas, carimbaram meu passaporte e, depois, apenas me desejaram boa viagem.

FARANJI À VISTA

Os dias que seguiram, já dentro da Etiópia, foram um pouco mais fáceis em relação às pessoas, mas o deserto e o calor continuavam me sacrificando. Da fronteira, eu ainda tinha de percorrer mais de 600 quilômetros de distância até chegar à primeira cidade. Enquanto isso, teria de me contentar com postos de beira de estrada e pequenos povoados para me manter vivo.

Durante algum tempo, eu pedalei mais de 100 quilômetros diariamente debaixo de um sol de mais de 40 °C. Comia sempre a mesma refeição: *injera*, o diferente pão local, e *shiro*, um molho cor de ferrugem e um pouco picante. Pagava pelos meus banhos e me lavava com a água sempre trazida de algum poço ou rio, que era depositada em uma lata cheia de furos de pregos que servia de chuveiro. O caminho, que não era fácil, ficou um pouco mais difícil após o susto causado por aqueles três sujeitos da estrada de Djibuti. Aquele incidente me abalou tanto que resultou em fortes dores na região de me pescoço e maxilar, que eu cheguei a acreditar que fosse uma inflamação em meu ouvido. Sem muitos remédios e sem saber como tratar aquela dor, apenas segui em frente, na esperança de deixar aquele deserto o quanto antes.

Continuei pedalando rumo a Adis Abeba, capital da Etiópia, onde sabia que poderia descansar um pouco e relaxar antes de encarar o caminho para o Sudão, um país devastado por uma guerra civil que já durava décadas. Estava ciente de que minha situação não iria melhorar tão cedo, o que, naturalmente, já criava certa tensão dentro de mim. Mas deveria me concentrar em sair daquele deserto primeiro.

Após muitos quilômetros, poeira e *injera*, cheguei exausto a Adis Abeba, onde ainda deveria tirar o visto para o Sudão e para o Egito antes de seguir viajando. Sabia que isso já seria o suficiente para me ocupar por alguns dias.

Por causa da burocracia dessas embaixadas, especialmente a do Sudão, que fazia questão de dificultar ao máximo a entrada de alguém no país, voltei a visitar uma embaixada brasileira, na qual fui bem recebido pelo embaixador e pelos demais funcionários. Era bom me sentir em casa depois de tanto tempo. Por meio do embaixador, conheci um casal de brasileiros que vivia na cidade, Cláudio e Carla. Ele era pastor; e ela, médica, ambos muito simpáticos e hospitaleiros. Logo nos demos bem e acabei ficando quase uma semana na casa deles, que, além de me hospedarem, ajudaram-me bastante durante aqueles dias. Nesse tempo na capital etíope, aproveitei para descansar, escrever meus textos, finalizar o processo de visto, conhecer algumas ONGs e comunidades carentes da cidade, visitar os museus e, também, estudar melhor minha rota até o Sudão.

Cláudio e Carla se tornaram meus amigos e foram fundamentais para que eu me recuperasse completamente para, então, cair na estrada de novo. Sem eles, tudo teria ficado mais difícil naquele lugar. Consegui dias de descanso em Adis Abeba, mas, assim que voltei a pedalar, os problemas voltaram a aparecer. O que não era nenhuma surpresa. Ao contrário do sul do país, por onde eu havia pedalado até chegar à capital, o norte da Etiópia era mais povoado e as pessoas eram diferentes. Logo me acostumei com palavras como *faranji* – que era um termo usado para os estrangeiros brancos no país – e *money, money, money*, tática para se pedir dinheiro ao *faranji*.

Fugindo de crianças e das pedras que elas jogavam em mim quando viam que eu não daria dinheiro algum, atravessei o país pedalando, ora ao lado de paisagens incríveis, ora ao lado de uma imensa miséria. O que havia de famoso e mais atrativo na África quase sempre já havia sido depredado pelo turismo em massa, que conseguia modificar praticamente qualquer lugar e deixar as pessoas acostumadas apenas a pedir esmolas e a viver de doações. Muitas vezes, evitava ir a alguns lugares classificados como "atrações" quando descobria que não havia mais nada de original no local, mas apenas um teatro para atrair turistas e tirar o dinheiro deles. Era um mundo para inglês ver, e não era isso que me interessava.

Mesmo assim, visitei cidades como Bahir Dar, onde diversos mosteiros cristãos ortodoxos haviam sido construídos nas ilhas de seu grande lago. O local era muito bonito, mas a água, impregnada por esquistossomos. Assim, a orientação era simplesmente não tocar na água para evitar contrair o parasita, presente em praticamente toda a população local, que, inclusive, usava os sintomas da doença como ritual de passagem para os jovens da região. Quem não aguentasse a febre e os calafrios ocasionados pelo parasita, não merecia ingressar na vida adulta.

Esse era um simples exemplo das doenças que assolavam a África. Aparentemente, grande parte das doenças sem cura do mundo estavam naquele continente. E, mesmo quando elas tinham cura, nada era feito para tratar as pessoas daqueles países. Ainda me lembro de ver muitas pessoas cegas, com os olhos brancos, o que não entendi inicialmente, mas depois descobri se tratar da "cegueira do rio". O causador disso era um pequeno verme transmitido por uma mosca. Esse era apenas um exemplo, mas havia também muita malária, doença do sono, febre amarela, dengue e mais algumas centenas de doenças que continuavam matando os africanos. O medo de contrair tais enfermidades também fazia parte das minhas pedaladas pelas regiões mais remotas da África. Sabia que se eu pegasse alguma dessas doenças, dificilmente conseguiria contar a história da minha viagem depois.

Com tanta dificuldade, aos poucos, fui ficando muito cansado e estressado, pois nem sempre conseguia relaxar. Sempre havia algo para me preocupar. Medos que não me acompanharam até aquele momento já faziam parte do meu caminho e de mim mesmo. Medo da morte, de ficar doente, de não voltar para casa. Sabia que não deveria alimentar aqueles sentimentos, porém, sentia-me impotente diante daquele continente, que parecia me devorar. Sentia que a morte viajava ao meu lado às vezes:

quando o calor extremo me fazia parar na estrada e ficar lado a lado com os abutres à espera de um corpo sem vida para ser devorado. Esses pensamentos me perseguiam constantemente.

A viagem, que, apesar de suas dificuldades, tinha diversos momentos leves e agradáveis, começava a se tornar predominantemente pesada e cansativa, quase que uma luta por minha própria sobrevivência em razão de uma situação que eu havia criado para mim mesmo. Sabia que deveria tentar tornar o trajeto mais leve novamente ou sair o mais rápido possível da África, para me preservar física e mentalmente do pior. Na tentativa de relaxar, ainda visitava lugares que eu achava que valiam a pena, como foi o caso de Lalibela, na Etiópia. Uma espécie de Petra africana com diversas igrejas esculpidas em pedra e ativas ainda hoje.

Essa visita a Lalibela me deu forças para continuar em frente no continente que parecia ter sido abandonado pelo mundo. Sabia que uma das partes mais difíceis da viagem ainda estava por vir e tive de me preparar para encará-la. Após retornar a Bahir Dar, segui para Gondar, ao norte da Etiópia, minha última cidade antes de tomar uma pequena estrada de terra que me levaria até a fronteira sudanesa. Dali à frente, o caminho foi desafiador.

Quinta-feira (24 de abril de 2008)

Gondar - Um conjunto inominável de cabanas (118 km)

Sabia que teria um longo dia pela frente, mas não imaginava que seria tão ruim. Estava a 2.200 metros de altitude e teria apenas de descer tudo isso para chegar próximo ao nível do mar. Estava otimista em relação ao percurso, me sentindo bem e tinha tudo já preparado para cair na estrada. Assim, por volta das 7 horas da manhã, eu saí do meu quarto e fui para a rua com tudo pronto para seguir viagem.

A única tarefa que me restava era comprar água suficiente para levar comigo. Mas isso também não foi fácil, pois todos os estabelecimentos da cidade não tinham garrafas grandes de água. Tive de fazer diversas paradas antes de encontrar o que queria, apenas água. Quando finalmente eu estava carregado com cerca de cinco litros, eu soltei o freio e segui ladeira abaixo, a mesma que eu havia subido ontem. Eu tinha de voltar até a cidade vizinha, chamada Azezo, para então entrar na estrada para Metemma.

Os curtos dez quilômetros até Azezo foram um bom aquecimento, feito não apenas de descidas, mas também de algumas boas subidas. A cada subida, eu me lembrava de um sujeito dizendo que eu iria morrer na estrada até Metemma, pois o trajeto era feito de muitos altos e baixos. Eu resolvi esquecer isso e me concentrar apenas nos números: eu estava a cerca de 2.200 metros e tinha de chegar próximo do zero. Conclusão: eu teria mais descidas que subidas.

Apesar desse confortável raciocínio lógico, eu logo voltei a me lembrar do sujeito pessimista. Quando eu finalmente cheguei à estrada para o Sudão, vi o que me esperava. Dizer que aquilo era uma estrada de terra seria complacente demais. Ela estava em outra categoria, que eu chamaria de "estrada de pedra". Havia apenas pedras na estrada. Pedras pontudas, soltas, que rolam, que voam e do tipo que fazem a bicicleta não parar quando se freia.

Ver que eu estava com problemas não era algo difícil, mas continuei em frente. Não tinha escolha. As pedras continuavam lá e as subidas também, o tempo todo, o que por si só já seria o suficiente para acabar comigo. Mas eu não estaria sendo realista se acreditasse que meus desafios eram apenas esses. Logo vi o que seria pior que qualquer subida ou pedra: as crianças etíopes!

Pouco tempo atrás, comecei a perceber que, aqui na Etiópia, eu desenvolvi um novo medo, o das crianças de estrada. Se eu suspeitava desse pequeno medo ou apreensão, hoje foi o dia em que eu tive certeza da existência dele.

Cerca de 30 quilômetros depois de Gondar, os quais haviam me tomado mais de duas horas graças às ótimas condições da pista, eu fiz o que não costumo fazer: caí da bicicleta. Não foi um grande tombo, mas o suficiente para ralar o joelho. Foi uma daquelas quedas que quem vê não acredita. Eu estava numa íngreme subida e com os pés "clipados" no pedal quando atolei num monte de pedras. A bicicleta parou e, sem muita energia e reflexo, nem tentei soltar os pés dos pedais e apenas caí junto com ela para o lado esquerdo.

Isso mostra um pouco das condições da estrada. Não muito distante do local do tombo, coincidentemente, logo depois que um motorista parou o carro para me oferecer uma carona - a qual eu recusei por ser cabeça-dura -, dizendo que seria melhor eu não pedalar por ali, eu me deparei com as crianças etíopes. Elas falavam frases e palavras já conhecidas para mim: "*You, you, you, You, YOu, YOU!!! Faranji, faranji, faranji! Give me money! Give me money! Give me money! Give me money! Give me money! Give me money! Give me money! Give me money! Give me money!...*", continuamente, até as pedras começarem a voar.

Aí, começaram meus problemas reais. Nessa estrada deserta, na qual não havia quase ninguém e pela qual quase não passavam veículos, as crianças dominavam. Os carinhosos pedidos de dinheiro vinham em primeiro lugar; depois, as crianças começavam a correr atrás da bicicleta e tentavam tirar alguma coisa de minhas bolsas; terminavam a brincadeira com o bom e velho "tiro ao alvo no ciclista".

Crianças correndo atrás da bicicleta já era algo bastante desagradável, principalmente quando se está numa estrada com muitas pedras soltas, o que pede muita atenção. Mas as pedradas eram o cúmulo. Nenhuma pedra me acertou, mas a cada uma que lançavam em minha direção, crescia uma grande raiva dentro de mim, uma vontade de descer da bicicleta, pegar cada um dos garotos e ensinar uma lição para eles. Na verdade, eu fiz isso.

Num determinado momento, já sem paciência, parei a bicicleta e fui atrás dos garotos, apenas para assustar, pois sabia que não os alcançaria na corrida sobre pedras, ainda mais usando as rígidas sapatilhas de bicicleta. Quando eu pensava que já havia tido o bastante, percebi que aquilo havia sido só o começo. O ponto alto do dia foi quando eu avistei algo que parecia uma escola, a cerca de 500 metros de mim. Sim, era uma escola. E, sim, era meio-dia, o horário de saída dos alunos.

Já próximo do local, vi que havia cerca de cem crianças paradas na beira da estrada e já previ problemas. Quando me aproximei, alguém me viu e gritou: "*FARANJI!*", e mais outra centena de crianças saiu de dentro da escola e correu em minha direção. Era o meu fim. Eles foram para a estrada, me cercaram e, em coro - como eu nunca havia visto até então - começaram a me pedir dinheiro e agarrar a bicicleta toda a vez que eu tentava pedalar. Eu perdi a paciência e gritei com um deles, mas isso apenas colocou mais lenha na fogueira.

Minha sorte foi um adulto que apareceu na hora e começou a dispersar as crianças, tacando pedras nelas e dando pauladas - tenho de admitir que ele, sim, sabia das coisas! Agradeci-lhe pelas pauladas e fugi dali pensando que havia me livrado dos endiabradinhos. Mas não. Não podia ser assim tão fácil. Essa estrada era sinuosa e as curvas eram tantas, algumas em cotovelo, que alguém caminhando em linha reta poderia ir mais rápido que um veículo percorrendo os zigue-zagues da estrada. Foi assim que as crianças surgiram em meu caminho mais uma vez.

Ainda distante, eu via que eles corriam freneticamente em minha direção e eu já imaginava o pior. O mais incrível é que elas só atacavam pelas costas, assim, toda vez que eu parava a bicicleta, elas também paravam e algumas até fugiam. Eu subia novamente na bicicleta e elas voltavam a correr atrás de mim e a tacar pedras. Não sabia mais o que fazer. Eram muitas crianças. Mais que eu poderia aguentar. Parei a bicicleta mais uma vez, pensando que as venceria pelo cansaço. Tentei conversar, mas não funcionou.

O frenesi era tanto ao ver este *faranji*, que um dos garotos até fraturou sua perna enquanto corria. Pela posição da perna e pelos inúmeros gritos, tive a impressão de que ele a quebrou, mas não tinha como saber. Infelizmente, nem mesmo ele tinha como saber, em razão das precárias condições da região. Dependendo da fratura, as marcas desse dia o acompanhariam para o resto de sua vida.

De qualquer maneira, esse acidente não serviu de aviso para os outros. Todos continuavam apenas querendo dinheiro. Mais uma vez, aquele homem que havia me ajudado antes voltou com mais pedras e pauladas para todos os lados, livrando-me de mais um problema. Mesmo assim, ele era um, e os pequenos, mais de cem. Ele não os vencia. Vendo que eu estava perdido, pedi para que eles me deixassem ir embora dali. Alguém traduziu o meu pedido e eles me deixaram seguir.

Apesar de fisicamente ileso, tenho de admitir que esse episódio me deixou muito tenso. Uma tensão que apenas me fazia mal. Minutos mais tarde, apenas algumas subidas depois, eu cheguei ao vilarejo de Aykel, provavelmente o maior dessa estrada. Parei um pouco, bebi um suco de abacate que me pagaram - nem todos os etíopes são ruins -, reabasteci meu estoque de água e segui em frente. Ainda era muito cedo para parar e eu tinha apenas um objetivo em mente: deixar este país o mais rápido possível. Eu não sabia até que ponto eu resistiria, mas tinha de continuar em frente.

Uma modesta faixa de asfalto surgiu e foi o suficiente para me alegrar. Sentia-me em casa e conseguia pedalar rapidamente. No entanto, nem dez quilômetros depois, ela chegou ao fim, me fazendo retornar ao cascalho e às pedras pontudas e soltas. Era a hora das descidas, o que poderia ser bom se a estrada fosse boa, mas não era o caso. Com pneus lisos, numa bicicleta carregada, sobre uma pista de cascalho, correr seria suicídio. Infelizmente, as descidas que poderiam me salvar, conseguiram me cansar ainda mais.

Segui em frente lentamente e, já pelo meio da tarde, eu começava a fazer planos para parar em algum local, estava muito cansado. Segui adiante, passei por outro vilarejo, comprei mais água e continuei, já me preparando para acampar em qualquer lugar. Cerca de uma hora depois, eu cheguei a um vilarejo com umas vinte casas de palha na beira da estrada. Pela primeira vez, as crianças apenas me observaram e não pediram dinheiro. Achei que isso era um bom sinal e tive a certeza de que eu iria ficar por ali mesmo.

Debaixo de uma árvore, ao lado de uma casa de palha, eu montei minha barraca e meu fogareiro para passar a noite. A família da casa ao lado foi simpática. Deram-me água, convidaram-me para comer e, mais que isso, deram-me paz e tranquilidade para apenas descansar depois desse meu pesado dia.

Sexta-feira (25 de abril de 2008)
Um conjunto inominável de cabanas - Galabat (107 km)

Hoje, acordei bastante cedo, antes mesmo do Sol. Queria começar o dia logo, pois aqui faz muito calor e eu sabia que, quando o sol me pegasse, tudo ficaria mais difícil. Assim, em pouco tempo desmontei minha barraca, fechei minhas bolsas, comi algumas coisas, abasteci meu estoque com a água que a família me deu e depois segui em frente. Não sabia se conseguiria deixar o país ainda hoje. Via que isso seria bastante difícil pelas condições da estrada.

Cerca de 10 quilômetros à frente, reapareceu o asfalto e minha esperança de abandonar a Etiópia ainda hoje voltou a ser real. Com muitas descidas sobre o asfalto, eu segui rapidamente, quase sem pedalar, e sem me esforçar muito. Depois de alguns quilômetros, eu cheguei a Wehni, um vilarejo com restaurantes. Nesse local, consegui mais água para seguir em frente, já sabendo que o asfalto logo acabaria e eu teria apenas mais um vilarejo pela frente antes de chegar à fronteira.

Milagrosamente, as crianças pareciam ter sumido, e as poucas que eu via pelo caminho apenas me pediam dinheiro, mas não arremessavam mais pedras, o que já me alegrava muito. Assim, segui mais motivado, mas ainda com um frio na barriga sempre que eu via uma criança no horizonte.

No vilarejo seguinte, Shihedi, foi um pouco diferente. As crianças voltaram a ficar loucas com o *faranji*, correndo atrás da bicicleta, agarrando minhas bolsas e sempre pedindo dinheiro, canetas, comida e minhas roupas. Algumas não tinham vergonha nenhuma de pedir a roupa que eu estava vestindo. Neste vilarejo, o sol já ardia no céu e deixava a paisagem muito quente. Eu estava dividido entre passar uma noite em Shihedi ou seguir em frente. No entanto, essa dúvida acabou depois que encontrei essa gente. Resolvi partir, para tentar deixar o país ainda hoje, já que não me faltava muito.

A estrada continuava péssima, mas, agora, estava plana, o que me deixava ter mais controle sobre as pedras soltas e, até mesmo, correr em trechos não tão ruins. Nada de muito motivador, mas o suficiente para eu saber que seria possível seguir mais alguns quilômetros e chegar ao vilarejo de Metemma, na fronteira com o Sudão. Como pela estrada não havia mais que alguns vilarejos de casas de palha e o calor já era intenso, creio que as crianças preferiram ficar à sombra e não vieram tacar pedras em mim. Isso tornou o caminho, sem dúvida, mais fácil.

Cerca de duas horas depois, passados mais 36 quilômetros, eu cheguei ao horrível vilarejo de Metemma, onde não havia nada mais que barracos de zinco, casas de palha e muita sujeira nas ruas. Nada muito agradável e convidativo. Obviamente, não havia lugar algum para se passar a noite e, pior, seria bastante difícil acampar naquele local, pois as pessoas e a sujeira tomavam conta de tudo. Se eu conseguisse passar despercebido, poderia conseguir acampar, mas como já haviam me visto, eu teria de encontrar outra solução.

Inicialmente, tinha a intenção de passar uma noite na cidade, mas comecei a ter consciência de que isso não seria possível. Quando atravessei o vilarejo e cheguei à fronteira entre os dois países, logo vi a diferença. Uma pequena ponte conectava os dois territórios, e dela eu já podia ver que do lado sudanês havia uma certa organização, limpeza e, o melhor, uma pista de asfalto impecável.

Foi difícil resistir à tentação de não atravessar a fronteira. Sabia que seria um dia a menos em meu curto visto - de apenas 14 dias - mas não tinha escolha. Estava farto da Etiópia. Queria deixar o país e não conseguia desejar outra coisa naquele momento. Assim, segui para a imigração etiope, que funcionava num barraco de zinco caindo aos pedaços, e carimbei minha saída do país. Pedalei até a ponte e, sem olhar para trás, cruzei a fronteira feliz por deixar a Etiópia. Mesmo assim, era uma felicidade contida, porque não é possível comemorar quando se está indo para o Sudão.

Certa organização e um estranho silêncio haviam surgido na paisagem, e isso já era uma recompensa para mim. Fui até a imigração, preenchi um formulário e depois tive meu passaporte carimbado com minha entrada no país. Estava oficialmente no Sudão. Segui, então, para a alfândega, onde não olharam nada que eu tinha em minhas bolsas e apenas anotaram meu nome. Ainda não havia acabado, eu tinha uma terceira fase, que era ir à divisão de "seguridade", na qual encontrei um sujeito dormindo numa cama de corda.

Para a minha segurança, tive de preencher um formulário, deixar uma foto e marcar meu polegar direito duas vezes numa folha. Finalizado esse processo, eu estava livre para aproveitar meus dias de Sudão. A estrada era boa, porém, eu já sabia que teria 75 quilômetros até o vilarejo mais próximo e que o meu estado já não me permitia pedalar tanto. Teria de ficar por ali mesmo.

Tomada a decisão, eu comecei a procurar um lugar para acampar. O que não foi difícil, pois apenas 100 metros depois da fronteira, este pequeno vilarejo, chamado Galabate, já chegava ao seu fim.

Mesmo no Sudão, eu logo percebi que não estava completamente livre de problemas. Alguns etíopes ainda me seguiam e agora queriam me fazer trocar dólares pela moeda local, numa cotação nada favorável para mim. Mesmo dizendo que eu não queria, eles continuaram me seguindo por todos os lugares e esperando que eu comprasse qualquer coisa para ser obrigado a trocar o dinheiro com algum deles. Resisti até que a fome apertou e eu tiver de comer no único restaurante local, sendo obrigado a fazer o câmbio de alguns trocados.

Incrivelmente, eles ainda se recusavam a trocar notas de 10 dólares. Queriam apenas de 50 ou de 100! Era difícil de acreditar em algumas coisas. Tive, então, de convencer o sujeito a fazer a caridade de trocar aquele dinheiro para mim. Quando finalmente consegui, paguei minha comida, comprei uma garrafa d'água, me livrei dos etíopes pegajosos e me restou apenas levantar a barraca sobre aquele deserto e descansar.

Encontrei um bom espaço perto do muro de um prédio do governo, onde estaria protegido dos fortes ventos carregados de areia, e montei a barraca. Consegui, depois, um pouco de água, não o suficiente para um banho, mas apenas para molhar minha pequena toalha e passá-la sobre a crosta de sujeira existente sobre minha pele. Feito isso, eu caí na barraca para descansar, comemorando minha saída da Etiópia, mas ainda apreensivo em relação ao que eu encontraria adiante.

NO LIMITE,
NO SAARA
24

Estava no Sudão e tinha apenas um visto de 14 dias para atravessar todo o país e entrar no Egito, onde, teoricamente, eu estaria a salvo e de volta à civilização. Por que 14 dias? Era um visto de trânsito apenas, o único que a pesada burocracia e a lentidão da embaixada desse país me deixara tirar. Isso me obrigava a ter de atravessar o Sudão o mais rápido que eu pudesse, sem paradas prolongadas. Assim, logo em meu primeiro dia, pedalei 154 quilômetros até Gedaref, chegando à cidade quando já era noite. Parei diante de uma escuridão que não me deixava seguir em frente em razão da falta de sinalização na estrada e de eu estar completamente perdido e cansado. Quando, finalmente, consegui entrar na cidade, com a ajuda de um morador local e de sua motocicleta, percebi que ela era maior do que eu estava esperando.

Matei minha sede na primeira mercearia que eu encontrei e fui em busca de um local para passar a noite, pois ainda não sabia onde eu estava. Logo descobri que os quartos disponíveis nessa cidade estavam longe de ser confortáveis e limpos, parecendo mais prisões que lugares para descansar. A comida também não era o forte do Sudão, sendo uma das piores que provei em toda minha viagem. Mesmo assim, eu não podia reclamar. Estava no Sudão e tinha de agradecer pelo simples fato de estar vivo, de estar hospedado em algum lugar e de ter o que comer.

Nos dias seguintes, continuei pedalando em direção a Cartum, capital sudanesa. Durante o caminho, ora acampava perto de alguma cidade, ora ficava na casa de alguém, numa igreja ou mesmo dormia ao ar livre, que era a forma mais agradável de passar a noite no país por causa de suas altíssimas temperaturas. Pedalava cerca de 100 quilômetros por dia e chegava a beber mais de 10 litros de água, tamanho o calor que fazia. E, mesmo bebendo essa enorme quantidade de água, eu urinava apenas uma ou duas vezes ao dia. Suava litros, literalmente. Era obrigado a usar minhas camisetas e outros panos para envolver as bolsas e garrafas de água que eu levava comigo. Caso contrário, a temperatura da água superava os 50 °C em pouco tempo, tornando-se difícil bebê-la. Era, também, obrigado a usar um chapéu e a molhá-lo constantemente, para que meu cérebro não cozinhasse debaixo do sol do deserto do Saara.

Muitas vezes, mesmo tomando todos esses cuidados, a minha água esquentava e me obrigava a buscar mais pelo caminho, mesmo carregando litros comigo. Como parte do país era tribal e nômade, na frente de cada vilarejo, havia sempre grandes vasos de barro, cheios de água, justamente para saciar a sede da parcela da população que vagava pelo deserto com seus camelos e suas barracas. Como o barro transpirava e ficava sempre úmido, a água de seu interior permanecia fresca durante todo o dia e quase sempre era uma boa solução para matar a sede de quem passava pela estrada, inclusive a minha. Quando descobri que tais vasos estavam cheios de água fresca, achei ter encontrado a solução para o meu maior problema no deserto, a desidratação.

Daquele momento em diante, sempre que podia, parava para beber um pouco daquela água quase gelada e me refrescar. Um dia, resolvi trocar a água quente que eu tinha em minhas garrafas por aquela pública. Foi nesse momento que percebi que eu estava bebendo uma água marrom e achei melhor perguntar da onde ela vinha. Uma palavra bastou: Nilo. A água imediatamente pesou em meu estômago e, naquele momento, soube que poderia ter problemas. Continuei bebendo mesmo assim. Poderia ficar doente, mas de sede não morreria.

Conforme pedalava, percebia que o Sudão era um país principalmente tribal e as cidades que eu via, quase sempre, pareciam ter saído de um filme de guerra de tão destruídas que estavam. Não havia exceção para isso, e até mesmo a capital do país, Cartum, parecia uma cidade em ruínas, com ruas de terra, escombros de prédios, regiões interditadas, soldados nas ruas e muitas metralhadoras à vista. A guerra que assolava o país há décadas parecia ter espantado muitos dos investidores dali, incluindo hotéis e restaurantes, cuja ausência era perceptível àqueles que chegavam à cidade. Por conta disso, quase todos os estrangeiros que passavam por Cartum – vale lembrar que ninguém ia ao Sudão para conhecer as "belezas" do país, mas apenas o cruzava para chegar a outro local na África – ficavam num *camping* chamado Blue Nile Sailing Club, que não era bem um espaço para acampamento, mas um clube de vela, e, talvez, o único do mundo sem ter um único barco a vela.

Não quis ser diferente. Como já sabia da dificuldade de encontrar um lugar para dormir naquele país e por estar ciente de que o melhor sono que se pode obter no Sudão era ao ar livre, fui direto em busca do Blue Nile Sailing Club, que ficava à margem esquerda do Nilo Azul, apenas cerca de dois quilômetros do encontro entre o Nilo Branco e o Azul. Montei minha barraca debaixo de uma frondosa árvore e logo encontrei outros viajantes, que, assim como eu, cruzavam o país, cada um em seu veículo. Dois deles de motocicleta, outros em Defenders equipados, e apenas eu numa bicicleta, o que chamava a atenção até desses viajantes.

No mesmo dia que cheguei a Cartum, percebi que meu curto visto de 14 dias não me daria tempo suficiente para pedalar até a fronteira egípcia. Teria de tentar uma extensão, mas, antes disso, precisava ir até um órgão público chamado – em tradução livre – Departamento de Registro de Alienígenas, no qual eu tinha de oficializar minha entrada no país e, é claro, pagar caro por isso.

Após uma longa busca por esse departamento público, encontrei um prédio velho, com apenas uma pequena porta em sua entrada. Finalmente estava no lugar certo. Antes de seguir para o guichê apropriado, tive de passar por um senhor que apenas preenchia formulários. Ele não era um funcionário do governo, apenas um *freelancer*, como ele mesmo se definiu. Ele coletou meus documentos e pediu que eu tirasse cópias do meu passaporte. Fiz isso e voltei para o senhor *freelancer*, que preencheu meu formulário, o que só poderia ser feito em árabe. Dei algumas moedas a ele e segui para o que interessava, dando entrada no pedido de registro.

Qualquer pessoa que entrava no país era obrigada a se registrar naquele departamento. Até mesmo aquelas com um visto de trânsito, como eu. Em pouco tempo, descobri que essa brincadeira não me custaria menos que 42 dólares. Isso era muito dinheiro para nada, ainda mais quando não se podia sacar dinheiro num país que sofre embargo americano e sanções da ONU. Sabia que meu dinheiro não estava indo muito bem, mas fiz o registro mesmo assim, caso contrário não conseguiria sair do país.

Feito isso, resolvi perguntar quanto me custaria para estender meu visto e logo tive a dura notícia: 80 dólares. Estendê-lo sairia caro e eu simplesmente não poderia pagar por isso. Se pagasse, meu dinheiro acabaria antes de deixar o país. Foi quando percebi que estava com problemas. Sem aumentar o prazo do meu visto, teria de bolar uma forma de chegar rapidamente até a fronteira, pois o *ferry* para o Egito, a única conexão entre os dois países, sairia na próxima semana. Se eu perdesse esse barco, teria de esperar mais uma ou duas semanas, tempo de que eu não dispunha. Conclusão: eu tinha apenas mais seis dias de Sudão e, por consequência, poucos dias para resolver como chegaria até a fronteira.

A ligação por terra com o Egito era inexistente, e nem estrada havia entre os dois países. Apenas deserto. A única exceção que existia era esse barco semanal. Com isso, tive de pensar em como eu chegaria à cidade de Wadi Halfa, no extremo norte do Sudão, de onde o barco sairia. Não teria tempo para pedalar e fui obrigado a pensar numa alternativa. Sem muitas escolhas, achei que a melhor opção seria colocar minha bicicleta num trem e seguir para o norte. Comprei, então, a passagem e esperei o dia em que ele sairia. Dessa forma, chegaria a Wadi Halfa um dia antes do barco partir.

Em meu penúltimo dia em Cartum, quando eu somente esperava a saída do trem para deixar a cidade, uma tempestade de areia chegou à capital. O céu ficou amarelo, num tom quase alaranjado, o ar ficou seco, a visibilidade muito baixa, e uma imensa nuvem de pó e areia fina pairava sobre a capital sudanesa. Não havia o que fazer e nem para onde correr. Fechei tudo o que eu tinha em minhas bolsas para que a areia não destruísse meus equipamentos eletrônicos e esperei a tempestade acabar. A noite chegou, e a tempestade ainda se manteve forte, por vezes, dando a sensação de que havia um imenso secador de cabelo jogando pó e ar quente em minha direção. Era quase impossível dormir na barraca diante da temperatura e do vento que faziam, mas não havia escolha. Apenas de cueca e somente com a tela da barraca armada, dormi ao lado de uma garrafa de dois litros de água para evitar que eu me desidratasse durante a noite.

Foi uma noite de sono leve e fragmentado. Como o calor era grande até mesmo durante a noite, era possível me desidratar até mesmo dormindo e, por vezes, eu acordava com fortes dores de cabeça. Nesse dia, não foi diferente. Ao amanhecer, já sentia minha cabeça pulsando de dor, talvez por estar desidratado, talvez pelo pó que havia entrado em meu nariz e atacado minha sinusite. Tinha dormido pouco e precisava descansar ainda mais, mas a dor de cabeça e o cantarolar de uma pomba que estava no galho logo acima de minha barraca conseguiram me acordar. Não podia esconder meu mau humor diante daquela situação.

Estava no Sudão, longe de tudo, acampado em meio a uma tempestade de areia, numa noite que fazia mais de 35 °C, com um visto prestes a acabar, com dor de cabeça e com o arrulhar de uma pomba que parecia entrar diretamente em meu cérebro. Naquele instante, ainda deitado sobre meu isolante térmico e com os olhos fechados, apenas desejei que aquela pomba morresse, chegando ao ponto de dizer isso.

O canto da pomba logo parou, e eu acreditei que ela havia apenas voado para outra árvore. Tentei retomar meu sono, mas o Sol já começava a subir e o calor se tornava insuportável para se permanecer dentro da barraca. Quando percebi que já havia perdido o sono e que teria de me contentar com as poucas horas de descanso que havia tido, vesti-me e decidi deixar a barraca. Abri o zíper da barraca e tive uma surpresa. A apenas 5 centímetros da porta de minha barraca, estava o corpo da pomba que até pouco tempo atrás estava cantando no galho sobre minha cabeça. Ela estava morta, dura e fria, sem ferimentos ou qualquer tipo de problema. Eu tive de procurar por esses sinais, pois, por um instante, achei que havia matado a pomba com as palavras que havia dito alguns minutos antes. A pomba estava intacta, porém morta. Independentemente do que acontecera com ela, foi uma estranha coincidência encontrar aquele animal morto na minha frente.

Peguei a pomba pelos pés e a joguei numa lata de lixo onde só havia garrafas plásticas vazias. A ideia de ter matado aquele pássaro me perseguiu por alguns dias e, independentemente da causa da morte da pomba, aquele pensamento me mostrava que a viagem estava tomando rumos inesperados e estava me alterando, fazendo-me perder o controle sobre mim mesmo. Vi que estava me perdendo de mim. E, se havia um medo que eu tinha, era esse. Quanto mais eu pensava sobre aquilo, percebia que já era tarde demais para remediar qualquer sintoma da viagem. Eu não fazia mais a viagem, era ela que me desfazia.

Naquele mesmo dia, eu comecei a arrumar minhas bolsas para, na manhã seguinte, deixar Cartum. O trem para Wadi Halfa saiu numa segunda-feira, e a viagem, mesmo sem pedalar, não deixou de ser uma aventura.

Segunda-feira (5 de maio de 2008)
Cartum - No meio do deserto, dentro do trem

Acordei cedo para desmontar minha barraca e deixar o camping antes de o Sol nascer. Precisava estar na estação por volta das 7h30 da manhã, já que o trem estava marcado para sair às 8h30 e eu ainda teria de embarcar a bicicleta, o que poderia gerar certa dor de cabeça. Infelizmente, eu não consegui ser tão rápido quanto eu queria ao arrumar minha bagagem e me atrasei para chegar até a estação de trem, que ficava a cerca de 3 quilômetros de onde eu estava. Mesmo assim, quando eu cheguei à estação, o trem ainda estava parado.

Numa balança, pesei minha bicicleta e a coloquei no vagão de bagagens, que foi trancado logo em seguida. Com todas as minhas bolsas comigo, segui para o meu vagão. Eu havia comprado uma passagem para a primeira classe do trem, o que, mesmo assim, não me garantia conforto algum, já que era a primeira classe do Sudão. Estava curioso para ver o que me esperava, pois já havia sido informado sobre as péssimas condições do trem. O meu vagão ficava no outro lado do trem, já próximo à locomotiva. Como o trem era grande, tive de fazer duas viagens com minhas pesadas bolsas até a cabine.

Quando cheguei ao meu vagão, não tive nenhuma surpresa, apenas comecei a pensar o quão duro seria ficar naquele trem por 36 horas. Fui, então, até minha cabine, que era pequena e contava com seis poltronas, das quais cinco já estavam ocupadas. Coloquei minhas bolsas numa espécie de prateleira localizada sobre os assentos e depois me sentei na desconfortável poltrona, na qual eu teria de ficar por quase dois dias. Instalado em meu assento, logo conheci as pessoas com quem eu dividiria a cabine:

✓ **Mohammed**: um sudanês mais velho, com seus 60 anos, contando com um pouco de sangue árabe e negro. Simpático e educado, foi ele quem manteve todos os que estavam na cabine em relativo estado de paz. Ele era viciado em tabaco, fumava e mascava praticamente o tempo todo. Trouxe muita comida para a viagem, pensando não apenas em si, mas em todos os que dividiriam a cabine com ele, mesmo sem conhecer ninguém previamente. Era o único da cabine que falava inglês, ou seja, o único que me entendia.

✓ **Ahmed**: um egipcio de meia idade, já próximo de seus 50 anos, com barba rala, trajando roupas muçulmanas. Este era o rato na cabine. Não respeitava o espaço de ninguém e não oferecia nada para ninguém, pelo contrário, apenas pegava a comida de todos e, sempre que podia, espalhava-se pelo assento do vizinho. Gostava de se passar pelo mais pobre de todos e me via como o sujeito rico da cabine. Toda vez que ficava nervoso, colocava seus óculos e abria seu Corão para lê-lo em voz alta e infernizar todos.

✓ **Hafez**: um sudanês de 30 anos, originário da região de Darfur, negro. Um sujeito ponderado, educado e com bom senso de humor. Sempre que podia, oferecia o que tinha para todos da cabine e não se importava em ceder seu espaço para alguém que precisasse dormir. Adorava falar ao celular com sua namorada e passou boa parte da viagem ao telefone.

✓ **Habani**: um sudanês com seus quase 30 anos, da região sul do Sudão, muito negro, quase azul. Um sujeito enérgico, que por vezes discutia com os outros. Não agia com maldade, mas não percebia quando colocava seu pé sujo sobre as roupas de outra pessoa. Tinha uma queda especial por ouro.

✓ **Um garoto de nome muito difícil**: um sudanês originário da região de Núbia (norte do Sudão e sul do Egito), com seus 15 anos e de traços distintos. Estava a caminho de sua casa em Wadi Halfa e apenas caiu nesta cabine porque a de sua família já estava cheia. No começo da viagem, conseguiu suportar as pessoas, mas depois passou a maior parte do tempo fora, dormindo no chão do corredor forrado com pedaços de papelão.

✓ **Eu**: um brasileiro que não fala árabe, um *howayia* (como eles chamam os ocidentais por aqui) de 26 anos, de pele branca e comportamento diferente do comum no Sudão. Estava no trem, pois não tinha mais tempo em seu visto e precisava sair do país logo. Buscou conversar com todos e dividiu o pouco que trazia consigo entre todos de sua cabine, mas se estressou com o egípcio, que sempre queria mais que os outros.

Logo a viagem teve início, e o trem nunca ultrapassou os seus 30 e poucos km/h. Se fosse apenas isso, estaria bom, porém a deplorável condição dos trilhos e dos vagões fazia que o trem balançasse de um lado para o outro com tanta força, que fazia que algumas malas que estavam nas prateleiras caíssem na cabeça das pessoas. Além disso, havia as árduas condições climáticas do deserto. Não demorou muito para que cruzássemos com a primeira tempestade de areia, que nos retirou a visibilidade e cobriu todo o trem com uma camada de areia fina como poeira. Tudo isso colaborou para que ele não corresse muito e as janelas tivessem de ser fechadas, fazendo da cabine uma verdadeira sauna.

A viagem não era fácil para ninguém, e todos tinham consciência disso. Em pouco tempo, a monotonia do caminho já fazia que todos tentassem dormir, o que não era uma tarefa simples, pois, além de não haver espaço para isso, o trem sempre dava uma balançada capaz de tirar as pessoas do lugar. As horas demoravam a passar e, na falta do que fazer, todos comiam e dividiam as comidas que tinham, menos o egípcio, que comeu mais que todos e não colaborou com nada.

Pelo final da tarde, o trem parou em Atbara, a cidade natal da ferrovia sudanesa. Aquele povoado era um dos últimos pontos civilizados do caminho. O trem ficou parado por mais de uma hora nessa cidade. Algumas pessoas saíram, mas muita gente entrou. Quando a noite caiu, o trem buzinou e continuou sua longa e lenta jornada em direção ao norte do país, Saara adentro. E, o que já era monótono, ficou ainda pior com o cair da noite. Em pouco tempo, todos já desmaiavam de sono e procuravam um espaço para se jogar. Daí para frente, não foi mais possível caminhar pelo trem, pois havia gente dormindo por todo o estreito corredor e em qualquer pedaço de chão que estivesse vago.

Infelizmente, eu tive o azar de não conseguir mais que um assento para mim. Tentei dormir de todas as formas, cabeça na parede, no meio do assento, para cima, de ponta-cabeça, encolhido, com os pés para fora da janela, mas nada adiantou. Com as pernas para fora da janela foi o mais próximo que eu cheguei de dormir, mas algumas árvores repletas de espinhos sempre atingiam meus pés e me acordavam. Eu segui assim por horas, até que, num determinado momento, consegui mais uma poltrona e, com um pouco mais de espaço, eu consegui, finalmente, dormir.

Terça-feira (6 de maio de 2008)
No meio do deserto, dentro do trem - Wadi Halfa

Mesmo conseguindo dormir, não posso dizer que tive um bom sono. Adormeci por pouco mais de duas horas e depois acordei novamente. Antes que eu pudesse imaginar, o dia já começava a nascer e eu estava todo quebrado depois dessa noite. Ainda tentei dormir um pouco mais, pois não havia nada para fazer, porém, com todos acordando e se movimentando pelo vagão, dormir havia se tornado uma tarefa impossível.

Pelas 6 horas da manhã, o trem parou mais uma vez, agora na cidade de Abu Hamed, o último povoado do caminho. Ainda havia mais 300 e poucos quilômetros de completo deserto, preenchidos com dez estações de trem que nem nome tinham, recebendo apenas números. A primeira estação era a 10; e a última, a número 1, localizada logo antes de Wadi Halfa, o tão sonhado ponto final desta viagem.

O trem ficou mais de uma hora parado em Abu Hamed se preparando para o deserto. Nesse tempo, eu comprei algumas garrafas de água e comi alguma coisa, apenas para aguentar mais 12 horas de viagem. O trem, então, começou a mais monótona parte do trajeto, na qual o nada tomava conta da paisagem. Por vezes, algumas montanhas surgiam no horizonte, mas nada além disso. Isso fez que todos ficassem ainda mais entediados com o trajeto. Restava a possibilidade de tentar dormir, o que continuava representando um desafio.

Entre pequenas cochiladas e algumas caminhadas pelo trem, que, a essa altura, já estava todo vomitado e cagado pelos corredores - o que, mesmo assim, não impedia as pessoas de dormirem no chão -, o ponto final da viagem foi se aproximando aos poucos. Somente por volta das 5 horas da tarde é que começamos a ver sinais de vida pela janela do trem. Meia hora depois, paramos em nosso ponto final: Wadi Halfa. Todos desceram e correram com suas malas até os hotéis da cidade. Eu, no entanto, tive de esperar o vagão de bagagem ser aberto para pegar minha bicicleta.

Minha aparência não era das melhores, minha camiseta branca estava completamente marrom, minha bermuda estava dura de tanta sujeira, e eu parecia ter voltado da guerra. Sonhava com um banho apenas, mesmo assim, tive de esperar que abrissem o vagão para pegar minha companheira. Havia três vagões de bagagem, todos independentes e preenchidos em diferentes pontos de parada do trem. Um recebeu as bagagens em Cartum, outro em Atbara e o último em Abu Hamed.

Estes dois últimos foram abertos logo que o trem parou, e as malas dos passageiros foram todas retiradas.

Eu sempre perguntava quando iriam abrir o vagão de Cartum e a resposta era sempre a mesma: "*Five minutes*". Esperei 5, 10, 30, mais de 60 minutos, e nada de o vagão ser aberto. Perguntei mais uma vez e a resposta mudou, agora eu tinha de ir até a estação para falar com alguém. Caminhei os 100 metros que separavam o vagão da estação e ali encontrei um anão, que era o sujeito responsável pela bagagem - até achei que estivesse delirando quando fiquei de frente com aquele anão uniformizado. Ele, então, disse-me que eu não conseguiria nada hoje, pois o vagão só seria aberto amanhã.

Eu olhei para o anão e disse que era só abrir o vagão, pois eu tinha apenas uma bicicleta dentro dele. Ele disse que não era possível fazer isso hoje, pois era necessário ter luz do dia para se abrir o vagão. Normas da casa. Olhei para cima e vi o Sol brilhando sobre nossas cabeças. Apontei para o Sol e disse: "*Sim, há luz, meu amigo*". E veio a resposta: "*Mas por pouco tempo*". Não consegui vencer o anão e tive de me conformar em ter de voltar à estação na manhã seguinte. O problema era saber como eu iria levar minhas bolsas até a cidade, a mais ou menos 1 quilômetro da estação, já que estava sem a bicicleta.

Olhei ao meu redor e todos já haviam ido embora, até mesmo os carros que levavam bagagens. Havia sobrado apenas um burrinho de carga e ele foi minha esperança. Conversei com o dono dele, que topou levar minhas bolsas. Carregamos o burrinho, que puxava uma pequena carroça, e seguimos para a cidade. O burrico era forte e nada o parava, exceto qualquer coisa que se parecesse com comida pelo caminho, mas nada que uma boa chicotada não resolvesse. E, sem muitos problemas, o burro seguiu seu caminho de cor até a cidade.

Parei num pequeno hotel que tinha quartos com chão de areia e paredes de barro, mas todos dormiam no lado de fora, pois o calor era forte. Como as condições eram precárias, disse que queria apenas um lugar para acampar e o preço caiu pela metade. Reencontrei meus companheiros de cabine e acampei ao lado deles. Tomei o meu sonhado banho, comi num restaurante da cidade e, depois, fui para minha barraca ter uma merecida noite de sono.

No dia seguinte, busquei minha bicicleta logo pela manhã. Finalmente abriram o vagão do trem e consegui recuperá-la. Com minha bicicleta já com os alforjes, fui até o posto da empresa responsável pelo barco que iria para o Egito e validei minha passagem. Mesmo cedo, a fila para realizar o procedimento era longa e demorada, com todas as pessoas esperando debaixo de um sol forte. As pessoas que iriam tomar o barco eram basicamente sudaneses e egípcios voltando para casa. Eu era um dos poucos estrangeiros naquele local.

Imagino que, por não ser dali, devia chamar a atenção das pessoas, que ficavam olhando para mim. Uns mais que outros. Um sujeito em especial não parava de olhar e depois cochichava alguma coisa nos ouvidos de seus amigos egípcios. Aquilo começou a me incomodar, e o sujeito não se importou. Continuava olhando a cada minuto e dando risadas com seus amigos. Após algum tempo, perdi minha paciência e deixei o meu dedo do meio já apontado na direção dele, apenas esperando a próxima olhada.

Segundos se passaram até que ele olhasse novamente. Quando viu meu gesto, fez uma cara de espanto e me encarou. Encarei de volta e perguntei qual era o problema dele. Ele não gostou e chamou seus amigos, que logo compraram a briga e vieram em minha direção. Sabia que estava em desvantagem, mas com a raiva que eu estava fui na direção deles. A apenas dois centímetros do rosto do egípcio que me provocou, todas as pessoas da fila se envolveram com a briga e logo nos separaram. Foi um grupo para lá e outro para cá. Os sudaneses que haviam viajado comigo no trem me acalmaram e disseram para não responder às novas provocações. Respirei fundo e, ainda tremendo de raiva, me segurei.

Eu não era uma pessoa de briga, muito pelo contrário, no Brasil eu nunca me envolvia em nenhum conflito, mas, naquele continente, algo havia mudado em mim. Havia me tornado uma pessoa agressiva e sem paciência. Não deixava nenhuma provocação de lado e logo respondia à altura de quem quer que fosse. Não levava nenhum desaforo em minha mochila e sempre fazia questão de resolver tudo no momento. Não era algo bom, mas talvez fosse um efeito colateral daquele estilo de vida, nômade, sem lugar. Sabia que não podia deixar nada para amanhã. Estava levando isso ao pé da letra, mas sentia que esse pensamento, apesar de interessante, tinha seus pontos negativos.

Esse comportamento podia funcionar diante de uma vida selvagem, e até poderia significar a sobrevivência em alguns momentos. No entanto, num local civilizado, esse tipo de comportamento seria abominável. E era hora de eu começar a pensar nisso, pois o Egito marcava o início de meu retorno a um mundo mais civilizado e menos tribal.

Ainda pensando nisso, mantive-me naquela fila para pagar a última taxa para o corrupto governo sudanês. Horas depois, embarquei num barco projetado para 150 pessoas e que levava 450, para uma viagem planejada para durar 12 horas e que durou 24 horas até o porto de Assuão, no Egito. Boa parte desse atraso ocorreu em razão do descaso dos policiais egípcios, que não permitiam que os passageiros do barco saíssem. Horas se passaram do momento em que o barco atracou até quando todos foram liberados para seguir para o controle de fronteira, dentro do porto.

Somente após um longo processo com os policiais egípcios e diversos controles e fiscalizações, eu tinha entrado oficialmente no país e me restava descobrir onde eu estava e que direção deveria tomar para chegar à minha primeira cidade, Assuão.

Quinta-feira (8 de maio de 2008)
Meio do lago Nasser - Assuão

Sob o sol forte do norte da África, eu pedalei por uma pequena estrada deserta, sem saber se eu estava no caminho correto. Somente quilômetros depois eu descobri que, sim, estava chegando a Assuão. Eu segui pela rua que costeia o Nilo e vi uma cidade incrível, situada numa bela parte do rio, com diversas falucas - nome dado aos barcos à vela daqui - na água, elegantes charretes nas ruas e uma limpeza e organização que eu não via fazia tempo.

Logo me deparei com os turistas, gente que eu também não via havia muito tempo. Em meus últimos países, existiam poucos viajantes, o que é bem diferente de um turista. Viajante é aquele sujeito que viaja em busca, basicamente, da experiência, e não de algum souvenir. Já o turista é o oposto, ele quer sair em todas as fotos e levar o máximo de lembranças que provem que ele esteve naquele lugar. Qualquer um pode ser turista, basta pagar a uma agência de turismo e ela levará todo um grupo, com segurança, para o lugar que ele quiser em troca de dinheiro.

Quando eu me deparei com um grupo de mulheres turistas até me assustei, elas estavam usando shorts tipo "Carla Perez", mostrando as pernas e o resto, assim como decotes ousados demais para um território muçulmano. Isso seria inconcebível em diversos países ou, pelo menos, uma grande falta de respeito com a cultura local, mas, no Egito, eu descobri que era diferente. Os egípcios nem ligavam para o que os turistas estavam fazendo ou o que eles estavam vestindo. Turista aqui poderia até sair pelado na rua, desde que continuasse gastando, o que era o mais importante.

Assuão não era uma cidade tão agradável assim e, em pouco tempo, descobri que boa parte dos turistas que ia para lá não gostava dela também. Mas, para mim, que estava vindo de países como Sudão, Etiópia e Djibuti, aquele lugar parecia um paraíso. Havia liberdade, eletricidade, água e até chuveiro com água quente; havia, também, gente de todos os tipos e muito para se ver no país, o que inexistia no Sudão. Estava aliviado por ter saído inteiro dos países pelos quais havia passado e estava bastante animado para conhecer o Egito e seus sítios arqueológicos. Isso me animou e foi como um empurrão para seguir em frente, rumo ao Cairo, no norte do país.

Infelizmente, aos poucos essa animação foi diminuindo conforme notava que os egípcios estavam apenas interessados no dinheiro dos turistas e eram capazes de fazer qualquer coisa para isso. Não era fácil negociar com esse povo. Para tudo havia um preço para os locais e um preço para os estrangeiros – geralmente, dez vezes mais caro que o verdadeiro. E não havia muita negociação: para os egípcios, turista devia pagar o preço de turista e, se não estivesse contente com aquilo, que fosse para outro lugar. Diante dessa mentalidade, eu penava até para conseguir uma simples refeição.

Após descansar e me aclimatar a Assuão, preparei tudo para voltar à estrada. Imaginava que, finalmente, poderia pedalar de maneira livre, como fazia em diversos países, mas, logo em meu primeiro trajeto no país, fui parado pela polícia e impedido de pedalar. Eles não fizeram questão de me explicar o porquê daquela restrição, mas apenas colocaram minha bicicleta numa caminhonete e me levaram até a cidade onde eu queria chegar, Edfu. Passei a noite na cidade, que era feia, mas com ruínas incríveis.

No dia seguinte, ao deixar Edfu, consegui burlar o controle policial, tomando uma rota alternativa, que me ajudou a entender o motivo das restrições impostas pelo governo. Ao passar por alguns vilarejos, descobri que a população local não gostava de estrangeiros e queria vê-los longe de sua terra. Mesmo assim, eles não eram violentos, apenas antipáticos, o que não me impedia de cruzar aquele território. Segui em frente e, pedalando, cheguei a Luxor, capital do Egito Antigo, e um dos sítios arqueológicos mais incríveis do mundo.

Nessa cidade, visitei todos os locais que podia, como o Templo de Karnak, o Templo de Luxor, o Vale dos Reis, o Vale das Rainhas, os Colossos de Mêmnon e o Museu de Luxor, no qual boa parte do que havia sido descoberto na região estava exposto. Depois disso, foi hora de deixar a cidade e tentar pedalar até o Cairo, capital do país. Aparentemente, não havia muito para ser visto entre essas duas cidades. Nos roteiros turísticos, existia uma lacuna entre Cairo e Luxor, como se entre as cidades apenas houvesse deserto e mais nada. Mesmo assim, queria pedalar por ali. Queria ver o que havia naquele Egito que poucos conheciam. Mas, como eu previa, a polícia foi a primeira a me impedir de realizar tal viagem, forçando-me a tomar um trem diretamente para o Cairo. Fiquei indignado com isso, mas não havia o que fazer. O controle da polícia era forte nessa região, e eu já sabia que não conseguiria burlar tal restrição. Não era fácil viajar nessa parte do mundo.

Assim, num trem noturno, segui para o Cairo. Continuei fugindo dos vendedores egípcios e buscando descobrir mais sobre a antiga população daquele território. Pirâmides, esfinges, museus e ruínas mostravam a grandiosidade da civilização que havia habitado a região no passado, enquanto desordem, burocracia, sujeira e caos da atual Cairo mostravam que havia algo de muito errado com aquela cidade e país. Aproveitei a estada na capital para também providenciar vistos e informações sobre meus próximos países e também descobrir que a água do Nilo, que eu havia tomado no Sudão, havia me dado mais uma ameba de presente.

Por conta dessa descoberta e de mais uma dose cavalar de antibióticos fortes, fiquei mais tempo que previa na cidade. Somente no final de maio de 2008, após conhecer bem a capital egípcia, segui para Suez, numa pedalada que testaria minha saúde renovada pelos remédios. Em meu primeiro dia, pedalei 132 quilômetros pelo deserto, notei que precisava treinar um pouco mais e que aqueles antibióticos haviam acabado comigo. Mesmo assim, sabia que conseguiria pedalar até a Península de Sinai para, então, tomar um barco até a Jordânia, meu próximo destino.

Em Suez, eu me despedi feliz do continente africano. Havia sobrevivido. Era um momento de vitória e sentia que, dali para frente, nada me impediria de voltar para casa. Ainda era cedo para dizer isso, mas o pensamento de que o pior já havia passado, me tranquilizava e dava forças para seguir em frente. Em contrapartida, essa ideia também trazia consigo um pouco de ansiedade, pois me lembrava que o fim de minha jornada se aproximava.

Na Península do Sinai, me deparei com outro país dentro do próprio Egito. Descobri que era melhor não chamar aquelas pessoas de egípcios, pois eles, além de se autodenominarem "beduínos", também não gostavam dos egípcios. Isso foi suficiente para que eu criasse certa empatia por eles e, logo de cara, nos déssemos muito bem.

Mais que isso, os beduínos eram nômades e, por conta disso, sempre que me encontrava com um, acabávamos conversando e tomando uma xícara de chá quente, o que, segundo eles, combinava com o calor do deserto.

De tanto tomar chá quente sob o sol, eu me acostumei com a tradição. E entre beduínos, montanhas e a água azul do Mar Vermelho, cheguei ao Monte Sinai, onde fiquei alguns dias antes de seguir para a Jordânia. Essa montanha desértica, assim como o Mosteiro de Santa Catarina, construído em sua base, atraía todos os anos milhares de religiosos, do mundo todo, para conhecer o local no qual Moisés recebeu os Dez Mandamentos, assim como a sarça ardente, uma espécie de trepadeira que havia no mosteiro de Santa Catarina, que, em razão da história e das lendas, conseguia arrancar alguns suspiros dos grupos que visitavam o local.

Fiquei instalado numa hospedagem beduína, feita de tendas, logo ao pé do Monte Sinai. Era uma época tranquila, sem muitos visitantes e, durante os dias que fiquei lá, quase sempre tinha a sagrada montanha só para mim. Subi, em duas ocasiões, os 4.000 degraus que separavam o topo dela do mosteiro. Sempre que estava na montanha me sentia bem, talvez fosse o silêncio e a vista que ela proporcionava.

Depois de alguns poucos dias para conhecer esse local histórico, consegui recarregar minhas baterias e pedalar até Nuweiba, uma cidade à beira do Mar Vermelho e um dos locais preferidos daqueles que estavam buscando belas praias e memoráveis mergulhos. Eu não estava interessado nas belezas de Nuweiba, mas, sim, no barco que saía de seu porto com destino à Jordânia. Por conta disso, apenas um dia após chegar ao litoral egípcio, tomei um barco para Aqaba, no litoral jordaniano, para dar início a outra fase de minha viagem, voltando oficialmente para a Ásia, agora em meu último trecho nesse continente, no Oriente Médio.

JORDÂNIA

Jordânia - Estrada para camelos.

Síria - Hora de rezar em Damasco.

SÍRIA

TERRA SANTA

Nesse ponto de minha viagem, eu já pensava em como faria para entrar em Israel sem que isso prejudicasse minha passagem pelos outros países da região. O problema é que quase todos os países muçulmanos não reconheciam o Estado de Israel, assim, caso eu entrasse no país e recebesse um carimbo israelense em meu passaporte, eu poderia dar adeus a diversos outros países que, em razão disso, me impediriam de entrar em seu território. No meu caso, ficaria impedido de entrar no Líbano e na Síria – e este país era fundamental para que eu chegasse à Turquia. Para contornar tal problema, havia a possibilidade de solicitar que o registro da entrada fosse feito num papel à parte. Porém, isso apenas não bastava. Caso eu tivesse um carimbo de saída do Egito, justamente de um ponto da fronteira com Israel, isso já serviria para me entregar aos fiscais desses outros países. A situação era delicada.

A melhor forma de conseguir tal visita invisível era seguir até a Jordânia, de lá, entrar em Israel e voltar, após alguns dias, pela mesma fronteira. Dessa forma, era como se eu nunca houvesse saído da Jordânia e também nunca houvesse entrado em Israel. Após muito pensar e descobrir que essa seria a melhor forma para visitar os países que eu queria, não tive dúvidas e segui para a Jordânia, onde cheguei pelo porto de Aqaba.

Aqaba era uma cidade litorânea, de frente para o Mar Vermelho, que fazia fronteira com Israel de um lado e com a Arábia Saudita de outro. Estava num ponto delicado e estratégico, pois era a única saída para o mar que a Jordânia tinha. A cidade era agradável e turística, mas não pedia muito tempo para ser apreciada. Assim, logo que me aclimatei à Jordânia, segui para o norte, passando pelo surreal Wadi Rum, uma espécie de vale rochoso no meio do deserto, e depois por Petra, uma cidade esculpida dentro de imensas paredes rochosas.

Jordânia - Wadi Rum, um vale desértico no interior do país.

De Petra, onde apenas fiquei tempo suficiente para conhecer suas belezas, segui para a capital do país, Amã, onde eu tinha o contato de alguns brasileiros que viviam lá. O casal Cláudio e Carla, que havia me ajudado na Etiópia, havia me passado o contato de William, o Curumim, um brasileiro que vivia em Amã em razão de uma missão de sua igreja. Logo que cheguei à capital do país, ainda perdido, liguei para ele e combinamos um ponto para nos encontrarmos. Nos demos bem logo de cara e, por conta disso, acabei ficando em Amã por alguns dias, inclusive, usando a casa do Curumim como base para que eu conseguisse ir a Israel e depois voltar para a Jordânia, para só então retomar o curso normal de minha viagem.

A parte mais complicada era cruzar a fronteira para dentro de Israel, por causa dos diversos controles empregados pelos israelenses, especialmente naquela fronteira, que era justamente a da Cisjordânia – a única liberada para os palestinos entrarem no país. O controle era rígido, diversas perguntas, revistas, detectores de bomba e de metal. Mesmo assim, consegui atravessar essa região.

Segunda-feira (16 de junho de 2008)
Amã - Jerusalém

A viagem foi mais curta que eu esperava, e logo eu já estava onde queria, na fronteira com Israel. Teve início, então, o longo processo de entrada no país, que começou no lado jordaniano. Desse lado, tudo foi fácil. Fui ao guichê destinado apenas para estrangeiros, que, a essa altura, já haviam sido separados dos palestinos e dos israelenses, e nem precisei pedir para que não carimbassem meu passaporte, pois o procedimento padrão é carimbar um pedaço de papel e não identificar a saída do país no passaporte, justamente para não deixar nenhum vestígio de que a pessoa está indo para Israel.

Isso foi fácil. Tive apenas de pagar uma taxa de 5 dinares e, depois, esperar pelo ônibus que faz a travessia de alguns quilômetros por uma terra de ninguém com os passageiros. Israelenses e palestinos não se misturam nem nos ônibus. Não sei por onde os israelenses/judeus entram no país, mas, com certeza, com os palestinos é que eles não vão. Obviamente, o ônibus dos palestinos é o que levava mais tempo para andar, assim como a fila dos palestinos era a mais demorada de todas.

De toda forma, o ônibus atravessou a terra de ninguém que separa os dois países e chegou, depois de muitas paradas em postos de controle, ao lado israelense, onde a grama costuma ser mais verde que a do vizinho. Jovens com grandes metralhadoras nos receberam e já trataram de sacar a bolsa de todos e enviá-las para algum lugar longe de seus donos. Desse momento em diante, as revistas e as sequências de perguntas começaram e não pararam mais.

Logo um soldado me intimou para saber de onde eu vinha e por que eu estava naquela fronteira. Passei pela primeira bateria de perguntas e segui para a segunda. Começaram, então, as revistas nas bolsas e nos corpos, à procura de bombas, armas e mais bombas. Passado esse processo, segui para a grande fila da imigração, uma destinada a estrangeiros, e lentamente caminhei até o guichê, no qual uma soldado já cansada trabalhava.

A mulher que estava à minha frente na fila antecipou meu pedido: não receber um carimbo de Israel no passaporte. A resposta é que foi o problema: nada disso, carimbo, sim! Comecei a ver minha visita a Israel ficar para outra viagem, mas, depois de uma conversa, conseguimos convencer a soldado a não carimbar os passaportes. Mesmo fazendo cara feia, ela topou não carimbar, mas buscou outros problemas, folheou as páginas do documento da mulher que estava à minha frente e depois disse que tudo bem, mas deu apenas uma semana para a mulher, o que era um pouco estranho tendo em vista que essa fronteira é famosa por ser a única que oferece uma permanência de três meses no país.

Chegou, então, minha vez e eu não falei nada, ela já sabia o que eu queria. Apenas sorri, pois um sorriso sempre deixa tudo mais fácil. Quando tudo parecia bem e ela já havia levantado o carimbo para batê-lo numa folha em branco de meu passaporte, ela lembrou de folheá-lo e descobriu dezenas de carimbos de países muçulmanos, incluindo aqueles que querem apagar Israel do mapa, como o Irã. Então, tudo mudou. Ela disse que eu tinha problemas, me deu uma folha para preencher e me pediu para esperar sentado, ao lado de diversas outras pessoas que podiam representar algum perigo para Israel.

Sentei-me e fui preenchendo a folha enquanto conversava com as outras pessoas que também esperavam ser chamadas. Percebi que teria uma longa espera pela frente. Cerca de uma hora depois, uma mulher sem uniforme, acompanhada de um sujeito com uma metralhadora, chegou até mim para pegar minha folha e fazer uma série de perguntas. Perguntou basicamente sobre minha viagem, que, no meu caso, era o que mais chamava a atenção deles. Contei-lhe, então, minha história e ela foi embora, pedindo-me para esperar mais um pouco.

Mais uma hora e pouco depois, me chamaram pela segunda vez, agora para entregar meus documentos e dizer que estava tudo bem, eu poderia entrar em Israel sem receber um carimbo em meu passaporte. A parte mais difícil já havia sido superada, agora eu tinha apenas de passar por mais algumas revistas e perguntas até chegar à minha mochila, que estava jogada num canto, e, finalmente, deixar a fronteira.

Mesmo com a rigidez da fronteira, Israel foi como uma ilha para mim. Eu estava pedalando por países muçulmanos fazia muito tempo. Alguns países muito pobres e outros menos, mas quase sempre muçulmanos. Havia me acostumado com aquela cultura, assim como a não ver uma mulher sem burca ou com um homem em locais públicos. Como não adiantava querer julgar tais comportamentos, como um viajante solitário, eu apenas havia aceitado e me adaptado a eles. De certa forma, eu tinha bastante de muçulmano em mim naquele momento, mesmo sem perceber.

Quando cheguei a Jerusalém, minha primeira cidade em Israel, numa pequena caminhada por suas ruas, logo vi mulheres de bermuda e regata, casais se beijando em minha frente e achei aquilo muito estranho. Não havia nada de errado com o que eu via, mas percebia o quanto eu havia mudado por conta da viagem. Notei o quão longe eu havia ido e, naquele momento, iniciava o processo de retorno para o mundo de onde eu vinha. Percebia que eu já não sabia quem era, ao mesmo tempo que sabia que poderia ser qualquer um à minha volta, um muçulmano, um judeu, um cristão, um etíope, um francês, um milionário ou um mendigo. E isso não faria diferença alguma. Diante dessa crise de identidade, eu lembrava que era brasileiro – como refletia sobre o que era ser brasileiro – e que não havia razão para eu me espantar com cenas daquele tipo. Eu vinha do país do carnaval e do futebol. De toda forma, em Israel foi onde eu percebi quão profundo havia sido meu mergulho num mundo quase desconhecido pela maioria das pessoas. Havia ficado muito tempo submerso e era hora de começar a voltar.

Senti-me perdido naquele momento.

Israel era um país moderno e rico, com uma mentalidade quase oposta àquela que eu havia visto nos últimos meses. Havia liberdade para as pessoas – menos para os palestinos, mas essa é outra história – e aquilo me dava uma grande sensação de bem-estar. Tudo era caro, mas parecia funcionar muito bem. Jerusalém parecia um desses lugares que devem ser visitados pelo menos uma vez na vida. Sua cidade velha, onde está o Muro das Lamentações, o caminho percorrido por Jesus, seu Santo Sepulcro e a Cúpula da Rocha, uma importante mesquita construída sobre a pedra usada por Abraão para o quase sacrifício de seu filho Isaac. É um dos locais mais sagrados para três diferentes religiões. Isso, por si só, já fazia dessa cidade um local muito especial.

Em Jerusalém, encontrei alguns viajantes que eu já havia conhecido em outros países, como Ben e Ed, e outros que via pela primeira vez, como alguns franceses que eu acabaria vendo diversas vezes em minha viagem. Entre esses franceses de Jerusalém estava Claire, que me seguiria até meu retorno ao Brasil. Com esses viajantes, cada um com uma história diferente, conheci a sagrada Jerusalém e seus arredores, boiei no Mar Morto, caminhei pelas praias de Tel-Aviv, descansei em frente ao lago Tibérias e depois me despedi de todos, ainda sem saber que veria alguns deles outras vezes, para então voltar a Amã.

Havia gostado muito de Israel. O pequeno país era um desses lugares incríveis, com muita vida, história e surpresas a cada esquina. Sua estrutura era invejável e a população, muito aberta e simpática. Tel-Aviv tinha um pouco de Rio de Janeiro e suas praias eram o lugar perfeito para relembrar o verão brasileiro. Sentia que poderia ficar no país por diversas semanas, mas também sabia que não podia perder muito tempo naquele momento.

Tudo estava correndo bem no Oriente Médio e eu estava feliz por saber que já me aproximava do tempo estipulado para minha viagem, 30 meses, e que ela havia saído melhor que o planejado. No entanto, ela estava um pouco atrasada. Minha jornada não acabaria em 30 meses, e justamente esse atraso me causava uma certa tensão pelo fato de não saber se meu patrocinador renovaria o contrato comigo ou não. Bastante tempo havia se passado desde o início de minha aventura e eu já não tinha muito contato com as pessoas que haviam ficado no Brasil. Até com os patrocinadores meu contato havia diminuído bastante. Por conta disso, sabia que o meu futuro era incerto naquele momento. Sabia apenas que teria de acelerar minhas pedaladas.

Ao retornar à Jordânia, conheci, na fronteira de Israel, a belga Galia, professora de Ciências Políticas, e, por meio dela, consegui um lugar para ficar em Beirute, no Líbano. Trocamos contatos e combinamos de nos rever em Beirute. Já na Jordânia, voltei à casa do Curumim, em Amã, onde ainda fiquei mais alguns dias, e de lá segui para o Líbano, passando antes pela Síria.

Em apenas um dia, pedalei de Amã até a fronteira da Síria e, no dia seguinte, cheguei à sua capital, Damasco, que era uma cidade desordenada e caótica, muito parecida com Cairo. Havia alguns locais interessantes na cidade, mas, em linhas gerais, não era uma cidade muito agradável para se permanecer por muito tempo. Aproveitei meus dias na capital síria para conhecer suas maiores atrações, assim como viajar para Palmira, onde estão algumas das ruínas mais impressionantes do país. Após retornar para Damasco, segui para o Líbano, cuja atmosfera era bem diferente da Síria, assim como muito mais agradável.

Fiquei hospedado na casa de Galia, em Beirute, e lá conheci a belga Julie, outra pessoa que voltaria a ver diversas vezes em minha viagem. Beirute era uma cidade muito interessante, mas havia diversos grupos político-religiosos que viviam em atrito e pareciam nunca se entender. Havia o bairro dos cristãos, que se subdividiam em outros grupos menores; o bairro dos muçulmanos, também subdividido em muitos grupos; e os bairros mais barra-pesada, como o do Hezbollah e de alguns outros grupos mais radicais, onde sempre havia o perigo de ser interrogado ou sequestrado por alguém. De longe, essa parte do mundo parecia um local perigoso, mas, na realidade, era bastante segura. Bastava não cometer muitos deslizes. O problema era saber o que era um deslize naquele local.

Após alguns dias na cidade, resolvi fazer algumas fotos da sacada do apartamento onde estava hospedado. Havia achado muito bonitas as cores dos lençóis estendidos em varais no meio da rua. A foto ficaria muito boa. Coloquei a câmera para fora, saquei com tranquilidade as fotos que queria e depois voltei para dentro do apartamento. Cerca de 15 minutos depois, a campainha tocou. Soldados armados estavam na porta perguntando quem havia tirado as fotos. Disse que havia sido eu e descobri que o prédio em frente ao apartamento era justamente o Ministério de Segurança Interna do Líbano.

Eles, então, fizeram-me uma série de perguntas, pegaram minha câmera, meu passaporte e me pediram para acompanhá-los até dentro de uma área militar não longe dali. Achei que teria problemas e que não voltaria tão cedo ao apartamento. Mas, no final das contas, eles estavam fazendo apenas o procedimento padrão e, após mais algumas perguntas e cópias de meu passaporte, liberaram-me sem maiores problemas. Percebi que, apesar de parecer uma cidade tranquila, havia sempre uma certa tensão em Beirute.

Após conhecer bem a capital libanesa, que tinha uma incrível vida noturna, ao contrário da maioria dos países muçulmanos, também conheci Biblos e as ruínas de Baalbek, um dos ninhos do grupo xiita Hezbollah. Feito isso, achei que era melhor me despedir de todos mais uma vez e seguir viagem. Minha rota passava por Trípoli, cidade libanesa que estava em guerra naquele momento. Todos me diziam para não ir ate lá, mas eu achei que aquela "guerra" não passava de sensacionalismo da mídia e fui assim mesmo. Cheguei a Trípoli em um dia de pedalada e vi apenas alguns tanques parados nas ruas, carros com soldados passeando pela cidade e a população vivendo normalmente. Não havia guerra alguma na cidade, apenas na televisão. Cheguei à cidade esperando o caos e encontrei um lugar simpático e tranquilo, com as pessoas vivendo normalmente.

Muito pior do que passar por Trípoli era voltar à Síria. Logo que cheguei ao país, tive problemas com a burocracia que envolvia todos os processos relacionados ao governo. Demorei horas para conseguir apenas finalizar o complicado processo de conseguir um simples visto sírio, que, por incrível que pareça, envolvia ter de comprar selos numa suja lanchonete em frente ao posto de imigração e, depois, levá-los à imigração, para que os policiais os lambessem e os colassem em meu passaporte. Quando finalmente fui liberado para retornar ao país, voltei a ver as fotos de Bashar al-Assad, o presidente sírio, por toda parte. Seu retrato parecia combinar com a desordem daquele país.

Após esperar horas para atravessar a fronteira, voltei a pedalar na Síria e parei em Tartus, uma grande cidade litorânea. Hospedei-me num hotel simples do centro da cidade e, sob a orientação do dono do local, deixei minha bicicleta fora do quarto. Segundo ele, não havia perigo no local. No dia seguinte, a bicicleta estava no mesmo lugar, o que havia sumido era minha bolsa de ferramentas. Apesar de ser uma perda pequena, o fato de não ter ferramentas simples para ajustar a bicicleta me complicava bastante. Por um momento, achei que poderia conseguir reencontrar a pequena bolsa com a ajuda do senhor, mas não encontramos nada e eu tive de me virar nas cidades seguintes para conseguir comprar alguns substitutos para as ferramentas. Colheres de sobremesa se tornaram espátulas para trocar os pneus, um pedaço pesado de ferro serviu para ajustar os raios e alinhar a roda e um jogo de chaves Allen resolveu o problema dos parafusos. Foi o que eu encontrei para seguir viajando e conseguir contornar os problemas no meio da estrada.

Pedalando em direção à Turquia ainda passei por Hama, Alepo e Lataquia. Cada cidade tinha sua beleza, porém, em linhas gerais, a Síria me parecia um país muito atrasado e pouco hospitaleiro. No pouco tempo que fiquei lá, não consegui ter uma boa impressão do povo nem dos locais que visitei. Dessa forma, não prolonguei minha estada no país. Fiquei apenas o tempo necessário para cruzar o território sírio e chegar rapidamente à fronteira turca, onde o Oriente Médio começava a ganhar novas feições.

França - Parada na bela Arles, no sul do país.

Marrocos - Prevendo o fim da viagem.

O COMEÇO DO FIM 26

Chegar à Turquia trouxe certo alívio para mim naquele ponto da viagem. Ela marcava a transição para a última etapa de meu roteiro, que seria feita no continente europeu. Essa transição era marcada por uma melhor estrutura geral, mas, também, por preços mais caros, que mantinham vivo o desafio de viajar gastando pouco. Fora isso, a Turquia oferecia uma nova dificuldade para mim: o seu montanhoso relevo.

Eu andava cansado, pois desde a última dose de antibióticos ainda não havia me recuperado por completo, sofria constantemente com a mudança de alimentação e não importava o que eu comesse, sempre algo não iria cair bem no meu estômago. Meu corpo parecia cansado, assim como minha mente e minhas emoções. As mudanças pelas quais eu constantemente passava, de temperatura, de idioma, de costumes, de país, de comida e de água, naquele momento, cansavam-me mais que deveriam. Faltava pouco para concluir o que eu havia proposto, a volta ao mundo, e isso valia o esforço necessário para continuar viajando.

Com minha saúde instável e com o corpo um pouco mais fraco que de costume, o acidentado relevo turco era um constante desafio para mim. Não havia um trecho plano no país, apenas montanhas íngremes que faziam de qualquer pedalada um eterno e cansativo sobe e desce. Não havia descanso. Da fronteira até Antakya, minha primeira cidade, havia muitas montanhas. De lá até Adana, mais montanhas. Depois, até a Capadócia, só montanhas. O relevo turco era enrugado e não havia como fugir disso.

Aos poucos, me acostumei com o ritmo pontuado por íngremes subidas e descidas e passei a gostar do país. Fui ver o relevo único da Capadócia e suas milhares de cavernas, subi o misterioso Monte Nemrut, em que imensas cabeças de pedra pareciam brotar do chão, e, depois, segui para a turística cidade de Antália, onde o verão fazia a temperatura chegar aos 40 °C em suas praias. Em Antália, a minha viagem mudou. No começo de agosto de 2008, Daniel, um amigo desde os tempos de faculdade, me encontrou para pedalarmos juntos por dois meses. Eu, que estava acostumado a pedalar sozinho – e igualmente cansado de viajar dessa forma –, fiquei muito contente com a chegada de Daniel, que vinha com muita vontade e conseguia me animar também.

Foi muito bom rever um velho amigo tão longe de casa. Fui recebê-lo no aeroporto na noite em que ele chegou e lembro que conversamos durante horas, quase até o dia amanhecer. Quando o Sol nasceu, fomos até o litoral de Antália. Ele de carona e eu de bicicleta. Passamos mais alguns dias na cidade, basicamente em busca de uma bicicleta para Daniel seguir viajando comigo. Ele havia chegado à Turquia com apenas uma mochila nas costas e pouco dinheiro. Mesmo assim, encontramos uma bicicleta simples, porém boa o bastante para que ele viajasse por algumas semanas comigo.

Grécia - Refeição improvisada nas ilhas gregas, com Daniel.

Após ficarmos alguns dias num quarto de hotel, resolvemos economizar e simplesmente dormir na areia da praia de Antália. Muitos ciganos faziam isso e decidimos que faríamos também. Como sabíamos que no dia seguinte já realizaríamos nossa primeira pedalada juntos, nem montamos a barraca, apenas ficamos ao relento. Montei meu fogareiro, alimentado por benzina e, com as minhas pequenas panelas, Daniel resolveu cozinhar o jantar: macarrão com berinjela. Após uma refeição horrível e uma difícil noite de sono, começamos a pedalar.

Domingo (10 de agosto de 2008)
Antália - Korkuteli (83 km)

O macarrão de ontem estava tão ruim que ficou se mexendo durante toda a noite em minha barriga. Esse foi um dos motivos de acordarmos cedo, antes do Sol, que, logo às 7 horas da manhã, já nos queimava sem perdão. Havíamos dormido mal, muito mal. O Dani, que não está tão acostumado à vida de sem-teto, praticamente não dormiu nada. Eu dormi bem, o meu problema foi apenas o indigesto macarrão. Mesmo assim, resolvemos seguir em frente e deixar Antália ainda hoje.

Seria a nossa primeira pedalada conjunta, o teste da bicicleta do Dani, o teste de suas malas penduradas e presas com elásticos no bagageiro, o teste de seu joelho nas montanhas turcas e de seu corpo diante do imenso calor que fazia. Eram diversas provas, porém não estávamos com medo. Pelo contrário, estávamos bastante empolgados com o início de nossa aventura.

Fomos rápidos e logo já estávamos nas ruas vazias da cidade, procurando uma saída de Antália para as montanhas. Tínhamos um mapa vagabundo e nos perdemos em pouco tempo, tendo de pedir informações diversas vezes antes de conseguirmos encontrar a saída da cidade. Quando finalmente encontramos a estrada, também encontramos subidas e vento contra, para fazer o caminho um pouco mais difícil.

As subidas começaram amenas, mas com o tempo foram ficando mais e mais íngremes, numa inclinação que estava difícil tanto para mim quanto para o Dani. Seguimos juntos, bebendo muita água e parando algumas vezes para comer, até chegarmos aos 1.000 metros de altitude. Havíamos saído do zero e chegamos longe. Eu estava bem, mas o Dani já estava quase morrendo, especialmente por não ter dormido quase nada na noite passada.

Quando paramos num pequeno posto de gasolina no caminho, já no alto das montanhas, ele até dormiu nas cadeiras. A situação mais curiosa dessa parte do dia foi que, enquanto ele estava acordado, estávamos apenas falando bobagens, aproveitando o fato de falarmos português numa terra estrangeira e de sabermos que a probabilidade de alguém nos entender era muito baixa. Muito baixa, mas não nula, como descobrimos. Quando finalmente paramos de falar, a garota que estava ao nosso lado o tempo todo veio se apresentar para nós, falando um português fluente.

Sabíamos as porcarias que havíamos dito antes e, por um instante, olhamos um para a cara do outro pensando se a garota havia escutado tudo. Concluímos tacitamente que ela não havia escutado nem metade da nossa conversa, caso contrário nem teria se aproximado de nós. Assim, conhecemos essa garota turca que havia morado durante um ano no Brasil, por meio de um programa de intercâmbio. Ela foi bastante simpática e nos ofereceu sua casa para ficarmos em Esmirna, onde não sabíamos se iríamos ou não.

Depois de conversarmos com ela, fomos embora na direção de Korkuteli, onde chegamos no final do dia. A cidade era pequena, mas, à primeira vista, parecia menor que era na realidade. Comemos num pequeno restaurante e, depois, saímos para encontrar um local para dormir e tomar um banho. Ninguém havia nos ajudado até o momento e nem dado algum sinal de uma possível ajuda, a barreira do idioma era evidente e sentíamos isso o tempo todo. Na Turquia, são poucos os que falam inglês ou qualquer outro idioma fora o turco.

Primeiro, procuramos um banho. Vimos uma torneira na rua, mas seria demais ficar apenas de cueca na principal via da cidade para tomar uma ducha. Assim, resolvemos fazer direito: procuramos um hotel para pedir ou mesmo pagar por um banho. Aparentemente, havia apenas um hotel na cidade e foi nele que fomos pedir. A resposta do senhor da recepção foi clara: "*Não! Cai fora, vagabundo!*". Tínhamos um problema. Indignados com a resposta do sujeito da recepção, olhamos para os lados e foi assim que eu vi uma torneira, uma mangueira e um muro, que dava para uma espécie de córrego seco, atrás do hotel. Olhei para o Dani e ele já estava pensando na mesma coisa.

Conectamos a mangueira na torneira, ligamos a água, colocamos a outra extremidade no topo do muro, deixando a água cair naquele córrego seco, e fomos, disfarçadamente, para o outro lado do córrego. Paramos as bicicletas numa pequena muretinha, pegamos nossas toalhas e sabonetes e, apenas de cueca, descemos para dentro desse córrego seco para tomar um banho com a água que caía da mangueira. A água era fria e as pessoas que passavam na rua nos viam tomar banho, mas isso não nos impediu de nos lavarmos e saímos dali nos sentindo limpos.

Feito isso, tínhamos apenas a última missão do dia: encontrar um lugar para montar a barraca e dormir. Seguimos para fora do centro, pela estrada principal, e logo dobramos numa rua menor, que nos levou ao encontro de um terreno baldio, que descobrimos ser um cemitério. A ideia de dormir num cemitério nunca cai muito bem, mas é sempre uma possibilidade, especialmente quando ele mais parece um terreno vazio, com poucas lápides de séculos atrás.

Tentamos evitar o cemitério, saindo para procurar outro local para acamparmos, mas não tivemos êxito em nossa busca e acabamos voltando para lá, dessa vez, para ficar. Ficamos longe das tumbas e lápides, mais próximos do muro, pois assim estaríamos escondidos e protegidos dos vivos, que eram mais perigosos que os mortos. Atrás do muro, montamos a barraca e nos preparamos para uma noite de sono, que chegou rapidamente para o Dani, que roncou como um serrote velho e quase não me deixou dormir. E por pouco também não acordou os mortos.

No dia seguinte, acordamos com pessoas passando ao lado de nossa barraca e com uma viatura de polícia chegando para nos tirar do cemitério. Não tivemos problemas e seguimos viagem, pedalando em direção a Pamukkale. Após poucos dias, Daniel já estava mais em forma e não sofria tanto com as montanhas. Assim, chegamos em pouco tempo à turística cidade de Pamukkale, onde ficamos alguns dias instalados na cobertura de um hotel, apreciando a montanha branca, que parecia ser feita de algodão, e as piscinas termais do local. A cidade era um dos grandes destinos turísticos da Turquia e atraía hordas de turistas para suas atrações, o que nos motivou a deixar o local e seguir viagem após poucos dias.

Depois de pensarmos muito sobre qual seria nosso próximo destino, optamos por seguir para as ruínas de Éfeso, uma das antigas maravilhas do mundo, e, depois, pedalar para Esmirna, onde já tínhamos um lugar para ficar. Porém, apenas dois dias depois de deixarmos Pamukkale, aconteceu o que não poderíamos prever.

Sábado (16 de agosto de 2008)
Nazilli - Aydin (65 km, uma bicicleta destruída e dois ciclistas no hospital)

Acordamos por volta das 8 horas da manhã dentro da lanchonete do posto. Não havia ninguém ali dentro, exceto um dos frentistas que também resolveu tirar uma pestana diante do refrescante ar-condicionado do local. Eu levantei primeiro e deixei o Dani dormir um pouco mais. Fui descansar perto da barraca, onde pelo menos batia um ventinho, mas não estava tão frio como dentro da lanchonete.

Pouco tempo depois já estávamos em pé, fazendo nosso café da manhã com os pães e frios do estabelecimento. Quando acabamos de comer, chegou uma funcionária do local, mas não falou nada sobre o nosso café da manhã. Depois disso, seguimos para a estrada, pois sabíamos que tínhamos um longo caminho pela frente até Éfeso. O vento estava contra desde a manhã, mas sabíamos que poderíamos chegar ainda hoje ao nosso destino.

Fizemos uma pausa para o almoço numa pequena cidade e, depois, continuamos no sentido do litoral, já com o vento mais forte contra nós dois. Chegamos, então, a Aydin, a maior cidade da região. A essa altura, o vento estava tão forte que tínhamos de seguir um atrás do outro, nos revezando, para quebrá-lo um pouco e não nos cansarmos muito. E, pedalando normalmente pelo acostamento da estrada, o inesperado aconteceu.

Eu estava atrás, a poucos centímetros da bicicleta do Dani, deixando-o quebrar o vento para mim. Foi assim, sem me preocupar com nada, sem saber de nada, apenas pedalando, que eu senti algo muito forte me empurrando na direção da bicicleta dele. Foi tudo tão rápido que eu não consegui entender nada e nem ver o que aconteceu. Apenas me lembro que por uma fração de segundos eu pensei: "*Que porcaria o Dani fez?!*".

Esse pensamento não durou muito. Quando abri os olhos e vi que estava deitado no asfalto com o corpo todo dolorido e sangue em minha perna direita, foi o momento em que comecei a entender o que poderia ter acontecido. Olhei, então, a bicicleta do Dani caída no chão, minha bicicleta atrás da dele, minhas bolsas espalhadas pela pista e até fora dela e um enorme caminhão parado atrás de nós dois. Ainda estava confuso, mas não foi difícil concluir que um caminhão havia nos atropelado e destruído minha bicicleta.

Turquia - Estrago após o acidente.

Quando eu tentei levantar pela primeira vez, não consegui. Minhas costas e cabeça doíam muito. Parei um pouco, respirei, falei com o Dani, que também estava todo estourado no chão e depois levantei. Essa foi a pior parte, pois pude ver todo o estrago que o descuido de uma fração de segundos foi capaz de causar. Meu corpo estava ralado, dolorido, e meu joelho, aberto, com um buraco que sangrava sem parar. O Dani não conseguia andar, pois aparentemente havia quebrado ou torcido o pé. A bicicleta dele parecia inteira, ao contrário da minha, que havia sido despedaçada. Meu bagageiro traseiro estava completamente retorcido, assim como minha roda traseira, que havia sido quebrada em pedaços e totalmente deformada.

Nunca havia acontecido algo assim comigo. O caminhoneiro permanecia ali também, mas não falou uma palavra. Apenas nos olhou como uma das pessoas curiosas que pararam para ver o que estava acontecendo. Não nos ajudou, não ofereceu nada e, para piorar, tentou fugir com seu caminhão. Mesmo destruídos, Dani e eu corremos até ele e paramos o veículo. Tiramos fotos da placa e do motorista, para assim termos provas de quem havia feito aquilo conosco.

A viagem de hoje havia terminado e não poderíamos ir mais a nenhum lugar enquanto estivéssemos assim. Talvez a viagem toda tivesse acabado, mas ela não poderia terminar desse jeito. Não assim. Eu ainda estava vivo e apenas agradecia a Deus por isso. Um acidente dessa proporção poderia ter me matado em um segundo, e eu nem saberia o que teria acontecido, apenas não levantaria do chão. Mas como eu estava vivo, consciente e até andando, eu sabia que nada iria me parar e eu iria continuar a viagem. Ainda era cedo para saber como eu faria isso, mas sabia que faria.

Logo chegaram a ambulância e a polícia. Os enfermeiros e os médicos ficaram com Daniel, e eu e os policiais ficamos com o caminhoneiro, que eu não vi mais depois disso. Colocaram-nos na ambulância com nossas bolsas e seguiram para o hospital da cidade vizinha, Aydin. Lá, nos colocaram em cadeiras de rodas, levando-nos até a enfermaria, e depois nos olharam, nos examinaram, fizeram perguntas em turco e, por fim, fizeram exames de raios X em meu joelho e no pé direito do Dani.

Minutos depois, descobrimos que não tínhamos nada quebrado, o que já era algo muito bom. Com essa notícia, os policiais que estavam conosco já podiam fazer brincadeiras infames sobre nós dois. E foi o que eles fizeram. Aproveitando a barreira do idioma, eles apenas tiravam um sarro da nossa cara, o que não era muito agradável, especialmente quando se está todo quebrado dentro de um hospital em um país distante.

Depois de algum tempo, tivemos de tomar um táxi para a cidade vizinha, onde havia ocorrido o acidente e onde estavam nossos passaportes e bicicletas. Nós seguimos até o quartel do exército, no qual estavam nossas coisas. Ao contrário da polícia local, os militares foram bastante simpáticos e atenciosos. Um sujeito que falava bem inglês estava nos esperando para ajudar, traduzindo nossas versões da história para o turco.

No quartel, eu vi minha bicicleta pela segunda vez após o acidente e percebi que ela teria conserto. Depois disso, Dani e eu apresentamos nossas versões da história, mostrando o erro do motorista e, mais que isso, a falta de caráter dele em não nos ajudar em nada. Abrimos um processo contra ele. Na realidade, nem tínhamos muito interesse em abrir um processo, apenas queríamos um ressarcimento pelos danos causados no acidente. Como nem isso ele fez, tivemos de arcar com tudo.

Após o depoimento e a papelada, que, provavelmente, nunca mais veremos e nunca dará em nada, fomos embora no carro de Gökçe, o turco que havia nos ajudado e traduzido nossas falas para os militares. Ele havia oferecido sua casa para passarmos uns dias e nós, que estávamos numa situação complicada, aceitamos o convite. Fomos, então, para seu apartamento, no centro de Aydin, onde ficamos pelo resto da noite. Tomamos um banho, comemos e depois dormimos no chão de seu apartamento.

Aquele processo aberto no quartel de Aydin nunca deu em nada, pelo menos, que eu saiba. O susto havia sido grande, mas, em alguns dias, já estávamos bem novamente. Nos separamos então: Daniel seguiu para a Capadócia com sua bicicleta, e eu fui em direção a Istambul, com a missão de consertar minha bicicleta, assim como meu computador, e, depois, continuar viajando. Coloquei toda a minha bagagem e o que havia sobrado de minha bicicleta em um ônibus noturno e segui para a capital turca.

Em Istambul, em menos de uma semana, eu já havia dormido na casa de três pessoas diferentes. Tudo isso para ganhar tempo e conseguir arrumar meu equipamento. Após uma semana de consertos, minha bicicleta ficou boa, com novas peças e alguns pontos de solda. O problema maior foi meu computador, que entrou na assistência técnica funcionando e nunca mais saiu de lá. Eles deveriam apenas consertar uma pequena peça, mas conseguiram queimar todo o restante. Ofereceram-me outro, mas muito pior que aquele que eu tinha. Tão ruim que durou apenas três meses e, quando eu estava em Nice, na França, já longe demais para reclamar, ele queimou. Apesar de não ter perdido as informações que estavam no disco rígido do computador em nenhum dos incidentes, fiquei sem diversos programas que tinha inicialmente. Isso, fora a dor de cabeça.

Com a chegada de Daniel a Istambul, a morte de meu computador e a falta de uma casa para ficar, tomamos um barco para as Ilhas Príncipe, localizadas em frente a Istambul. Nas ilhas, acampamos por alguns dias – o que era proibido – e depois voltamos à capital, dessa vez, para encontrar Iria, uma espanhola que eu havia conhecido na Índia e chegava à cidade para me visitar. Por conta disso, ficamos mais alguns dias na capital turca e, ao final de nossa estada, mudamos nosso roteiro. Decidimos seguir diretamente para a Grécia e não para a Bulgária, numa tentativa de aproveitar o pouco de verão que ainda nos restava.

Já recuperados fisicamente e com os equipamentos arrumados, seguimos em direção ao sul, rumo a Esmirna, de onde conseguiríamos um barco para alguma ilha grega com facilidade. Após três dias de viagem e de muitas montanhas, chegamos a Esmirna.

Segunda-feira (8 de setembro de 2008)
Akhisar - Esmirna (96 km)

Eu, que havia tirado minha camiseta, tamanho o calor que fazia, naquele momento a recoloquei e me preparei para descer montanha abaixo. Com diversos caminhões ao nosso lado, descemos até o nível do mar num caminho muito bom, muitas vezes com uma pista fechada apenas para nossas bicicletas, que ultrapassavam os 60 km/h. Em pouco tempo, já estávamos dentro de Esmirna, mas completamente perdidos na terceira maior cidade da Turquia, com cerca de 3 milhões de habitantes.

Como não sabíamos onde estávamos, resolvemos ligar para Cero, a garota que havíamos conhecido algumas semanas antes e que havia dito que poderíamos ficar em sua casa quando chegássemos em Esmirna. Paramos numa esquina, compramos um cartão telefônico e ligamos para ela. Ninguém atendeu, no entanto. Tentamos algumas vezes, mas nada de resposta. Foi esperando alguém atender que conhecemos outra garota turca, que morava no *campus* de uma faculdade.

Apesar de ela falar um pouco demais, tentou nos ajudar, levando-nos para o *campus*, onde poderíamos tentar passar uma noite. Como não tínhamos nenhum lugar melhor para ir e estávamos relativamente perdidos, aceitamos o convite e fomos para a universidade dela. No caminho, ela nos perguntou: "*Nós falamos para os guardas que vocês ficarão ali ou apenas entramos e tentamos a sorte?*".

A decisão foi unânime: achamos melhor falar para os guardas que ficaríamos no *campus* por uma noite e isso nos facilitaria a vida. Caso a resposta dos guardas fosse negativa, iríamos para outro lugar sem problemas. Quando chegamos à guarita, os guardas já nos receberam bem. Contamos, então, nossa história, e eles já disseram que poderíamos ficar no dormitório da universidade. Não só fizeram isso, como nos convidaram a comer com eles na guarita. Inicialmente, recusamos por educação - pois estávamos com fome -, mas depois fomos convencidos a entrar e compartilhar a comida com eles.

Comemos e, depois, seguimos para o dormitório da faculdade. No entanto, quando chegamos ao local, encontramos pelo menos 50 estudantes do Cazaquistão que haviam chegado naquele momento para algum curso que eles ainda nem tinham ideia de qual seria. Ficamos impressionados com esses sujeitos, mas fomos resolver nossos problemas primeiro. Os seguranças do *campus* deram um quarto apenas para nós dois e pediram para que colocássemos nossas bicicletas dentro do quarto, por medida de segurança. Achamos desnecessário aquilo, especialmente ao levar em consideração o pequeno tamanho do quarto, mas acabamos colocando-as para dentro.

Um minuto após colocarmos as magrelas ali dentro, dois garotos do Cazaquistão bateram em nossa porta pedindo para dormir conosco. Nada contra mais gente, mas a situação era complicada. O quarto era pequeno e abafado até mesmo somente para mim e o Daniel. Com quatro pessoas e duas bicicletas, se tornaria quase insuportável. Estávamos sem saída, tínhamos de passar pelo menos aquela noite ali, mas já estávamos decididos a deixar o local amanhã cedo.

Quando estávamos prontos para cair na cama, o policial que cuidava do prédio veio nos avisar que a menina que havia nos levado até o *campus* estava nos esperando no lado de fora. Olhamos um para o outro e nenhum de nós queria ir encontrar a garota, tão cansados que estávamos. Acabamos indo juntos ao encontro dela, para não deixar essa batata quente na mão de apenas um de nós. Descemos juntos, vendo a garota que nos esperava já toda arrumada, maquiada e perfumada. Ela era bonita, mas falava demais, e isso vale a pena ser mencionado, pois era um dos motivos de nossa hesitação. E ela falou muito novamente.

Por esse e outros motivos, resolvemos tentar ligar mais uma vez para Cero, que, dessa vez, atendeu o telefone já dizendo que viria nos pegar hoje mesmo. Aceitamos o convite, mas apenas não sabíamos dizer onde estávamos, assim, passamos o telefone para Noran, a garota da universidade. Ela falou bastante, muito mais que o endereço e mais que poderíamos esperar, o que nos fez suspeitar do que ela poderia estar dizendo. Nossas suspeitas estavam certas e, depois, descobrimos que ela estava dizendo que era quase impossível de chegar onde estávamos e que não valia a pena tentar. Mesmo sem entender isso no primeiro instante, tiramos o telefone da mão dela e tentamos tomar conta da situação.

Feito isso, apenas esperamos nosso resgate. Por volta da meia-noite, quando o guarda já realizava uma espécie de toque de recolher, mandando os estudantes para dentro de seus dormitórios, Cero e sua amiga, Esra, chegavam para nos pegar. Levamos nossas bolsas, mas deixamos as bicicletas, que não caberiam no pequeno carro delas. Fomos embora e, no caminho, elas já resolveram nos mostrar um pouco da cidade, enquanto comíamos e tomávamos algumas cervejas.

Depois do passeio pela baía de Esmirna, nós seguimos para o apartamento de Cero. Subimos até a cobertura do prédio e demos de cara com um enorme e bem decorado apartamento. Descobrimos onde iríamos dormir e depois contamos nossas histórias até o sono chegar.

Passamos alguns dias em Esmirna antes de pedalarmos até a cidade litorânea de Çeşme, nosso último ponto na Turquia e na Ásia, de onde tomamos um barco para a pequena ilha grega de Quios.

A distância era curta, mas a mudança era grande. A Grécia, pelo menos para mim, representou uma espécie de retorno à casa. O início de um retorno, na verdade. Ainda estava muito longe do Brasil, mas, ao entrar na Europa, a diferença cultural já não era tão grande quanto antes. A maioria das pessoas falava um dos mesmos idiomas que eu e, assim, muitos problemas pareciam desaparecer. De fato, o abismo cultural ficava cada vez menor, e eu me sentia mais à vontade naquele lugar. Mesmo assim, passei a ter outros problemas para me preocupar.

Era setembro de 2008, e a crise financeira mundial ganhava cada vez mais força, fazendo o valor do real despencar em relação ao euro, moeda que eu passaria a usar a partir daquele momento. Além disso, a diretoria da empresa que me patrocinava, a Bristol-Myers Squibb, havia mudado e o novo comando não estava interessado em meu projeto, muito menos em renovar o meu contrato. Para piorar, o inverno europeu começava a dar seus primeiros sinais e me mostrava que pedalar e acampar em meu novo continente seriam atividades cada vez mais difíceis até o frio passar.

Meu contrato de patrocínio havia acabado naquele mês e, daquele momento em diante, eu teria de continuar viajando com as economias que tinha feito durante a minha jornada. Eu tinha recursos para viajar durante mais alguns meses ainda, mas tudo estava mudando rapidamente. Dali à frente, apenas veria meu dinheiro diminuir e, por conta disso e da crise, teria de segurar ao máximo meus gastos até voltar para casa. Em razão do frio do inverno e dos meus problemas de saúde, teria de contar com a ajuda das pessoas para me hospedarem na casa delas, evitando acampar ou pagar hotéis.

Com isso, vinha a triste sensação que costuma acompanhar o final de qualquer processo: o fim dessa viagem anunciava também o fim de uma etapa em minha vida. Havia conseguido o que buscava, estava prestes a concluir a volta ao mundo que eu havia proposto anos atrás. No entanto, nunca havia pensado no que faria depois que tudo tivesse acabado. Isso não estava em meu projeto e a simples ideia de voltar para casa já me causava certa apreensão. De toda forma, era cedo para pensar nisso, eu ainda tinha meses de viagem pela frente e pensaria somente na hora certa. Apenas não conseguia mais esconder a ansiedade que acompanhava esse pensamento.

Continuei viajando, mas aquela disposição que eu tinha no começo já não era a mesma, estava um tanto desbotada. A motivação que me empurrava à frente, aquela curiosidade sobre o mundo que eu estava por descobrir, o frio na barriga pelo desconhecido que me esperava após o horizonte, tudo isso havia acabado. Eu tinha mudado, mas já não sabia se isso era bom ou ruim. Sabia apenas que tinha mudado e que viajar ainda era preciso.

Após dois dias na ilha de Quios, com Daniel, tomamos um barco para Atenas, capital da Grécia, onde, desde aquela época, já aconteciam conflitos políticos, especialmente entre os anarquistas e a polícia. Daniel se hospedou na casa de um amigo seu, o Panos, mas, como a casa era pequena, eu tive de me virar sozinho e fiquei hospedado em outro lugar, na casa de Max, um fotógrafo belga que vivia em Atenas há algum tempo.

Max era um sujeito muito simpático e carismático, que fez que eu me sentisse em casa em seu apartamento. Julie, quem havia me apresentado Max, também foi para Atenas nessa época e se hospedou na casa dele. Daniel, que estava na casa de seu amigo, quando conheceu a casa de Max, também resolveu se mudar para lá. E Felipe, um amigo meu de infância, de Jacareí, que estava rodando a Europa nessa época, também acabou se hospedando na casa de Max por um dia ou dois. Todos ficamos muito bem naquele apartamento e nunca havia problemas.

Meu período em Atenas foi marcado pelo reencontro com diversos amigos, Felipe era um deles, outro foi o Cauê, um amigo de São Paulo. Encontramo-nos por acaso, ao ver o pôr do sol em um morro de Atenas, numa dessas incríveis coincidências do caminho. Fora eles, eu estava cercado de pessoas sensacionais, que fariam de meus dias em Atenas um tempo repleto de boas memórias, assim como me dariam energia para seguir viajando pelo continente, que ficava mais frio a cada dia.

Também foi no apartamento de Max, em sua estante de livros de fotografia, que eu percebi que gostava muito daquele tipo de arte e que queria aprender mais a respeito. Naquele ponto da viagem, já tinha quase 40 mil imagens dos locais por onde havia passado, mas, mesmo assim, não sabia quase nada sobre teoria e história da fotografia. Não tinha a mínima ideia de quem era Henri Cartier-Bresson, Robert Frank ou Araki Nobuyoshi. Apenas gostava de fotografar e tinha aprendido sozinho tudo o que sabia. No apartamento de Max, descobri que não conhecia nada sobre o mundo da fotografia. Assim, todos os dias, eu aproveitava e pegava um livro diferente em sua estante e o folheava inteiro.

O tempo ruim, com chuva e frio, que chegara a Atenas, fez que os planos que tínhamos de visitar algumas ilhas gregas fossem adiados diversas vezes e nos manteve na cidade por mais tempo que prevíamos. Eram dias que aproveitávamos para conhecer a região e suas famosas atrações, para ir a festas de todos os gêneros e apenas não fazer nada, o que pode ser a melhor coisa em algumas situações.

Depois de mais de duas semanas na capital grega, e após algumas tentativas frustradas de tirar o visto para Albânia e Montenegro, resolvi deixar o país em direção à Itália. Pedalei com Daniel até a cidade de Pátras e, de lá, tomamos um navio para o novo país. Os dias passavam rapidamente e ficavam menores que os anteriores com a chegada do inverno. O calor que havíamos sentido na Turquia e na Grécia já havia ficado para trás e precisávamos nos contentar com dias frios e chuvosos. Quando chegamos a Roma, o tempo não era bom. Chovia muito e apenas tivemos tempo de comer e de encontrar um lugar para ficar.

Sexta-feira (3 de outubro de 2008)
Roma

Comemos bem, mas saímos do pequeno restaurante ainda com fome. Chovia nessa hora, e fomos diretamente para o albergue que Daniel conhecia. Eu não tinha problema algum em ficar naquele local, mas Daniel não tinha mais dinheiro e não poderia pagar nada. Assim, começamos a procurar um lugar para ficar sem pagar. Depois de uma breve busca, acabamos no *hall* do terceiro andar do prédio do albergue mesmo. Não havia ninguém ali e, aparentemente, ninguém subia até lá também.

Claro que durante a noite acordávamos com quase todos os ruídos que saíam de dentro dos apartamentos. O pior momento foi quando escutamos gente subindo pelas escadas. Daniel pulou de seu saco de dormir e me acordou. Escutei os passos e percebi que não havia mais nada a ser feito, era tarde demais, e, por isso mesmo, eu fiquei apenas deitado, como se nada houvesse acontecido. Duas pessoas, então, passaram por nós e seguiram seu caminho até a porta de seu apartamento. Nada aconteceu. Relaxamos e apenas continuamos dormindo no chão.

Sábado (4 de outubro de 2008)
Roma

Claro que a única vantagem de dormir assim, na rua, é apenas a economia que se faz, fora isso, os benefícios são poucos. Acordar com qualquer ruído é uma das desvantagens e ter de acordar cedo, antes que alguém chegue, é outra. Foi por isso que às 7 horas da manhã nós já despertávamos para sair daquele local sem deixar nenhum rastro. Ninguém reclamou e, provavelmente, ninguém, além daquelas duas pessoas, soube que estávamos ali.

Fomos para as ruas de Roma, que ainda estavam molhadas da chuva da noite anterior, e saímos à procura de algo para comer. Porém, antes de encontrar um mercado, encontramos tudo: Coliseu, diversas ruínas, Vaticano e mais outras atrações da cidade. Somente depois disso é que encontramos um supermercado. Logo entendemos o porquê de não encontrarmos nada na cidade: não havia placas, nem muitos nomes pelas ruas. Tudo é tombado pelo governo, ou seja, nenhuma fachada pode ser modificada. Esse é o motivo da cidade parecer tão velha por fora e, ao mesmo tempo, moderna por dentro.

Logo conhecemos os preços de Roma também. Mesmo num supermercado qualquer, os preços eram bem mais altos que estávamos pagando na Grécia. No entanto, não tínhamos escolha, compramos alguns pães e um pedaço de queijo que estava na promoção e fomos comer na fonte que ficava na frente do supermercado. Depois de nossa primeira refeição e de escovarmos os dentes na rua, fomos ver um pouco mais da cidade.

Chegamos, então, ao Rio Tibre, que corta a cidade, e logo vimos a cúpula da Igreja de São Pedro, a sede do Vaticano. Resolvemos ir, então, conhecer o local. Para nossa surpresa, a praça estava fechada e nela havia uma concentração de gente maior que o normal. Perguntamos o que estava acontecendo e descobrimos que o Papa Bento XVI iria sair do Vaticano em poucos minutos, pois iria fazer uma visita ao presidente da Itália.

Paramos as bicicletas num canto e vimos gente chegar sem parar para ver o Papa, que poderia aparecer a qualquer instante. Todos se posicionavam na beira da rua e preparavam suas câmaras fotográficas para pegar o Papa passando, mas o inesperado aconteceu. Em poucos minutos, o céu ficou negro, fazendo o Sol sumir por completo e uma chuva de pingos enormes começou a cair. A correria logo teve início e até mesmo aqueles que tinham capa de chuva e guarda-chuva foram procurar um abrigo debaixo de alguma área coberta. Eu, que não tinha nenhuma proteção, logo me escondi debaixo de um puxadinho e esperei a chuva parar.

A chuva não parou, pelo contrário, virou granizo e não perdoou ninguém. A rua ficou cheia de pedrinhas de gelo e, em pouco tempo, vazia também. Foi nesse momento que o Papa saiu. Ele passou rapidamente dentro de seu carro, cercado por muitos seguranças. Segundos depois que o carro dele passou, a chuva parou e até mesmo o Sol apareceu.

A coincidência da chuva foi algo estranho. Para alguns, algo ruim; para outros, algo bom; para os mais crentes, a chuva não passou de água benta caindo dos céus; já para os ateus, aquilo apenas mostrou que o Papa carregava nuvens negras sobre sua cabeça.

Independentemente da interpretação dessa chuva, logo depois disso, as ruas começaram a secar e fomos embora. Voltamos ao albergue no qual pernoitamos e perguntei sobre a disponibilidade de uma cama. Todas cheias. Daniel foi para o aeroporto buscar seus pais, e eu fiquei atrás de uma cama. O recepcionista daquele albergue era um brasileiro, buscando construir uma carreira no futebol europeu, que trabalhava num albergue para se virar enquanto sua carreira não decolava. Então, ele me ajudou, mesmo não tendo um lugar vago para mim. Fez algumas ligações e encontrou outro *hostel* nas redondezas, no qual fez uma reserva em meu nome.

Fui até o local indicado e encontrei apenas indianos trabalhando. Nada contra indianos - eu juro que tento não ter nada contra indianos -, mas eles sempre conseguem se superar. Logo surgiu um sujeito que não fez questão alguma de ser educado e, de cara, perguntou se eu tinha uma reserva, de onde eu vinha, meu nome e onde eu deixaria minha bicicleta. Respostas: sim; Brasil; Arthur; aqui dentro. O sujeito era neurótico e ficou transtornado com o fato de eu ter uma bicicleta, já que não podia deixá-la ali dentro. Tentou me convencer a colocar a bicicleta na estação de trem e berrou com outro funcionário do albergue, que veio me sugerir tirar a bicicleta dali.

Não dava para ficar naquele local com aquela gente louca. Voltei para a rua e senti um vento frio batendo em meu peito. O céu estava negro de novo e a chuva não iria demorar a cair. Corri de volta ao albergue do brasileiro e fui pedir mais uma ajuda. A chuva começou a cair, e ele conseguiu liberar uma cama para mim por um preço amigo. Fiquei por ali, tomei um banho quente e deixei a chuva continuar caindo lá fora.

À noite encontrei Daniel e saímos com Laura, uma amiga dele, por Roma. Fomos para uns bares na cidade, inclusive um bar brasileiro, que era realmente brasileiro, com apenas brasileiros trabalhando, som de samba e frequentado por diversos brasileiros. Ficamos ali por um tempo, tomamos uma caipirinha e depois fomos para outro lugar, como parte de nosso *tour* pela noite de Roma. O problema foi que estávamos cansados e não conseguimos ir muito longe. Na volta, eu já dormia no banco de trás do carro da amiga de Daniel. Precisava de uma cama hoje.

Permanecemos alguns dias na capital italiana, conhecendo suas mais famosas atrações, assim como o Vaticano. Depois, Daniel seguiu viajando com seus pais e, em Roma, nos despedimos. A partir daquele momento, eu voltei a viajar sozinho. Isso me ajudou a perceber mais claramente o quanto eu estava cansado, especialmente diante do vazio e da monotonia da Europa durante o inverno.

Voltei a tomar um navio e, dessa vez, fui à Croácia, que era um país incrível e merecia mais tempo. No entanto, tempo era justamente o que eu sentia não ter mais. Àquela altura da viagem, eu corria para me encontrar com algumas pessoas, corria para fugir do inverno, corria para não gastar muito e corria para não pensar muito em meu futuro. Dessa forma, visitei a Croácia em poucos dias. Percorri a Eslovênia da mesma forma. E, depois, voltei ao norte da Itália, onde fiquei mais tempo até seguir para o sul da França.

Na Europa, pelas limitações de dinheiro e também do clima, desenvolvi uma nova tática de acampamento. Comecei a entrar em casas em construção e, nelas, passava a noite acampado tranquilamente. Havia começado a fazer isso na Grécia, com Daniel, e segui fazendo esse tipo de acampamento clandestino em vários outros países. Na Croácia, onde voltei a viajar sozinho, não foi diferente.

Sábado (11 de outubro de 2008)
Zadar - Prizna (81 km)

Apesar de hoje ser sábado, logo percebi que, na Croácia, todos os dias têm cara de domingo. Tudo está sempre parado, quieto, tranquilo e vazio. Não posso reclamar, pois este lugar parece o paraíso de tão tranquilo que é. De toda forma, independentemente do dia da semana que fosse, começaria minha pedalada hoje no sentido da Eslovênia, que está a quase 300 quilômetros de mim. Quando despertei em meu quarto, o qual eu dividia com um jovem poeta americano, chamado Michael Roberts, que recentemente havia publicado sua primeira obra, o escritor já havia ido embora e deixado um livro para mim sobre a mesa.

Olhei o presente, li a dedicatória e, pelo menos, ela eu consegui entender, pois a poesia do americano simplesmente não tinha nem pé nem cabeça. Mas tudo bem, encarei aquilo como arte contemporânea e coloquei o livro em minha bolsa. Fui, então, tomar o café da manhã e, depois, voltei ao meu quarto para arrumar tudo e deixar a cidade o mais breve possível.

Logo saí da hospedagem e segui para a estrada, que ainda levei um tempo para encontrar. Não queria pedalar pelo continente. Minha intenção era seguir pelas ilhas da Croácia, que estão espalhadas por todo o litoral montanhoso do país. Assim, logo segui para a ilha de Pag, que, de tão próxima do continente, é ligada a ele por uma pequena ponte apenas. Essa ilha era curiosa: apesar de quase toda a Croácia ser verde, ela era praticamente toda seca e deserta.

Um dos motivos de eu ter escolhido ir pela ilha foi o relevo. Havia olhado um mapa topográfico da região e constatado que a ilha tinha menos montanhas que o continente. Mesmo assim, ela continuava sendo bastante montanhosa. Logo que entrei nas ilhas, altos e baixos surgiram, mas foi somente após cerca de 50 quilômetros que a situação ficou mais difícil. Até então, as montanhas eram pequenas e a paisagem, simplesmente de tirar o fôlego. Em relação à paisagem, não posso dizer nada, a Croácia é um país maravilhoso.

Até a principal cidade da ilha, o caminho foi bom, com pequenas elevações e apenas uma estrada. O problema foi depois da cidade de Pag, a maior da ilha. Logo tive de escalar uma imensa montanha, sem saber se estava na direção certa ou não, pois o caminho começou a ter diversas bifurcações. Nem mesmo sabia se haveria uma balsa no final da ilha para me levar até o continente, apenas acreditava que sim, conforme o meu mapa. Segui em frente, entre altos muito altos e baixos bem baixos.

Por volta das 4 horas da tarde, cheguei ao porto do qual sairia a balsa para o continente. Logo o barco chegou, porém, demorou quase uma hora para sair e fez que eu mudasse os planos para aquele dia. Os dias já estão mais curtos nesta época do ano, e o frio não demora a começar; por volta das 5 horas da tarde, já faz um frio razoável e, lá pelas 6, 7 horas da noite, o frio pega pesado. Dessa forma, resolvi apenas fazer a travessia e ficar logo na primeira vila do caminho, que, aparentemente, ficava ao lado de onde a balsa iria parar.

A viagem foi curta, cerca de 20 minutos, e a balsa parou num lugar pouco habitado. Ao lado do pequeno porto, havia algumas casas, mas logo percebi que deveria se tratar de um vilarejo de verão, pois quase todas as residências estavam fechadas, assim como as pousadas e hotéis. Mercado também não havia. Enfim, não havia nada naquele local.

Não havia motivo lógico para ficar ali, mas, se eu fosse embora, logo o frio e a noite me pegariam e acabariam comigo. Teria de passar a noite naquele local. Fui, então, à procura de um lugar para dormir e logo vi uma casa em construção, um de meus lugares favoritos para passar a noite. Entrei na casa, averiguei a situação e constatei que o lugar estava limpo e vazio. Não haveria problemas em dormir naquele lugar por uma noite. Mas, antes, teria de conseguir água.

Pedalei um pouco até encontrar uma casa habitada e pedi água potável para os moradores, um casal de velhinhos. O sujeito fez uma cara estranha, de quem não estava gostando daquilo, mas me deu a água que eu queria. Mesmo assim, apenas uma garrafa de água não seria o sufi-ciente para aguentar até amanhã. Precisava beber, cozinhar, escovar os dentes e começar a pedalar com ela no dia seguinte ainda. Precisava de mais água. Voltei, então, para o "porto de uma balsa só" e encontrei um bar sujo, que vendia somente cerveja. Perguntei se havia água e o sujeito me mostrou apenas uma solitária garrafa, que ele disse ser de consumo próprio e, por isso mesmo, enfiou a faca em mim, me cobrando três vezes mais que o preço normal.

Pensei um pouco, mas não havia saída. Paguei o preço e levei a água embora. Tudo estava pronto. Logo cozinhei meu jantar, comi, escovei os dentes, montei minha barraca, inflei minha cama e pronto, tinha minha casa montada por uma noite. Caí no sono, mas, como sempre, um daqueles sonos que nunca se aprofundam muito. Qualquer som era capaz de me despertar. Apesar de estar no lugar mais tranquilo do mundo, acordei mesmo assim, dessa vez, com alguém batendo nas paredes e caminhando pela casa. Não sei quem era, nem por que fazia isso, apenas sei que acordei e não consegui dormir até pararem com aquele som.

Pedalando quase todos os dias, da Croácia, segui para a Eslovênia, onde passei menos que uma semana, tempo suficiente para conhecer boa parte do pequeno país. Quando retornei para a Itália, pelo norte do país, logo fiz uma parada em Veneza, uma das cidades mais impressionantes que eu já havia visto. Era impossível não querer passar alguns dias naquela cidade que parecia flutuar no mar, mesmo estando com uma bicicleta.

Domingo (19 de outubro de 2008)
Veneza (84 km)

Veneza é um lugar curioso. Metade da cidade está dentro do continente, chamada de Veneza Mestre ou só Mestre. A Veneza velha, que é a que todos conhecem, é uma espécie de ilha na realidade, que fica a cerca de 5 quilômetros do continente. Há uma ponte que faz a ligação entre as duas partes da cidade e basta chegar à ilha, que a festa acaba para todos os tipos de veículo, inclusive bicicletas.

Veneza, com 117 ilhas, 177 canais e 409 pontes, não foi projetada para carros, nem motos e nem mesmo para uma simples bicicleta. Logo que se chega à parte velha e aquática de Veneza, é possível ver a estação de ônibus, a estação de trem e inúmeros estacionamentos. Veículos não avançam além daquele ponto. A essa altura, eu já estava perdido e não sabia mais para onde ir. Para onde eu olhava, via água e pontes - todas arqueadas e repletas de degraus de pedra lisa, para o meu desespero. O próprio mapa de Veneza mais parecia um labirinto de ruas sem saídas e infinitas pontes que o mapa de uma cidade.

Sabia que não seria fácil transitar por ali com minha bicicleta carregada, ainda mais num domingo, quando a cidade estava simplesmente carregada de turistas. Olhei o mapa, pensei bastante, estudei a melhor rota até o albergue, vi que não estava tão longe e fui para lá. Por onde eu passava, os turistas que estavam por perto esqueciam as gôndolas, canais e o quer que fosse, para ficar olhando para mim. Eu não deveria ser uma cena comum. A cada ponte, eu sofria para subir cada degrau, derrapando e sapateando para empurrar a bicicleta para cima. Veneza era um desafio. Com as sapatilhas em meus pés, eu não tinha aderência sobre aquelas pedras e mais escorregava que andava ao tentar subir cada ponte. Devia ser uma cena cômica para quem olhava.

Após poucos dias na romântica e cara Veneza, segui para Ferrara, cidade onde Daniel havia vivido durante vários meses e, por conta disso, me hospedei na casa de alguns de seus amigos e passei diversos dias ali. Foi em Ferrara que vi o clima mudar abruptamente de um dia para o outro. O frio só aumentava, e o Sol se punha 3 minutos mais cedo a cada dia na Europa, mas foi em Ferrara que um dia eu acordei e não vi nada além de uma espessa névoa que cobria toda a cidade. Uma neblina havia baixado na região e tirava toda a visibilidade das ruas. Com ela, o frio ficou ainda mais forte.

Diante de um clima que parecia piorar a cada dia, ainda conheci Verona, terra dos meus avós; visitei Camilo, nas montanhas da Toscana, nas proximidades de Florença; vi a torta Torre de Pisa; comi muito bem; fiquei em pequenos vilarejos e peguei muita chuva, frio e nevoeiro até chegar ao sul da França.

A Itália era, de fato, muito bonita. Um museu a céu aberto para ser mais exato. Porém, os italianos não faziam questão alguma de receber bem qualquer visitante. Talvez pelo grande número de imigrantes ilegais no país, havia um racismo quase declarado contra estrangeiros no norte da Itália. Eles simplesmente não gostavam de ninguém que fosse de fora, exceto estrangeiros de países mais ricos, como França, Inglaterra e Alemanha. Desses, eles gostavam, e muito. Porém, todos os outros não eram bem-vindos à terra de Berlusconi e Mussolini.

Esse sentimento de racismo e preconceito por parte dos italianos funcionava como um repelente, pelo menos para mim, que analisava um país por suas pessoas, e não por suas atrações turísticas. Em um determinado ponto, eu percebi que já havia ficado tempo demais por lá e que era hora de trocar de país. Assim, mesmo debaixo de chuva e frio, continuei pedalando e segui até o sul da França. O simples ato de cruzar uma fronteira aberta, uma simples linha no chão, já mostrava a diferença entre os dois países. O descaso e preconceito dos italianos havia ficado para trás e dava espaço a um país que parecia muito mais organizado, educado, aberto e hospitaleiro.

Tudo o que eu via naquele momento se opunha completamente ao que havia escutado previamente. Sempre ouvi dizer que os italianos eram famosos por sua espontaneidade, simpatia e abertura, enquanto os franceses eram lembrados por seu mau humor. Mas não era isso o que eu sentia. De fato, os italianos eram espontâneos, mas quase sempre invasivos e chatos; já os franceses eram mais reservados e educados, sempre respeitando alguns protocolos sem os quais qualquer conversa ou pedido de informação poderia ficar comprometido. Mesmo assim, isso não era ruim, e os franceses faziam sempre o possível para me ajudar e se mostravam bastante contentes com isso.

Logo que entrei na França, passei por Mônaco, que parecia mais uma piada em forma de país, e, pela mesma estrada, beirando o Mar Mediterrâneo, cheguei a Nice, uma cidade muito agradável, justamente onde meu computador queimou. Segui para Marselha, um lugar habitado por milhares de árabes, que fazia que eu me sentisse de volta ao Oriente Médio.

Em Marselha, comprei um novo computador e percebi que minha saúde estava piorando. Fazia algum tempo que quase tudo o que eu comia não me caía bem, e eu não sabia o porquê daquilo. Fiz exames, fui a médicos, mas o resultado era sempre o mesmo: não tinha nada de errado comigo e era até elogiado pela minha saúde exemplar. Contudo, o problema seguia: quase tudo o que eu ingeria me fazia mal. Não podia beber álcool nem café. Por vezes, tinha tonturas e constantemente sofria com problemas intestinais. O pior é que simplesmente não sabia o que fazer para melhorar.

Sem uma cura aparente, continuava pedalando, ainda que com dificuldade. Deixei Marselha, passei alguns dias na simpática Montpellier, segui para Perpinhã e, finalmente, cheguei à Espanha, onde meu objetivo era ir até Alicante, à casa de David, onde pretendia passar alguns dias e tirar férias da bicicleta diante do congelante inverno europeu. Basicamente dormindo na casa de amigos e de amigos de amigos, segui em frente. Fiquei alguns dias em Barcelona, na casa de Felipe, que havia me visitado em Atenas; depois, fiquei em Valência, na casa de Tony, um amigo de Daniel; e, finalmente, na casa de David, em Alicante.

Era final de novembro de 2008, um ano em que o inverno chegou mais cedo e foi mais forte que de costume. Até em Alicante, uma cidade litorânea, o frio era intenso. O suficiente para me fazer perceber que continuar pedalando durante o inverno não seria uma boa ideia. Optei, então, por deixar a bicicleta parada e visitar alguns amigos espalhados pela Europa apenas com uma mochila nas costas.

Com a ajuda de voos baratos e de alguns ônibus – que eram mais caros que os voos –, eu segui para Bruxelas, onde me hospedei na casa de Julie por algumas semanas. De lá, fui parar na Holanda, onde reencontrei Daniel e passei alguns dias entre Amsterdã e Haia. Como as festividades de fim de ano se aproximavam, segui para Paris, onde passei o Natal com Claire e sua família. Era mais um Natal longe de casa, mas era muito melhor que meus dois natais anteriores.

Após alguns dias no norte da França, segui para a Inglaterra, para encontrar João, um amigo de São Paulo que vivia lá. Como depois do Natal todos os voos e trens estavam cheios, fui obrigado a comprar uma passagem de ônibus para Londres. Não era a melhor forma de ir para lá, mas era a única que havia. O que eu ainda não sabia era a aventura que me esperava naquela simples viagem entre duas capitais europeias.

Sexta-feira (26 de dezembro de 2008)
Paris - Londres (13 horas)

Acordei cedo, com a ajuda de um despertador. Queria dormir mais, mas não podia me dar ao luxo de perder o ônibus para Londres. Ele tinha sua saída marcada para o meio-dia. Fui breve ao comer meu café da manhã e, depois, peguei minhas bolsas e fui em direção ao metrô, com Claire, que me acompanhou até o ônibus.

Na rodoviária, eu tive uma surpresa. Havia muita gente para pegar aquele ônibus, tanto que dois veículos estavam preparados para partir para Londres. O mais curioso é que quase não havia europeus embarcando nele, todos pareciam ter origem indiana ou africana, na verdade eu era um dos poucos brancos que estavam no veículo (isso se eu me considerasse branco naquele país). Todos entraram e, pouco depois da hora marcada, o ônibus partiu lotado para seu destino.

Tantos idiomas eram falados dentro daquele ônibus que eu até senti um clima de aventura por alguns instantes, aquela sensação que costuma me acompanhar quando estou sobre minha bicicleta. Não parecia que eu estava na França, nem mesmo na Europa. Por alguns momentos, eu ainda me senti sortudo, pois era um dos poucos passageiros que ainda tinha um assento livre ao lado dentro daquele ônibus lotado. Aproveitei meu espaço e dormi durante quase todo o caminho. Acordei apenas quando o ônibus parou em Calais, a última cidade francesa, base da polícia e dos controles de imigração francês e inglês.

O ônibus parou e todos desceram. Tínhamos de apresentar nossos passaportes para a imigração francesa primeiro. Isso não foi um problema para ninguém. Poucos metros à frente, estava a imigração britânica, que parecia ser um pouco mais lenta e séria que a anterior; a fila andou, ainda que devagar. Chegou, então, minha vez, e fui atendido por uma inglesa, que parecia ser simpática de longe. Mostrei meu passaporte e respondi às perguntas que ela me fazia, basicamente sobre o que eu iria fazer no país. A conversa foi mais ou menos assim:

- Então você é brasileiro? - Já com um sorriso sarcástico no canto da boca.

- Sim, sou.

- Quanto tempo você vai passar no Reino Unido?

- Quatro dias.

- Para onde você vai?

- Para Londres apenas. - Enquanto isso, ela folheava meu passaporte, observando atentamente cada carimbo que estampava aquelas páginas.

- E, me diga, faz quanto tempo que você não volta ao Brasil?

- Três anos.

- Quer dizer que faz três anos que você não volta para o seu país? E onde você mora?

- Eu não moro em lugar nenhum, mudo de lugar de tempos em tempos. Na verdade, viajo de bicicleta... - fui interrompido antes de terminar.

- E onde está sua bicicleta?

- Na Espanha.

- Hum... OK... - ela respirou fundo e perguntou: E depois de Londres, para onde você vai?

- Para Hamburgo, na Alemanha.

- Você tem a passagem com você?

- Sim, mas apenas em meu computador, pois é eletrônica, posso pegar se.... - e fui interrompido mais uma vez.

- Quanto dinheiro você tem? Onde ficará em Londres? Qual é sua profissão? - Estas perguntas já foram feitas num tom mais inquisidor, para a minha preocupação.

Bem, esse foi o começo de uma longa conversa. Essa mulher simplesmente não acreditou em minha história e, depois de me fazer diversas perguntas, pediu para eu ir pegar minhas bolsas no ônibus. Aparentemente, eu era o último a entrar no veículo que apenas me esperava para seguir viagem. Infelizmente, não subia para continuar a viagem, mas, sim, para pegar minhas bolsas e descer do ônibus. Eu ainda não sabia o que iria acontecer, pensei que ela iria dar uma olhada em minha bagagem e verificar se eu tinha algo de errado, mas me enganei, ela estava me tirando do ônibus e, após eu descer, ela mandou o motorista seguir viagem.

Achei estranho ela estar fazendo aquilo, mas sem voz alguma diante daquela situação, segui apenas as instruções da inglesa. Voltei para o setor de imigração, dessa vez com minhas bolsas e, pela janela do local, vi o meu ônibus ir embora. Estava mesmo com azar, em meio a tanta gente naquele ônibus foram implicar justo comigo. No entanto, era tarde para qualquer lamentação e me restava acreditar que aquela mulher iria descobrir que eu estava falando a verdade e que, de fato, eu não tinha planos de ficar em Londres por mais de quatro dias.

Enquanto isso não acontecia, ela me levou para uma sala mais afastada, na qual fui revistado da cabeça aos pés e separado de todas as minhas bolsas e pertences. Depois, sem me explicarem nada do que estava acontecendo, fui obrigado a assinar uma folha e fui colocado numa sala na qual já havia quatro pessoas, que pareciam ser os verdadeiros imigrantes ilegais. Uma mulher muito loira, talvez russa, um garoto africano, uma mulher possivelmente marroquina e um sujeito com uma grande barba, trajes e traços que indicavam sua origem árabe. Todos pareciam cansados, pois, possivelmente, estavam lá havia um bom tempo.

Esperei por cerca de 20 minutos em silêncio e, depois, me chamaram mais uma vez. Fizeram mais perguntas e, finalmente, pediram o endereço do *site* de minha viagem. Como sempre, continuei dizendo a verdade, mesmo sabendo que minha história não era fácil de acreditar. Ainda tinha a esperança de que eles logo entendessem que eu não estava lá para trabalhar nem nada, mas apenas para passar alguns dias. De toda forma, fui colocado novamente na sala e esperei por mais 15 minutos e pronto, fui liberado.

A inglesa apareceu mais uma vez e me disse que estava feliz por descobrir que eu estava falando a verdade, mas que eu devia andar com mais provas daquilo que eu estava dizendo. Ela não pediu desculpa em nenhum momento, apenas disse que eu podia seguir em frente e que agora eu tinha um visto de seis meses. De qualquer maneira, o visto longo não me valia de nada, já que eu ficaria no país por apenas quatro dias. Queria mesmo é que fizessem meu ônibus voltar. Devolveram minhas bolsas e me entregaram uns papéis, e um deles me autorizava a subir em qualquer ônibus que estivesse seguindo para Londres.

Mesmo com tudo pronto para partir, eu ainda tinha de esperar por um transporte que estivesse a caminho de Londres. O ônibus que eu buscava chegou apenas 2 horas mais tarde e, mesmo assim, tive de esperar por mais 1 hora até todos os passageiros retornarem ao veículo depois de passarem pelas polícias francesa e inglesa. Esse atraso fez que o ônibus perdesse a balsa que saía naquele instante e ficasse esperando por mais de 1 hora até a outra balsa chegar. A essa altura, eu não era o único a estar cansado daquela viagem que mais parecia uma travessia africana que uma viagem entre duas ricas capitais europeias.

Quando, finalmente, a balsa chegou, ainda não era o fim. Havia mais de uma hora de travessia. Saí do ônibus, entrei na balsa e segui rumo às ilhas do Reino Unido. Tive sorte de encontrar um restaurante no barco, caso contrário teria passado o dia todo com apenas as duas fatias de pão do café da manhã. Chegando ao outro lado do Canal da Mancha, todos subiram novamente no ônibus. Pensei que a aventura havia acabado, mas estava enganado. O governo inglês tratava os passageiros daquele ônibus como gado, e não como seres humanos.

O ônibus parou em outro local, que eu não entendi muito bem para que servia. Todos descemos do ônibus, atravessamos um grande galpão e, depois, tivemos de esperar pelo ônibus no lado de fora, sob o frio congelante que fazia. Ninguém entendeu nada, mas talvez não houvesse nada para ser entendido mesmo, mas apenas sentido. Era humilhante. Voltamos ao ônibus, mais uma vez, e, finalmente, a viagem seguiu em frente, com destino à Londres.

Da cidade portuária de Dover, a viagem foi curta até Londres, pouco mais de uma hora, com o ônibus parando na Estação Victoria. Ao descer do ônibus, eu me vi perdido novamente; já eram 11h30 da noite e eu só tinha o endereço de onde eu tinha de chegar e mais nada. Sabia que tinha de descer na estação de metrô chamada Earls Court, mas também não sabia como chegar até lá, muito menos onde eu estava.

Tive sorte de contar com a ajuda da senhora que estava ao meu lado no ônibus. Ela não só mostrou a estação para mim, como também me deu o dinheiro para comprar um *ticket* para chegar até onde eu queria, já que eu só tinha euros comigo e, em Londres, eles não valiam nada.

Se não fosse por essa simpática senhora, eu estaria na rua até agora. Com a ajuda dela, peguei o metrô que eu precisava e segui para a Earls Court Street, onde eu iria ficar. Vincent, irmão de Claire, havia me dado a chave de sua casa, onde não havia ninguém no momento. Levei algum tempo até encontrar o local, mas consegui. Cheguei à casa por volta da 1 hora da manhã, muito cansado. Precisava descansar. Essa simples viagem acabou não sendo tão simples quanto eu pensava, mas, sim, uma grande aventura até a Inglaterra.

Após dois dias em Londres, Claire chegou para me visitar. Mesmo assim, não fiquei muito tempo com ela. Tinha minha passagem para Hamburgo, na Alemanha, marcada para o dia 30 de dezembro. Voei com João para a cidade alemã e lá passei o meu aniversário e o fim de ano, antes de voltar a Bruxelas, onde nevava tanto que quase não era possível sair da casa na qual estava hospedado.

Neve é algo bonito de ser ver, especialmente quando se está longe dela. Estar num lugar no qual não para de nevar só é bom quando se está numa estação de esqui, fora isso, pode ser algo realmente frustrante, particularmente quando mal se pode sair de casa. Como já estava cansado de frio e neve, achei que era hora de deixar a Europa por um tempo e ir rumo ao calor. No início de janeiro, embarquei num voo, daqueles muito baratos, para Marrakesh, no Marrocos. Achava que lá encontraria o Sol novamente.

Quando cheguei a Marrakesh percebi que havia me enganado, lá fazia quase tanto frio quanto na Europa. Havia até uma estação de esqui ao lado da cidade. Para piorar, ao contrário das casas europeias que geralmente contam com um bom sistema de aquecimento, no Marrocos não havia nada disso. O mesmo frio do lado de fora, era o que fazia no lado de dentro das casas, e eu era obrigado a dormir debaixo de três cobertores para aguentar o clima congelante. Nem mesmo água quente havia na maioria dos hotéis. Por conta disso, desenvolvi uma rotina de ir frequentemente aos *hammans* – uma espécie de sauna úmida comum nas cidades marroquinas.

Fiquei quase um mês no país. Tempo suficiente para ver boa parte dele e descobrir que seu litoral servia como rota para milhares de africanos que, todos os dias, arriscavam suas vidas para entrar ilegalmente na Europa. Havia uma caça aos imigrantes no Marrocos e aquilo gerava incontáveis mortes todos os anos. Era um cenário triste, que trazia à tona um dos grandes problemas da Europa atual: os imigrantes. O Velho Continente se fechava cada vez mais, e até eu, que apenas estava passando por lá, tinha problemas com isso. Em meu retorno à Europa, quase fui barrado na fronteira de Melilha, uma cidade espanhola em pleno território africano.

Após descobrir que o passaporte brasileiro não valia muito nas fronteiras europeias, voltei à Espanha de barco, chegando ao porto de Málaga. Segui para Granada e para outras cidades da região de Andaluzia. Já próximo do final de meu mochilão por aquela parte do mundo, fui para Portugal sem muitas expectativas e descobri um país muito agradável e acolhedor, com um jeito próprio de receber seus visitantes. Lisboa e Porto eram cidades incríveis e pediam mais tempo que eu tinha para serem bem apreciadas. Fui embora dessas cidades sabendo que teria de voltar um dia para aproveitá-las de uma forma melhor.

Havia ficado praticamente três meses viajando apenas com uma mochila pequena de roupas e meu computador. A intensidade desses meses havia sido tão grande que eu já estava cansado de viajar e de ver coisas novas. Queria apenas sentar e digerir o que eu havia visto naqueles três anos de viagem. A minha volta ao mundo chegava ao seu fim e não era mais possível negar isso. Tinha de voltar à Alicante, pegar minha bicicleta e aproveitar o fim do inverno para, então, realizar minha última pedalada pela Europa e, finalmente, tomar um avião para o Brasil.

Após retornar a Alicante, ainda fui a Paris mais uma vez, onde tive a certeza de que era hora de deixar aquele continente e voltar para casa. Era o início de março de 2009, quando o inverno começou a perder suas forças e a ideia de voltar à estrada já não era tão remota. Demorei algum tempo para conseguir aceitar que teria de regressar ao Brasil, mesmo sabendo que isso era inevitável e parte de meu projeto. Sentia como se estivesse em casa na Europa, porém, sabia também que eu queria terminar o que havia começado antes de decidir onde gostaria de morar ou ficar por algum tempo. Depois de colocar um ponto final em minha viagem, poderia fazer o que quisesse.

As possibilidades eram tantas que me causavam uma grande ansiedade em relação ao futuro. Sabia que teria de deixar tudo para trás mais uma vez.

Brasil - Úllltimo dia de viagem, de volta ao ponto de partida, para fechar a volta ao mundo.

O MUNDO QUE VI 27

Aos poucos, percebia que havia me preparado para partir e viajar, mas não me preparado para voltar com a bagagem que havia acumulado. Começava a descobrir que essa era outra dificuldade de uma viagem tão longa como essa. Voltar para casa era um novo desafio. Isso implicava me afastar da vida que eu havia cultivado durante os últimos três anos. Além disso, sabia que teria de me deparar com um passado que tinha deixado para trás e que agora voltaria como um fantasma.

Eu estava certo de que já não era a mesma pessoa que havia deixado o Brasil, porém, não sabia se voltava uma pessoa melhor ou pior que aquela que havia partido anos antes. Tinha a impressão de que um jovem inocente e cheio de sonhos havia deixado o Brasil e que um homem rude e sem paciência retornava no lugar daquele garoto. Sentia que minha viagem ainda não havia acabado e que eu gostaria de me preparar melhor para voltar para casa. Sentia que gostaria de continuar viajando. Sentia. Sentia.

Minha cabeça pensava em muitas coisas ao mesmo tempo, mas não conseguia fugir de meu próprio destino: regressar ao Brasil. Tentava fugir, mas sabia que se não fizesse isso, corria o risco de me perder de mim mesmo definitivamente e nunca mais voltar. Havia me reinventado diversas vezes durante minha viagem. Havia me afastado de minha identidade, havia deixado de ser aquele Arthur, para ter a liberdade de ser quem eu quisesse naqueles lugares. E da mesma forma que eu não era mais a mesma pessoa, também não era mais brasileiro. Era apenas mais um, igual a todos, um cidadão do mundo, para quem as fronteiras não faziam mais sentido.

A viagem havia me levado para muito além de onde minha visão chegava.

Após muitos rodeios, comprei a passagem para o Brasil para o final daquele mesmo mês, no dia 28 de março. Enquanto esperava meu voo, fiz minha última consulta médica. Dessa vez, com uma homeopata. O que nenhum médico havia descoberto, aquela médica percebeu: eu estava intoxicado pelos remédios que havia tomado durante a viagem. Os antibióticos que eu havia usado no decorrer do meu trajeto, por vezes, a única saída encontrada para melhorar e continuar pedalando, haviam destruído minha flora intestinal e danificado meu sistema digestivo, especialmente a minha vesícula biliar. Por isso eu sofria tanto ao comer e não me curava.

Aqueles exames me ajudaram a compreender a aguda dor que eu sentia, há meses, no lado direito de meu abdômen e o porquê de tanto sofrimento ao ingerir alguns alimentos e bebidas, como chocolate, gordura, álcool ou café. Entrei numa dieta bastante restrita e me tratei apenas com homeopatia e probióticos para uma cura a longo prazo. Sabia que ainda levaria tempo até que eu me sentisse completamente bem, mas já percebia uma leve melhora desde o início do tratamento. De toda forma, só ficaria completamente curado meses após o término de minha viagem. Mesmo assim, aquele processo de desintoxicação me ajudou a ganhar energias suficientes para conseguir pedalar de Alicante até Madri, de onde eu peguei meu voo para o Brasil.

Havia decidido não chegar diretamente em São Paulo, pois não queria finalizar minha viagem dentro de um aeroporto. Comprei, então, uma passagem para Salvador, na Bahia, de onde eu pedalaria até São Paulo, para, finalmente, encerrar minha viagem no mesmo local de onde havia partido, no *Monumento às Bandeiras*. Aquilo também não deixava de ser uma forma de adiar o fim de minha jornada e prolongar aquela angústia. No dia 21 de março de 2009, deixei a casa de David em direção à Madri.

Sábado (21 de março de 2009)
San Vicente del Raspeig - Almansa (102 Km)

Terminei de arrumar o que me faltava, me alonguei, comi, montei as bolsas na bicicleta e vi se não havia esquecido nada em meu quarto. Um ritual que eu não fazia já havia algum tempo. Com tudo pronto, ainda no meio da manhã, dentro do horário que eu imaginava, saí com David para a estrada. Ele me levou até o caminho mais conveniente para mim, uma estrada com menos montanhas que as demais. Na entrada daquela estrada, despedi-me de David. Depois de tanto tempo em sua casa, com seus pais me tratando como filho e ele me tratando como um irmão, não escondi que eu estava emocionado ao dizer adeus. Era uma das minhas últimas despedidas. Não sei se eu aguentaria muitas outras.

Iniciei, então, minha pedalada solitária. Encarei uma leve subida durante todo o caminho até a cidade de Agost. Nela, vi a placa indicando a cidade que eu queria chegar, Novelda, e segui para lá. Vi apenas uma estrada e fui nessa direção. Meu mapa mostrava que a estrada seguia para o oeste e não tinha muitas montanhas, já minha bússola quase sempre indicava o norte e eu estava pedalando numa serra. Sem entender, liguei o GPS, vi que já superava os 600 metros de altitude e continuava seguindo na direção norte e subindo de altitude. Parecia ser o caminho errado, mas não havia para quem perguntar. Somente um tempo depois consegui encontrar um ciclista, e ele disse que eu estava na direção certa. Segui pedalando, ainda que sofrendo com as subidas e com minhas pernas já desacostumadas.

Quando eu finalmente cheguei à estrada principal, percebi que eu não estava onde eu queria. Eu estava numa outra estrada. Havia dado uma grande volta e retornado para perto de San Vicente del Raspeig. Bateu um desânimo nesse momento. Já estava um pouco cansado depois de tantas subidas e quase não havia ido a lugar nenhum. Mesmo assim, segui em frente. Não estava disposto a desistir tão facilmente hoje. Encarei a estrada, continuei subindo e vi que ainda tinha uma longa distância a percorrer.

Cansava-me facilmente, especialmente por estar parado há tanto tempo. Meu corpo parecia ter perdido o ritmo que tinha e recomeçar encarando diversas subidas não estava sendo fácil. Mesmo assim, eu me esforcei e segui em frente, no meu ritmo. Parava para comer, sem pressa e apreciava o caminho. Como a fome estava maior que de costume, eu tive de parar diversas vezes. Numa dessas paradas, resolvi comer um pedaço de chocolate, mais pelo açúcar que pelo chocolate em si, mas em pouco tempo percebi que havia feito a escolha errada.

Meu problema na vesícula biliar ainda não estava curado, apesar de estar melhor. Ainda há alimentos que me doem muito. Chocolate é um deles. Minutos após eu comer dois míseros pedacinhos, a minha região do fígado começou a doer como nunca. Era difícil até respirar. Tentei pedalar, mas fui obrigado a parar depois de algum tempo em razão da dor. Esperei, pois sabia que ela iria passar em pouco tempo.

Aos poucos, a dor foi diminuindo até que sumiu por completo. Quando parou, enfim, eu consegui voltar a pedalar normalmente. Ganhei energia, acelerei o giro e tive certeza de que chegaria aonde eu queria hoje. Em pouco tempo, entrei em outra região espanhola. Agora estava em Castela-Mancha, a região de Dom Quixote, famosa por ser um grande platô em meio a um dos territórios mais montanhosos de toda a Europa. Pedalar agora estava mais fácil.

Passei por diversas cidades pequenas, todas construídas ao redor de um castelo medieval, quase sempre no topo de uma montanha. Parei numa cidade que não era diferente, Almansa. Ela era famosa justamente por seu castelo e por suas igrejas antigas. Apesar de pequena, a cidade contava com uma boa estrutura e já que eu não tinha como ir mais longe hoje, porque havia pedalado cerca de 100 quilômetros e estava cansando, parei em Almansa.

Ainda sofria com minha vesícula biliar e tinha de me alimentar com cuidado. Meu corpo, apesar de ainda aguentar pedalar 100 quilômetros ou mais, já não contava com a mesma energia que costumara ter. Assim, ao mesmo tempo que sentia que ainda não era hora de voltar para casa, também sabia que deveria descansar. Ficar em algum lugar por um tempo, para viver uma vida mais sedentária, pelo menos, até me recuperar física e emocionalmente dos anos que eu tinha levado na estrada. É claro que isso eu poderia fazer em qualquer lugar, não precisava necessariamente voltar para o Brasil. Aliás, era justamente no meu país que isso seria mais difícil, pois já imaginava que teria diversas cobranças com o meu retorno que me impediriam de apenas descansar.

Mas não adiantava pensar muito sobre isso naquele momento. Segui pedalando por Castela-Mancha, na Espanha, até chegar a Madri, minha última cidade naquele continente. Hospedei-me na casa de Gala, uma garota espanhola que eu havia conhecido na Índia. Enquanto conhecia melhor a capital espanhola e empacotava tudo para viajar para o Brasil, eu esperava o dia em que o avião iria levantar voo com destino a Salvador. Aos poucos, notava que voltar ao Brasil não era um retorno, mas, simplesmente, como ir a um novo e exótico destino.

Rapidamente, o dia 28 de março chegou, e eu me despedi de Gala e de sua mãe, que havia me recebido muito bem durante meus últimos dias na Europa. Segui para o aeroporto imerso em diversos sentimentos diferentes. Estava feliz por conseguir completar a viagem, havia conseguido! Estava feliz por voltar para casa, por rever minha família e meus amigos. Ao mesmo tempo, sentia que havia visto muito pouco do mundo e que a viagem não poderia parar. Eu era grande e muito pequeno ao mesmo tempo.

Conduzido por uma enxurrada de emoções, despachei bicicleta e bolsas, e entrei no avião.

Sábado (28 de março de 2009)
Madri - Salvador (Brasil)

Os passageiros daquele voo eram quase todos brasileiros, e eu já começava a ver o meu país com outros olhos. O Brasil não havia mudado tanto nos últimos anos, quem havia mudado era eu. Agora, eu olhava para as pessoas que falavam português e notava quão peculiar elas eram. Nos assentos à minha frente, dois travestis estavam sentados. Nas poltronas ao lado, gente falando de farofa e vatapá. Sim, eu estava de volta ao Brasil, mas ele ainda não era minha casa. E aí surgiu a questão: Onde era minha casa agora?

Era difícil me enquadrar em algum país. Eu continuava sendo brasileiro, claro, mas já não me orgulhava tanto disso. Entre pensamentos distantes, alguns cochilos e um filme, a viagem de 10 horas passou e o avião aterrissou no aeroporto de Salvador. Todos saíram da aeronave e formaram duas filas dentro do aeroporto, uma de brasileiros e outra de estrangeiros. A fila de brasileiros devia ter mais de 200 pessoas, já a fila de estrangeiros, no máximo, umas 50.

Os brasileiros pareciam estar voltando para casa.

Do frio seco de Madri, entrei no bafo úmido de Salvador. Fui para a casa de Beto, um amigo de infância que havia se mudado para a capital baiana, e lá fiquei por alguns dias até iniciar minha pedalada rumo a São Paulo, em direção ao mesmo local de minha partida, minha suposta casa. O tempo que passei em Salvador não me trouxe uma boa impressão, no entanto. Olhava meu próprio país com olhos estrangeiros, analisando-o segundo os mesmos critérios que eu utilizava para analisar os países por onde havia passado. E o resultado não foi muito satisfatório: a cultura do brasileiro, em geral, era baixa; os preços do país eram muito altos; o abismo social, uma espécie de câncer; e o governo, abertamente corrupto e incompetente, parecia alimentar todos esses problemas.

No Brasil, eu era capaz de perceber dois mundos distintos que quase não se tocavam. De um lado, havia uma pequena parcela de gente com dinheiro, o que nem sempre estava associado à cultura e à educação. Essas pessoas frequentavam lugares que queriam parecer europeus ou americanos, viviam em casas que pareciam prisões e se gabavam disso tudo. Do outro lado, havia a massa, pobre, à margem da sociedade, sem educação, contentando-se com migalhas e sem perspectivas reais de abandonar esse estilo de vida. Aquilo não era novidade para nenhum brasileiro que, de tão acostumado com essa dura realidade, já a considerava normal.

Quando saí do Brasil, essa realidade também me era normal, pelo simples fato de não ter me aberto ao mundo ainda. Não sabia das possibilidades que existiam. Sempre imaginava e, até mesmo, via o mundo com os olhos de um brasileiro, que sempre usa seu país como base de comparação. No entanto, ao retornar do mundo, eu via o "meu" Brasil com outros olhos. Minha terra natal não era parâmetro de comparação para nada, pelo contrário, era um país no canto do mundo, longe como uma ilha do Pacífico, tido como exótico por quase todas as nacionalidades e famoso por seu carnaval, uma enorme festa na qual as mulheres vestem apenas meia dúzia de penas, e seu futebol, uma espécie de religião para os brasileiros.

Com base nisso, busquei encontrar o país que eu havia visitado que mais se assemelhasse ao Brasil. Analisei um a um e cheguei à conclusão de que o meu país era muito parecido com o Djibuti, uma quase colônia na África. Por incrível que pareça, tudo se assemelhava: ambos eram países bons apenas para uma pequena parcela de sua população, especialmente para os estrangeiros e para aqueles ligados à política e aos "colonizadores"; os dois eram locais violentos; e ambos tinham parte de sua população vivendo em favelas de forma miserável. A diferença era que, em Djibuti, eu ainda conseguia caminhar com minha câmera na mão sem medo de ser roubado. Já, no Brasil, esse medo existia.

A chance que eu tinha de compartilhar tal pensamento com um brasileiro era a mesma que eu tinha ao falar para um etíope que nunca saíra de seu país sobre as qualidades e os defeitos da Etiópia. Ele não entenderia, pois não teria base de comparação. A Etiópia seria seu mundo e o mundo, em sua cabeça, muito parecido com a Etiópia. Eu sentia a mesma coisa em meu país. Ao tentar compartilhar tal pensamento com as pessoas, eu apenas descobria que o brasileiro estava mais preocupado com o próximo capítulo da novela das 9 que em fazer algo para melhorar seu país, mesmo porque ele não sabia o que fazer. Quem tinha acesso à cultura e à educação estava mais interessado em enriquecer e em construir uma casa com cerca elétrica que fazer de seu país um lugar melhor.

Enquanto viajava pelo mundo, escutava que o Brasil estava mudando rapidamente e que ele seria, em poucos anos, uma potência mundial. Uma das maiores. Entretanto, ao chegar às terras brasileiras, eu via outra coisa. Vi o mesmo Brasil de sempre, com seu jeitinho malandro, suas festas, seus problemas sociais, suas trocas de favores, seus "Você sabe com quem está falando?", sua corrupção e simplesmente não conseguia entender como um local desses poderia se tornar um país desenvolvido.

Minha indignação era decorrente do fato de eu ter descoberto que felicidade é algo que depende das pessoas à sua volta. Seria muita hipocrisia me sentir feliz num lugar onde pessoas passavam fome e morriam ao meu lado. Talvez seja por isso eu não tenha gostado da Índia. Simplesmente não conseguia me desligar do que estava acontecendo à minha volta. Por isso, minhas críticas ao Brasil, pois como alguém poderia ser feliz numa sociedade tão desigual? Blindando o carro e transformando sua casa em um *bunker*?

Havia algum sentido naquilo que eu pensava, porém, conforme pedalei em direção a São Paulo, percebi que o problema era muito mais complexo e estava enraizado na cultura e nas tradições do país. Falar sobre aquele assunto era como repetir um discurso já gasto. Tanto, que tal pensamento começou a soar utópico, fantasioso e cansativo. Assim, parei de alimentar tais conclusões, o que não impediu que elas me acompanhassem durante muito tempo. O Brasil ainda seguiria como um lugar estranho para mim durante os próximos meses.

Meu desafio era conseguir chamar o Brasil de casa à medida que não me identificava mais com o que eu via por aqui. Tinha saudade de meus pais e amigos, porém sentia que minha relação com o Brasil acabava aí e que eu estaria muito melhor em outro país. Podia ser que tais pensamentos apenas representassem meu receio de voltar para minha casa e ter de assumir uma série de responsabilidades que eu não tinha durante minha viagem. Sentia que a minha jornada ainda não havia acabado e que poderia percorrer outros lugares do mundo. Viajar parecia um vício e, mesmo após 46 países, sentia que não havia visto nada e que tinha muito para conhecer ainda. Apenas não sabia mais distinguir o que era vontade de viajar e o que era uma fuga de mim mesmo.

A vida nômade e solitária que eu havia levado nos últimos anos havia me ensinado muitas coisas. Não apenas sobre o mundo e as pessoas, mas, especialmente, sobre mim mesmo. Havia descoberto que o Arthur era uma criação minha e das pessoas ao meu redor. Assim, ao percorrer países onde eu não tinha nome, era apenas mais um gringo, um *faranji* ou qualquer outra coisa do tipo, desde que eu próprio esquecesse que eu era o Arthur, aquele Arthur que havia deixado o Brasil, poderia ser quem eu quisesse, poderia me inventar e reinventar conforme bem entendesse. A própria viagem pedia isso.

Havia um limite, no entanto. Concluí que a vida nômade que eu levava, caso não tivesse um fim, inevitavelmente me conduziria a uma existência errante, embriagada pelo movimento e pela constante mudança. Caminhava para tão longe de mim mesmo que, após algum tempo, aquele Arthur seria apenas uma vaga lembrança em minha memória. Não haveria mais volta. Se durante a viagem eu já me perdera, seguir viajando confirmaria a perda de mim mesmo. Encontrar um lar era necessário. Precisava me esquecer do reflexo que era o mundo. Por quantas vezes, nessa viagem, o mundo não havia refletido o lado mais temível de mim mesmo?

O retorno à casa, o fechar o ciclo eram mais que um reencontro com o local geográfico de onde eu havia partido, mas era, também, um reencontro com aquele Arthur que havia, numa bicicleta, saído para o mundo. Muito tempo havia se passado, mas as lembranças que as pessoas tinham de mim ainda eram dessa época. E, cedo ou tarde, eu teria de dialogar com isso. Assim, segui rumo a São Paulo pedalando. No caminho, de cerca de 2.000 quilômetros, teria ainda algum tempo para me acostumar com a ideia de parar num lugar e estacionar a bicicleta.

Pela perigosa BR-101, atravessei o estado da Bahia, cheguei a Vitória, no Espírito Santo, fui para o Rio de Janeiro, onde fiquei algumas semanas, e, finalmente, realizei o último trecho da viagem, pedalando até São Paulo. Estava muito ansioso para chegar à minha casa e rever meus pais e amigos.

Antes de chegar à minha penúltima parada, fiquei na casa de meus pais, em Jacareí. Ali ocorreu o verdadeiro retorno. Pedalei quase 130 quilômetros naquele dia e apenas cheguei a Jacareí quando caía a noite. Como eu nunca conseguia saber ao certo em que dia chegaria a cada lugar, não foi possível avisar meus pais previamente e, assim, eles não conseguiram fazer nenhuma recepção especial para mim. Havia apenas meus pais e meu irmão me esperando, anos depois de eu ter saído.

Foi muito bom rever minha família, que havia me ajudado durante a viagem e que sempre permaneceu ao meu lado. Gostaria de ficar na casa deles durante algumas semanas, mas a viagem ainda não havia acabado oficialmente. Ainda queria voltar ao ponto de partida de minha jornada, em frente ao Parque do Ibirapuera, para, então, fechar o ciclo e colocar um ponto final àquele roteiro. Ao chegar a São Paulo, ocorreu a mesma coisa. Como não havia conseguido avisar ninguém sobre minha chegada, poucos eram os que me esperavam naquele local. A viagem acabava sem grandes comemorações ou festas, mas sentia uma sensação de vitória dentro de mim. Mesmo com algumas adversidades, havia conseguido completar o projeto que havia proposto aproximadamente quatro anos antes.

Estava de volta.

Queria passar algumas semanas na casa de meus pais para apenas descansar e me dar tempo para digerir o retorno, mas não consegui. Logo que voltei, estava sempre ocupado com alguma coisa: cuidando de um assunto burocrático ou dando entrevistas para algum jornal ou alguma revista. Como meus pais estavam vivendo em um sítio no qual não havia internet nem sinal de celular, não conseguia me desligar de tudo e ir para lá tirar férias de minha viagem. Para completar, somente alguns dias após minha chegada, Claire, a francesa que me visitara em diversos destinos desde Israel, chegou a São Paulo para me rever. Eu nem sabia direito onde eu estava e já recebia alguém em minha "casa".

Claire não poderia ter chegado em uma hora pior. Eu estava perdido e sem dinheiro para nada, enquanto ela apenas queria curtir a vida em São Paulo, assim como viajar pelo Brasil. E a última coisa que eu queria naquele momento era viajar. Havia rodado o mundo durante três anos e dois meses e só queria ficar parado, num só lugar, por algum tempo. O que eu não consegui fazer enquanto Claire esteve em São Paulo. De toda forma, ela me ajudou a fazer uma transição mais suave durante meu retorno. Ela ainda representava a viagem para mim e, enquanto estava comigo, sentia como se ainda estivesse viajando, mesmo parado em casa.

Só quando ela foi embora eu senti que a viagem havia acabado definitivamente. Não me sobrava mais nada além de lembranças, memórias e alguns poucos *souvenirs* do mundo. Meus alforjes permaneceram ainda fechados por meses, como se eu pudesse, a qualquer momento, subir na bicicleta e deixar tudo para trás mais uma vez. Nunca fiz isso. Mas somente seis meses após minha chegada consegui desfazer minhas bolsas. Não voltaria para a estrada tão cedo.

Ainda me sentia perdido. Sentia como se minha alma não tivesse acompanhado a velocidade do avião que me trouxera de volta ao Brasil e ainda estivesse esperando uma carona para chegar a São Paulo. Enquanto respondia às mesmas perguntas de sempre, sobre qual o lugar mais bonito do mundo ou qual país eu havia gostado mais, refletia sobre que rumo que daria à minha vida. Poderia ficar no Brasil, não havia nada de errado nisso, mas ainda não sabia com o que iria trabalhar. Não tinha como voltar a trabalhar com o Direito, a vestir um terno, a apertar uma gravata em meu pescoço e a sentar atrás da mesma mesa todos os dias. A rotina me sufocaria e acabaria comigo em pouco tempo. Mesmo que eu quisesse, não conseguiria voltar para uma gaiola tão cedo.

O retorno nunca aconteceu de verdade. Nunca voltei ao mesmo lugar de onde havia saído e nunca reencontrei as mesmas pessoas que havia deixado para trás, nem reencontrei aquele Arthur, que deixara o Brasil, cheio de sonhos. O tempo havia se encarregado de trocar as coisas de lugar. Voltar para minha terra natal apenas representou o começo de uma nova vida e me mostrou que, mesmo sem pedalar, mesmo sem idiomas estranhos e sem costumes diferentes, minha viagem ainda não havia acabado.

Sobre o Livro
Formato: 16 x 23 cm
Mancha: 11,5 x 19,3 cm
Papel: Offset 90 g
n° páginas: 328
Tiragem: 2.000 exemplares
2ª edição: 2014

Este livro segue o novo Acordo Ortográfico da Língua Portuguesa

Equipe de Realização
Assistência editorial
Liris Tribuzzi

Assessoria editorial
Maria Apparecida F. M. Bussolotti

Edição de texto
Gerson Silva (Supervisão de revisão)
Roberta Heringer de Souza Villar (Preparação do original e copidesque)
Fernanda Fonseca e Diego Hungria (Revisão)

Editoração eletrônica
Évelin Kovaliauskas Custódia (Capa, projeto gráfico e diagramação)

Impressão/Acabamento Arvato Bertelsmann